From the library of

SOPHENE

Published by Sophene 2022

The *History of the Armenians* by Ghazar P'arpec'i,
was first translated into English by Robert Bedrosian in 1980.
Chapter 17 translated by Beyon Miloyan.
This edition is Volume I of II.

A searchable, digital copy of the English translation can be accessed at:
https://archive.org/details/GhazarParbetsisHistoryOfTheArmenians

www.sophenebooks.com
www.sophenearmenianlibrary.com

ISBN-13: 978-1-925937-74-9

ՂԱԶԱՐԱՅ ՓԱՐՊԵՑԻՈՅ

ՊԱՏՄՈՒԹԻՒՆ ՀԱՅՈՑ

ՀԱՏՈՐ Ա.

ՏՊԱՐԱՆ
ԾՈՓՔ
Լոս Անճելըս

GHAZAR P'ARPEC'I

History
of the
Armenians

in two volumes of classical armenian
with an english translation by
Robert Bedrosian

VOLUME I

SOPHENE BOOKS
Los Angeles

*To the memory of my uncle,
Nishan (Mark) Der Bedrosian.*

GLOSSARY

Awag (աւագ), a chief, noble or senior official.

Awan (աւան), a village, town or district.

Azat (ազատ), a member of the Armenian nobility (lit. free), ranking below naxarars.

Azatagund (ազատագունդ), a military corps, unit or regiment composed of azats.

Azg (ազգ), a nation, people, generation, lineage, or kin.

Banak (բանակ), an army, (military) camp, or a large, organized group of people.

Bidaxš (բդե[ա]շ[խ]), select/limited positions of senior government ministers or secretaries of state (see *bidaxš* in the Encyclopedia Iranica).

Bun (բուն), real, original, foundational; an expression of authenticity.

Dayeak (դայեակ), a guardian or a preceptor.

Dev (դեւ), a spirit or demon (good or evil).

Hazarbed[ut'iwn] (հազարապետ[ութիւն]), a title for a high official of the Sasanian state, lit. "chief of a thousand" (but see *hazarbed* in Encylopedia Iranica); hazarpetut'iwn is the position, office or capacity of a hazarbed.

Hrovartak (հրովարտակ), a royal edict, decree or deed.

Mardpet[ut'iwn] (մարդպետ[ութիւն]), a eunuch chamberlain; mardpetut'iwn refers to the position or office of the mardpet.

Nahapet (նահապետ), a patriarch, a head of a tribe or clan, or an ancestor.

Nakharar (նախարար), a hereditary class of Armenian feudal lords and highest ranking nobles (see *Naxarar* in the Encyclopedia Iranica).

Nuirakapet (նուիրակապետ), a royal envoy or usher.

Ostikan (ոստիկան), an individual in the Sasanian court who is close to the monarch, or to a governor.

Sparapet (սպարապետ), the commander-in-chief of the Armenian army (a hereditary position).

Tachar (տաճար), a temple, banquet hall or a feast.

Tanuter (տանուտէր), a patriarch, head of a noble house or clan, or a landlord.

Tikin (տիկին), "Lady" (as in noble woman), but also a title for a married woman (i.e., Mrs.).

Tohm (տոհմ), a family, clan or lineage.

Tun (տուն), lit. house (e.g., residence); also refers to a noble house or kinship group.

Vardapet (վարդապետ), a doctor of the Armenian church.

TRANSLATOR'S PREFACE

Ghazar P'arpec'i's *History of the Armenians* was written at the end of the fifth or beginning of the sixth century. The first book of this three-book work begins with information concerning the division of Armenia between the Byzantine and Sasanian empires (in 387), and describes the invention of the Armenian alphabet and the abolition of the monarchy in the Iranian-controlled eastern sector (428) to the death of Catholicos Sahak (439). Book II describes the anti-Iranian Armenian uprising of 450/451 (the battle of Awarayr) led by Vardan Mamikonean. Book III describes another anti-Iranian uprising led by Vardan's nephew, Vahan Mamikonean, and known as the Vahaneanc' (481-84).

The *History of the Armenians* is the product of an author about whom certain biographical details exist. This information is found in Ghazar's *History* and in his *Letter* to the *marzpan* of Armenia, Vahan Mamikonean (*marzpan* 485-ca.506). According to these documents, Ghazar was from P'arpi village in the Aragacotn district and perhaps was a Mamikonean relative. He was educated at the home of *bdeaxš* Ashusha of Iberia (Georgia) along with Hmayeak Mamikonean's children Vahan, Artashes, and Vard. Subsequently, under the tutelage of Aghan Arcruni, Ghazar became a cleric who received part of his education in Byzantium. According to the Armenist Manuk Abeghyan, from 484 to 486 Ghazar was a hermit in Siwnik', but left his cave when his childhood friend, the now *marzpan* Vahan Mamikonean, invited him to Vagharshapat to become abbot of the monastery there. For reasons not entirely clear, Ghazar eventually was expelled from the monastery by jealous monks. It was then that he wrote his *Letter to Vahan*, refuting the charges levelled against him. At Vahan's request, Ghazar returned to Armenia from his place of refuge, Amida on Byzantine territory. Likewise at Vahan's request, Ghazar

TRANSLATOR'S PREFACE

wrote his *History of the Armenians*. This work is a panegyric to the Mamikonean family generally, and especially of the rebels Vardan and his nephew Vahan, who was Ghazar's childhood friend and lifelong patron.

The text of Ghazar's *History* contains one serious lacuna: apparently one or more pages were removed in Book III, Chapter 74 (Volume II). which presumably contained a description of the deaths of Vasak Mamikonean and Sahak Bagratuni as well as the names of the *naxarars* (lords) who fell in the same battle. Also, several lines are missing or out of place in the description of Vahan's battle near Mt. Jrvez with the famous Iranian commander Zarmihr Hazarawuxt, which confuses the outcome of the battle. One long section, the "Vision of St. Sahak", in which Sahak speaks of the fall of the Arsacid kingdom and the discontinuation of the priesthood in the line of Gregory the Illuminator, is recognized today as a later interpolation. The discovery of a lost fragment of P'arpec'i in 1967, which describes the creation of the Armenian alphabet, has cleared away the confusion found in the *History* regarding when this event occurred and also cleared Ghazar of the one serious criticism raised by Abeghyan regarding reliability.

Ghazar P'arpec'i cites three authors as sources: Agat'angeghos, P'awstos Buzand, and Koriwn. He is reluctant to rely on P'awstos' *History* since he discovered in it many passages of an anti-clerical and vulgar nature that led him to suggest that bishop P'awstos' work was corrupted by some uneducated person. Ghazar also appears to have used a *Life of Alexander* and Eusebius' *Ecclesiastical History*. Likewise the author cites oral informants most notably Arshawir Kamsarakan and his son Nerses, and a Syrian merchant "Xuzhik", all of whom were participants in the events described.

P'arpec'i is a reasonably trustworthy historian. True, certain of his biases, especially his religious worldview occasionally lead him to attribute incorrect causes for some events.

Nonetheless, he does know the correct sequence of Iranian and Byzantine kings as well as of Armenian Catholicoi. His veracity on certain details and events may be confirmed by other sources. In addition to being our major source on military, political, and religious developments in fifth century Armenia, Ghazar's *History* is also a major untapped source on the history of fifth-century Iran. For example, the author dates important events to the regnal years of Iranian monarchs, and uses Persian units of measurement for distance throughout his work. He provides interesting information on the judicial and other prerogatives of such Iranian officials as the *hazarapet, ambarapet, maypet, master of the wardrobe, pustipansalar, and marzpan*; on the lives and deaths of Yazdgard II, Hormizd III, Valas, and the rebel Zareh. P'arpec'i is a major source on shah Peroz, and perhaps the only contemporary historian whose descriptions of this monarch's administrative policies, court life, eastern wars, and "crimes" has survived. Furthermore, the *History of the Armenians* contains detailed information on Iranian religious and administrative policies toward Armenia and Syria, including the treatment of prisoners and the peculiar form of penal servitude called mshakut'iwn in Armenian. By no means lastly, P'arpec'i provides a wealth of geographical information on Iran which has yet to be examined by specialists.

Ghazar's attitude toward Iran and its policies is one of unequivocal hatred. This is quite understandable, since as panegyrist of the Mamikoneans who fought with their lives against Iran, he cannot support Iranian policies. Iranian administrative policy included a definite religio-cultural policy. Thus, not only as a Mamikonean sympathizer, but as a Christian cleric, he cannot tolerate either the implications or the actualities of Iranian domination. P'arpec'i's reaction to Iranian religious policies is expressed in several ways: by repudiation of all things Zoroastrian, exultation over Zoroastrian reverses, refutations of Zoroastrian beliefs, elevation of Christian martyrs into epic

heroes, and humiliation of the Syrians whose influence in Armenia was encouraged by Iran.

P'arpec'i also has definite opinions about Armenia's nobility, the naxarars. He divides this aristocracy into two groups, the oath-keepers and the oath-breakers, *i.e.,* those naxarars who fought loyally on the side of the Mamikoneans against Iran and those apostates who sided with Iran and so converted to Zoroastrianism. Those naxarars who were traditionally loyal to the Mamikoneans receive great praise from Ghazar who, in his descriptions of the numerous battles fought, heroically describes their feats of individual bravery. These are the naxarars imprisoned in Iran after the Vardananc' whom Ghazar portrays as angels on earth and living martyrs. In jail these pious naxarars recalled the moving words of the priest Ghewond; when released from captivity, they secretly kept the relics of the martyred priests; and, while serving in the Iranian army, they conducted open and secret religious meetings. Occasionally the author speaks of "all the naxarars", such as the group of nobles who urged Catholicos Sahak to translate the Bible into Armenian, or the group urging the deposed Sahak to resume his duties as Catholicos. However, in both instances, Ghazar apparently is referring to Christian rather than Zoroastrian naxarars. Likewise, the expression "all the naxarars", who slay by lapidation the lord Zandaghan for telling Vasak Siwnik' details of the planned revolt, refer to the Christian pro-Mamikonean rather than the Zoroastrian, pro-Iranian naxarars. Throughout the fifth century the naxarars were strong, independent, and therefore untrustworthy allies. The natural enmity which existed among rival naxarar houses also received great impetus from the divisive policies of Iran.

For P'arpec'i, Vardan and Vahan Mamikonean epitomize resistance both to Zoroastrian Iran and to the apostate naxarars. There are some general similarities between the descriptions of Vardan and Vahan. However, it is in the personality

GHAZAR P'ARPEC'I'S HISTORY OF THE ARMENIANS

of Ghazar's friend and patron, Vahan, about whom the information is more detailed and intimate, that one sees most clearly the author's attitude toward the Mamikoneans. Because P'arpec'i considered both the Vardananc' and the Vahaneanc' religious wars, his Mamikonean leaders are holy warriors. They are the protectors of the faith par excellence. In war they are noble fighters; in war and peace they care for the poor like good shepherds; uncle and nephew are both portrayed as democratic leaders. The author's pro-Mamikonean bias is apparent also in his defense of that family against charges made by Armenia's enemies—the apostate naxarars. Beyond this, Ghazar wishes his reader to understand that the Mamikoneans are the equals of the highest Iranian nobility (if not the monarchy) and deeply admires their prowess. Ghazar's elevation of the Mamikoneans concludes with a hint that the Mamikoneans may in fact be supernatural beings.

The present translation was made from the classical Armenian edition of G. Ter-Mkrtch'ean and S. Malxasean in 1980.[1] This translation does not include the *Letter to Vahan Mamikonean*. For a more detailed discussion of P'arpec'i see *The Sparapetut'iwn in Armenia in the Fourth and Fifth Centuries*,[2] and *Dayeakut'iwn in Ancient Armenia*.[3] For additional bibliography and studies of fifth-century Armenia see C. Toumanoff, *Studies in Christian Caucasian History*[4] [especially part II, States and Dynasties of Caucasia in the Formative Centuries, and Part V, The Armeno-Georgian Marchlands]; his article *Armenia and Georgia*,[5] and *Armenia in the Period of Justianian*.[6] The transliteration employed in this translation is a modification of the Hubschmann-Meillet system.

Robert Bedrosian
New York, 1985

BIBLIOGRAPHY

1. P'arpec'i, G. (1904). *Ghazaray P'arpec'woy patmut'iwn hayoc' ew tught' arh Vahan Mamikonean.* Ed. G. Ter-Mkrtch'ean & S. Malxasean. Tiflis.

2. Bedrosian, R. (1983). The sparapetut'iwn in Armenia in the fourth and fifth centuries. *Armenian Review, 36,* 6-45.

3. Bedrosian, R. (1984). Dayeakut'iwn in Ancient Armenia. *Armenian Review, 37,* 23-47.

4. Toumanoff, C. (1963). *Studies in Christian Caucasian History.* Georgetown.

5. Toumanoff, C. (1966). Armenia and Georgia. In J. M. Hussey (Ed.) *The Cambridge Medieval History, Volume IV* (pp. 593-637). Cambridge University Press.

6. Adontz. N. (1970). Armenia in the Period of Justinian. Peeters: Lisbon.

GHAZAR P'ARPEC'I'S
HISTORY
OF THE
ARMENIANS

VOLUME I

1. Սկիզբն առաջին գրոց պատմութեանն Հայոց, որում սկիզբն արարեալ պատմեաց ստուգիւ այրն երանելի Ագաթանգեղոս, սկսեալ ի մահուն Արտեւանայ յԱրտաշրէ յորդւոյ Սասանայ բռնաւոր Ստահրացւոյն. եւ զդարձ աշխարհիս Հայոց յանգիտութենէ կռապաշտութեան յաստուածգիտութեան ճշմարտութիւն ի ձեռն սրբոյ նահատակին Գրիգորիսի. որոյ անուն եւ զգիրսն անուանեալ կոչեն Գրիգորիսի: Երկրորդ գրոց սկիզբն արարեալ պատմելոյ ի կարգէ առաջին գրոցն՝ զիրս բազմափոփոխս աշխարհիս Հայոց, զբարեաց եւ զչարեաց, զվարս եւ զգործս զարանց սրբոց եւ զպղծոց, զժամանակի պատերազմաց եւ զխաղաղութեան: Պատմեալ զայս ամենայն Փաւստոս ոմն Բուզանդացի, մինչեւ ցթագաւորութիւնն Արշակայ (որդւոյ Պապայ, որդւոյ Արշակայ), որդւոյ Տիրանայ. առ որով թագաւորութեամբ բաժանեալ աշխարհս Հայոց՝ պատառեցաւ յերկուս ծուէնս, ըստ աւրինակի հընացեալ ձորձոյ: Եւ աւարտեալ աստանաւր զբան պատմութեան իւրոյ՝ մնացուցեալ հանգոյց. զոր անուանեալ կոչեն զանուն գրոցն Հայոց պատմութիւն:

1. The first book of the history of the Armenians, which was accurately narrated by that venerable man Agat'angeghos, commenced with the death of Artewan caused by Artashir son of Sasan, tyrant of the Stahrac'ik' [and narrated] the conversion of the land of Armenia from the ignorance of idol-worship to the truth of belief in God. [The conversion] was accomplished by the holy martyr Gregory, after whose name the book is called [the book] of Gregory. The second book begins where the first book ends, relating the many changing events, good and bad, occurring in the land of Armenia; the actions and deeds of holy and impure men; and the times of war and peace. All of this, [continuing] to the reign of Tiran, son of Arshak (who was the son of Arshak's son Pap) was recounted by a certain P'ostos Buzandac'i. During his [Tiran's] reign the land of Armenia was divided, torn into two shreds like an old cloak. That book which is called the *History of Armenia* ends with that event.

Երրորդ Պատմութիւնս այս ի կարգէ նորին գրոց շարագրեալ տկարութեանս մերում. յոր հարկաւորեալ հրամանաւ իշխանաց եւ բանիւ սուրբ վարդապետաց՝ տուաք զանձինս յայսպիսի գործ կարեւոր, չիշխեցեալ ընդդիմանալ. յիշելով ի Սուրբ Գրոց զսպառնալիսն անհնազանդից որդւոցն եւ զորս գրէ ներողութիւն հնազանդից եւ հաւանելոց. կարել մի ըստ միոջէ զիրս եւ զգործս, զբազմայեղանակ դիպմունս Հայաստան աշխարհիս, բաժանմանց յերկուս թագաւորութիւնս. եւ ի վիճակէ բաժնոյ անաւրինացն արանց քաջաց, ի տոհմէ նախարարացն Հայոց, տալ զանձինս անհամարս ի նահատակութիւնս ի վերայ ուխտին սրբոյ եկեղեցւոյ, եւ կիսոց համբերել կապանաց եւ բանդից վասն երկնաւոր յուսոյն բազմաժամանակ տեւողութեամբ. հեղուլ եւ քահանայից ընտրելոց Աստուծոյ եւ ճշմարտապէս հովուաց զարիւն ի պարանոցաց իւրեանց ի վերայ ընտրեալ բանաւոր հաւտին Քրիստոսի. եւ ոմանց յընկերակցաց նախարարացն եւ յայլ ազատ մարդկանէ՝ դառնալ յետս յուխտէ սրբութեանն եւ անշէջ յաւիտենից հրոյն լինել լուցկիք, պատրաստելոյն սատանայի եւ նորին արբանեկացն:

Եւ գրել զայս ամենայն մինչեւ ցաւր սկզբան մարզպանութեանն Հայոց Վահանայ Մամիկոնէից տեառն եւ մեծի զաւրավարին Հայոց եւ մարզպանի. եւ դադարեալ հանգուցից յայնմ տեղւոջ զբան վաստակոց պատմութեանցս այսոցիկ:

GHAZAR P'ARPEC'I'S HISTORY OF THE ARMENIANS

The third *History* in order is this one, composed in our infirmity. Compelled by the command of princes and the words of the blessed *vardapet*s we committed ourselves to such an important task, not daring to refuse. [For we] recalled the threatening of the disobedient children in the Holy Bible, and that the obedient and acquiescent are forgiven. One by one we arranged the events, deeds and diverse occurrences taking place in the land of Armenia [such as] the division [of Armenia between] two kingdoms. In the sector falling to the infidel [Iranians] were brave men from the line of the Armenian *naxarar*s countless numbers of whom gave their lives in martyrdom for the covenant of the holy church, while others withstood shackles and prison for a long time out of divine expectation. [We describe] the beheading of God's chosen priests and upright shepherds who shed their blood for the chosen rational flock of Christ; and those comrades of the *naxarar*s and other *azat*s who turned their backs on the covenant of holiness becoming tinder for the inextinguishable eternal fire which is awaiting Satan and his satellites.

We wrote about all the events until the start of the *marzpan*ate of Armenia of Vahan, lord of the Mamikoneans, the great general and *marzpan* of Armenia. Our history ends there.

2. Ընդ բազում ճառս մատենից առաջնոցն պատմագրացն Հայոց անցի. յորոց ըստ յերկար ընթերցողութեան գտի ի նոցանէ զժամանակաց եւ զդարուց աշխարհիս Հայոց բազմադիմի յեղափոխութիւնս, յստոյգ եւ յանսխալ կարգաւորութենէ Առաջին գրոցն, զոր յարմարապէս պատմեալ ծանոյց մեզ երանելին Ագաթանգեղոս, այր բանիբուն գիտութեամբ եւ լի ամենայն հրահանգիւ, ստուգաբան ի կարգադրութիւն ճառից եւ յարմարագիր ի պատմութիւնս ասացուածի իւրոյ: Սա զնուազումն թագաւորութեան Արշակունւոյն Արտաւանայ եւ զզաւրանալն Ստահրացւոյն Արտաշրի որդւոյ Սասանայ՝ ստուգապէս յաւրինուածով կարգեալ դրոշմեաց. զքինախնդրութիւնն Խոսրովու եւ զտարակուսանս գոռոզացեալ Ստահրացւոյն. զխորհուրդն եւ զխոստմունսն գտողի հնարս յաղագս մահուն Խոսրովու. զխորամանկութեանն զմտածութիւնն Անակայ եւ զսպանումն ի նմանէ զնորուն Խոսրովու՝ նենգաւոր խաբէութեամբ. զմատնումն յայնմհետէ զաշխարհիս Հայոց ի ձեռս թագաւորութեան աւտարի. զփախուցանել դայեկացն զորդիս Խոսրովու յաւտարութիւն առ ի յապրումն. զհսկայաբար միաւանգամ զդարձն Տրդատայ եւ զյաղթող մարտիւ ունելն զիւրոյին զնախնեացն քաջաբար զթագաւորութիւնն. զդիմելն առ նա սրբոյն Գրիգորի՝ զհեշտ պաշտաման տենչիւ, զնահատակութիւն նորին սրբոյն, եւ թէ ո՛րպէս տարաւ անպատումն եւ անբաւ բազում չարչարանացն. զառաւելապէս աւգնականութիւնն Քրիստոսի, որ ցուցաւ ի վերայ սրբոյն, ի հիացումն դեռեւս մոլորեալ մարդկան. զհամբերութիւն տեւողութեանն այնչափ ամս ի վիրապին, ըստ կանխագէտ տնտեսութեանն վերնոյն, որ պահէր զնահատակն ի գործն Հայոց.

2. We have examined many narrations in the books of the first historians of Armenia. After long reading we found in them the periods and centuries of the numerous revolutions happening in the land of Armenia correctly and accurately arranged in the First book. These were appropriately narrated to us by the venerable Agat'angeghos, a learned experienced man who arranged the events correctly and narrated them in a fitting manner in his aforementioned book. He accurately recounted the waning of the Arsacid Artawan's kingdom, and the growing strength of the Stahrite Artashir son of Sasan; Xosrov's desire for revenge and the anxiety of the boastful Stahrite; the plan and promise [of reward] for whomever could find a means of killing Xosrov; Anak's cunning plan and his murder of Xosrov by deceitful treachery; the subsequent betrayal of the land of Armenia to a foreign kingdom; how *dayeak*s fled to a foreign land with Xosrov's son [Trdat], to save him; the return of Trdat, like a giant, and how he took back the kingdom of his ancestors, bravely waging a successful battle; how saint Gregory came to him filled with the desire for voluntary service; the tribulations of that saint—how he was taken to the desert and [subjected] to innumerable torments, how Christ's aid was shown the saint, to the amazement of the yet unconverted people; the extent [of Gregory's] patience [a man who spent] so many years in the pit, and the prescient concern from on High, which kept this hero for work in Armenia;

զեկս սուրբ կուսանացն ի Հռովմայեցւոց քաղաքէն, եւ զհեղումն մարտիրոսական արեանն ի Վաղարշապատ քաղաքի, յոռոգումն դալարութեան զաւսացելոց դիոց մարդկան. զելն սրբոյն Գրիգորի ի խոր վիրապէն, եւ զհանումն Հայաստան աշխարհիս ի խաւարէ անգիտութեանն յաստուածային արքայութեանն լոյս. զյորդորումն յայնմհետէ վարդապետութեան կենաց աշխարհիս Հայոց. զկտակս մկրտութեան լուսոյ, զոր Փրկիչն Քրիստոս ի ձեռն մեծի նահատակին Գրիգորի, բարեխաւսութեամբ եւ սուրբ կուսանացն, ծաւալեցոյց յաշխարհիս մերում. զշինութիւն եկեղեցեաց, զպայծառութիւն քահանայից, զխումբս բազմամբոխ ժողովրդոց ի տաւնս Փրկչին եւ ի ժողովմունս յիշատակաց սրբոց: Զայս ամենայն, եւս առաւել քան զսոյն գիտութիւն, յիւրում հաստատուն եւ անսխալ կարգադրութիւնսն պատմեաց մեզ երանելի այրն Աստուծոյ սուրբն Ագաթանգեղոս:

3. Իսկ զհետ սորա, ըստ այլայլման իրաց եւ ժամանակաց եւ դիպելոյ աշխարհիս Հայոց բազմամբոխ դարուց, երբեմն խաղաղութեան եւ երբեմն սաստիկ եւ անբաւ շփոթմանց, միաբանութեան առ միմեանս եւ երկպառակութեամբ ճեղքելոյ ի միմեանց՝ կալ ոմանց ըստ աստուածային հրամանատուութեան ի հնազանդութիւն բնիկ իւրեանց Արշակունի թագաւորացն, եւ այլոց ծառայել կամաւ աւտար թագաւորացն՝ ի կորուստ անձանց եւ աշխարհիս. որք ի միաբանելն տեսանէին զԱստուծոյ ազնականութիւնն յանձինս եւ յաշխարհս, եւ ի քակտելն եւ ի պառակտելն՝ զվնաս եւ զկորուստ յանձինս եւ յաշխարհս:

the arrival of the blessed virgins from the city of the Romans; the shedding of martyrs' blood in the city of Vagharsapat; the appearance of boils on people's bodies; saint Gregory's emergence from the deep pit and the removal from the land of Armenia of the darkness of ignorance [and Armenia's turn] to the heavenly kingdom of light and, thereafter, the exhortation of the doctrine of Life in the land of Armenia; the testament of baptism in light, which Christ the Savior caused to spread in our land, through the intercession of the great hero Gregory and the blessed virgins; the building of churches; the radiance of the priests, the large crowds of people attending the feasts of the Savior and assemblies in honor of the saints. All of this and more was related to us in a clear and correct narration by that venerable man of God, the blessed Agat'angeghos.

3. Now after this [comes a book which describes] the events, times and occurrences in the land of Armenia over the turbulent centuries, [periods] of occasional peace and times of intense and endless confusion, of cleaving together in unity and of tearing apart in disunity; when some were true to the divine command and stood in obedience to their natural Arsacid kings, while others wanted to serve foreign kings, to the ruination of themselves and their land. Those who were united saw God's aid visited upon themselves and their land. But those who divided and broke away caused harm and ruin for themselves and the land.

VOLUME I

Որում երկրորդ գրոցն անուանեն զոմն պատմագիր, կոչեցեալ Փաւստոս Բուզանդացի. եւ վասն զի կարգելոցն առ ի նմանէ ի տեղիս ուրեք կարծեցին ոմանք բանք ինչ ոչ յարմարք եւ դիպողք, որպէս առաջնոյն ճշգրտաբանութիւն, Ագաթանգեղոսն կոչեցելոյ՝ յերկուացեալ հարկաւորին չասել զայնպիսի անպատշաճ կարգումն բիւզանդացւոյ ուսելոյ: Քանզի Բիւզանդիոսս այս փոքրիկ քաղաքիկ էր, յառաջագոյն շինեալ յառնէ ումեմնէ Բիւզաս անուն կոչեցելոյ, մերձակայ Թրակացւոց սահմանակցութեանն. զոր եւ ի գալն աստուածակամ հրամանով սրբոյն Կոստանդիանոսի ի վերայ անթիւ բազմութեանն Գթաց ի պատերազմ, եւ առ եզերբն Ղեկովբ գետոյ արարեալ զիւր զաւրու բանակատեղս, որ եւ աստուածային տեսչութեանն լինէր արժանի, աւրինակեալ նմա յայտնապէս յերկնից աստեղեայ լուսատեսիկ նշան կենսատու խաչին, բերելով շուրջ զինքեամբ ճառագայթից նշանագիրս, թէ «այսու յաղթեսցես». եւ նորա զարթուցեալ՝ յուսով երեւեցելոյ նմա սուրբ նշանին աւգնականութեան յաղթեալ վանէր զթշնամեացն բանակսն, եւ խնդիր փութապէս գիւտիս այսմ հոգացեալ՝ ճեպով զիւր մայրն զերանելին Հեղինէ յԵրուսաղէմ առաքէր: Եւ թէ ո՛րպէս անդ ի ձեռն ջերմ խնդրոյ սրբոյ մարդոյն յայտնեցաւ կենաց փայտն՝ գիտէ ամենայն անձն, ի նորին գրոց տեղեկացեալ զգիւտ փրկութեան մերոյ:

A certain historian called P'awstos Buzandac'i is said [to be the author] of this second book. However, because some people have considered certain words employed by him in some passages to be not proper and fitting, lacking the veracity of [the book] called Agat'angeghos, they have expressed doubts that someone having been educated among the Byzantines would say such improper things. (Biwzandios was a very small city having been built first by a certain man named Biwzas, close to the Thracian borders. Now when by God's command the blessed Constantine went to make war on the countless hosts of the Goths, he encamped his troops by the banks of the Ghekovb River. Because he was worthy of divine providence he was clearly shown the luminous symbol of the life-giving Cross in the starry sky. Around it, in rays, was the motto "By this shall you conquer." [Constantine] arose, and, hoping to expel the enemies' armies by means of the aid of the blessed symbol which had appeared to him, he urgently sought for [the Cross], hurriedly sending his mother, the venerable Helen, to Jerusalem. Everyone knows, informed by his book, how there [in Jerusalem] because of a fervent search by a holy man the Cross of Life, our salvation, was discovered.

Եւ ինքն թագաւորն եկեալ ի յառաջագրեալ քաղաքիկն, որ անուանեալ կոչէր Բիւզանդիոս, եւ տեսեալ զսքանչելատեսիլ զամրութիւն տեղւոյն, թէպէտ եւ ծանրագոյն եւ բազում աշխատութիւն ի տեղւոջն ցուցանիւր՝ ոչ ինչ վեհերէր վասն ացտակարութեան կղզւոյն. վասն զի շրջափակեալ յամենայն կողմանց՝ ծովածիր էր տեղին, բայց խուն ինչ ցամաքայատակ ճանապարհ, առանց շրջագայութեանց ջրոցն, որ ելանէր յարեւմուտս կոյս կաղաքին: Վաղվաղակի զձեռն ի գործ արկեալ՝ տայր հրաման հարթել զբարձրաբերձ զբլուրսն, որ ի ներքս ի կղզւոջն էին, եւ շինեալ քաղաք մեծապայծառ, զոր ըստ իւրում անուանակոչութեանն Կոստանդնուպալիս անուանէր, որ թարգմանի հայերէն՝ Կոստանդիանոսի քաղաք. զոր ոմանք ըստ հռովմայեցի բարբառոյն Պաղատն ասեն, որ թարգմանի արքունի: Իսկ որ յառաջագոյն շինեալ Բիւզանդիոսն էր՝ է թաղ մի յեզեր նորին քաղաքի, որ մինչեւ ցայսաւր նորին անուամբ կոչի Բիւզանդիոս: Եւ յայնմհետէ վտակք գիտութեան, որպէս ի թագաւորանիստ վայրի, յորդեալ բղխեն ի քաղաքէն. որպէս եւ յամենայն կողմանց յաշխարհէն Յունաց քաջ ուսեալքն անդ փութան հանդիսանալ, եւ մինչեւ ցայսաւր առաւելեալ տարածին յամենայն կողմանս նորա իմաստութեան վտակք:

The emperor himself came to the aforementioned small city named Biwzandios. He noted the marvelous security of the place. Despite the fact that much difficult labor would be required [to irnprove] the place, [Constantine] was in no way discouraged, because of the island's advantages. For the place was surrounded on all sides by water except for one small dry road on the western side of the city. He set to work at once and ordered that all the high hills on the island be leveled and he built a glorious city named Constantinople, after himself. In Armenian Constantinople translates to "Constantine's city", though some call it Paghat in Latin, which translates to "royal". Now the Biwzandios which had been built earlier became a district on the edge of the city which to the present is still called Byzantium. From that time on streams of wisdom have issued from that city, as from a royal residence, and prominent scholars have hastened to go there from all parts of the Byzantine land. To this day those streams of knowledge have extended themselves and have flowed to all areas).

Արդ յայնպիսումն քաղաքի եւ ի մէջ այնչափ բազմութեանն ուսելոյ վարժեալ այրն Փաւստոս այնպիսի ինչ արդեւաւք անհաճոյս լսողաց բանս կարգէ՞ր ի պատմութեան իւրում: Քա՛ւ եւ մի՛ լիցի: Ուստի եւ անհաւատալի իմում տկարամտութեանս կարծեցեալ գործն՝ ասեմ, թէ գուցէ այլ ոք յանդուգն եւ անհրահանգ բանիւ լրբաբար ձեռն արկեալ յիւրն՝ գրեաց զինչ պէտս ըստ կամի. եւ կամ զի ուրուք անկարեալ դիպողս՝ այլաբանեալ վնասեաց, եւ անուամբ Փաւստոսին զիւրոյ յանդգնութեանն սխալանս համարեցաւ ծածկել. եւ այն յայտնի ցուցանի ամենայն հայեցողաց. քանզի են ոմանք ի Յոյնս, այլ մանաւանդ առաւել յԱսորիս, բազումք սպրդեցին գալ յայսպիսի յայրատութիւնս. արք ոգէտք եւ յանդգունք գրեցին յինքեանց ճառս ընդունայնս եւ անպիտանաբանս եւ խառնեալ եդին ի գիրս գիտուն լսողաց. այլ ընտրող մտաց ճանաչի յայտնապէս գիտնոցն բանք եւ անմտացն շաղփաղփութիւնք:

4. Որում արթնամիտ խորհրդականութեամբ ուշադրեալ այսմ ամենայնի մտաւոր եւ քաջ այրն Վահան տէրն Մամիկոնէից, զաւրավարն Հայոց եւ մարզպանն, որ բազում եւ անհամար ուղղութեանց աշխարհիս Հայոց ի ժամանակս իշխանութեան իւրոյ եղեւ արարող, անձամբ եւ զայլս յորդորելով զբազումս:

Now, could the man P'awstos who had studied in such a city amidst such a multitude of scholars have put such unpleasant-sounding things in his history? May it not be so! To my feeble mind also the work is untrustworthy. Perhaps some other bold uneducated person shamelessly put his hand to it and wrote what he pleased. Or, perhaps some incapable person, unable to do it properly, altered [the work] in another way and thought to conceal the errors of his impudence under the name of P'awstos. [That something is amiss] is clear to all who look at it. Indeed, there are those among the Byzantines, but many more among the Syrians—bold and ignorant people—who have done such tamperings—written futile and useless narrations of their own and inserted them into literate books. However, critical folk clearly are able to differentiate between the words of scholars and the chatterings of fools.

4. Many people requested [that I write this book]. [Among them were] the learned and brave general and *marzpan* of Armenia, Vahan, lord of the Mamikoneans who, with his alert mind was aware of all of this [*i.e.*, of the faults in P'awstos' work]. [Vahan] during the time of his authority introduced many, innumerable reforms in the land of Armenia.

Սա որպէս եւ այլ ամենայն բարւոյ իրաւք հոգացեալ զՀայաստան աշխարհի իրս՝ առաւել եւս զայս ի դէպ եւ պատշաճ համարեցաւ. ի մնացեալ տեղւոյ պատմութեան Երկրորդ գրոցն աճեցուցանել յառաջ եւ գրել յայնմհետէ զեղեալս յաշխարհիս Հայոց: Բազում զգուշութեամբ գրել եւ կարգել մի ըստ միոջէ զամենայն զհոգեւորացն զառաքինութիւնս եւ զարանց քաջաց զլաւութիւնն: Որպէս զի զհոգեւորացն զբարի վարսն լուեալ բազմութեան ժողովրդոցն՝ նմանողք լինել ցանկասցին մարդիկ ճգնութեանց նոցա, եւ քաջքն լսելով զայլոց զգործսն յառաջագոյն քաջացելոցն՝ յաւելեալ յանձանց քաջութիւն՝ անուանի յիշատակ թողցեն զկնի իւրեանց՝ անձանց եւ ազգի: Իսկ ծոյլքն եւ վատքն հայելով յանձինս եւ լսելով զայլոց զպարսաւանս՝ ի բարի նախանձ կրթեալք ջանասցին լաւանալ:

Ըստ այսմ աւրինակի զգուշացեալ ստիպեցուցանէ զմեզ տէրն Մամիկոնէից Վահան, զաւրավարն Հայոց եւ մարզպան. որոյ հասեալ հրաման առ իս Ղազար Փարպեցի. որ եւ սնեալ եւ ուսեալ առ ոտս առաքինակրաւն երանելւոյն Աղանայ, որ էր ազգաւ ի հոյակապ եւ յականաւոր տոհմէն Արծրունեաց, որդի Վասակայ, եղբաւր Տաճատայ եւ Գոտորզի: Որ մինչդեռ էր ի տիս մանկութեանն, եւ այն ինչ դեռ տէգ մուրուացն ի վերայ գեղեցկատեսիլ վարդափթիթ ծնաւտիցն բուսանէր՝ ի բաց ընկեցեալ արհամարհէր զամենայն վայելս անցաւոր կենցաղոյս, եւ զերկնաթռիչ զճանապարհէն յաւիտենից բարութեանցն ընտրեալ հետեւիւր, կեցեալ յանապատս ընդ արս ընտիրս ի ճգնութիւնս մեծամեծս:

In this case, as in everything else, he was concerned about events in the land of Armenia and so regarded it as most fitting and appropriate that the affairs transpiring in Armenia be recorded, beginning where the Second book of history left off. [He wanted] all the virtues of the clerics and the good deeds of brave men to be written down and arranged in order with great care. This was to be done so that when the multitude of the people heard about the goodness of the clerics they would strive to emulate such men in their exertions; while brave men, hearing about the deeds of earlier braves would redouble their valor and leave a renowned reputation of themselves and their people. Conversely, the lazy and bad people [because of these examples] would examine themselves, and, hearing the reproach of others, would strive to improve through goodly emulation.

By just such an example were we forced [to write this history] by the lord of the Mamikoneans, Vahan, the general of Armenia and the *marzpan*. The order came from him to me, Ghazar P'arpec'i. [I] was nourished and educated by the virtuous cleric, the venerable Aghan, descended from the line of the marvelous and renowned Arcruni *tohm*, son of Vasak brother of Tachat and Gotorz. [Aghan], while still a child, when the fresh down of a beard appeared on his handsome rosy cheeks, rejected all the pleasures of this transitory life and, choosing to follow eternal goodness on the road to Heaven, went and lived in a retreat with some select men, practicing great asceticism.

Զորոյ եւ ոչ բաւական որք է բանիւ բովանդակել զանբաւ վարուցն զառն նահատակութիւնն. այլ այսքան միայն ասացեալ մնացուսցուք զբանս, որպէս թէ պատճառանաւք գոլով ի մարմնի՝ տքնութեամբ եւ պահաւք եւ անդադար աղաւթիւք զցայգ եւ զցերեկ միշտ հոգեւոր անսպառ վաստակաւք զանմարմնոցն զվերին զաւրացն բերէր յանձին զքաղաքավարութիւն. որ ոչ երբէք ի կեանս իւրում ընտրեաց ժամ աղաւթից. այլ զտիւ եւ զգիշեր անհանգիստ նմա ժամ աղաւթից էր, եւ կեցեալ այսպէս, մինչեւ առաւելեալ ծաղկէր հեր գլխոյն սպիտակն քան զխարտէշն, եւ կատարեալ զընթացս նահատակութեան իւրոյ՝ հանգչէր: Եւ եղեալ ի մատրանն ի Հաղամակերտի. որոյ յիշատակարանն ընդ անուանս վկայիցն սրբոց պատմեալ քարոզի մինչեւ ցայսաւր եւ յաւիտեան անուն սրբոյն՝ յամենայն եկեղեցիս Հայաստանեայց աշխարհիս, Վրաց եւ Աղուանից:

Եւ արդ՝ այսպէս հարկաւորեալ բռնադատեաց զտկարութիւնս մեր տէրն Մամիկոնէից Վահան, սպարապետն Հայոց եւ մարզպան, <...> Այսպէս եւ բան հզաւրին Աստուծոյ վճարէ զամենայն զոր կամի. ցասուցեալ ըստ չարի մեր գործոց՝ խրատէ ողոքեալ. զբարի դարձ տեսանելով՝ ողորմի փութով:

GHAZAR P'ARPEC'I'S HISTORY OF THE ARMENIANS

No one can sufficiently recount the heroic man's numberless deeds. Let the matter rest with this much, that finding fault with the body, [Aghan] brought himself to the behavior of the incorporeal heavenly hosts by means of sleepless vigils, fasting, and ceaseless praying from morning to evening always with untiring spiritual exertions. Never in his life did he select one particular time for praying, rather he prayed without rest morning and evening. Thus did he live until more white hairs than fair hairs covered his head and, completing the course of his great achievement, he reposed. He was buried in the chapel at Hadamakert. The name of this blessed man is recalled among the names of the holy witnesses preached to this day and forever in all the churches of the lands of Armenia, Iberia [Georgia], and Aghuania.

We, in our weakness, were forced to undertake this work (which is above our abilities) by the lord of the Mamikoneans. Vahan, the *sparapet* of Armenia, and *marzpan*, [...][1] Thus does the word of mighty God accomplish everything that He wills. Becoming enraged at our evil deeds, He urges us to repent. Seeing us turned good, He quickly has mercy upon us.

---

1 There is a lacuna at the end of this sentence. The beginning of the following passage also has a lacuna. We have not translated this half sentence: *ew parteal er'andeann charut'iwnn andrer ew and dadareal c'acnun*. The editors suggest (p. 6 n. 6) that the missing passage speaks of the perils faced by merchants at sea, and that P'arpec'i is following a similar metaphor employed in Agat'angeghos' foreword.

5. Եւ արդ՝ յաճագին այսպիսի մահուս զերծեալ անձինք շահաժողով ընչասիրացն եւ հասեալք եւեթ խնդրոյն տենչիցն, որում ուշ արարեալ բաղձան, մոռացեալ զվիշտսն՝ բերկրեալ ավգտիւքն զուարճանան: Իսկ ո՞րչափ եւս առաւել գտանիցին գանձուն յաւիտենից ժառանգաւորք՝ որք եւ զյաւրինուածս բանից ստուգապատում կարգեալ պատմագրեցին, չառնել մարդահաճութեան բանից յաւելուածս, ի ցրումն ոսկերաց, ըստ ասացածի սաղմոսերգին. այլ զգուշական երկիւղիւն ընդ բազմաց լայնածաւալս գիտնական բանի նաւեցին անվթար, ի սուրբ Հոգւոյն շըշնորհսն յուսով ապաւինեալք. ունեալով փոխանակ փայտամած տախտակացն՝ զհիմն ուղղափառ հաւատոյ, եւ փոխանակ ի նմաբազմայարմար կազմութեանն հնարիցն՝ զերրեակ ինքնութեանն միութիւն զանբաժան սուրբ Երրորդութեանն: Եւ զի նաւացն տախտակք առանց բազմաց սատարելոյ չհնարին լինել յանաւթ պիտանացու, քանի՞ եւս առաւել այսպիսի մեծ եւ հոգեւոր գործոյ ձեռնարկութիւն, ուր բազում կարեւոր պէտք էին առաքինի արանց ավգնականութեան:

5. Now greedy lovers of material goods who have escaped from such a perilous death upon reaching their destination recall their hopes, forget their sorrow, and are delighted with their profits. How much more treasure will be found by those inheritors of Eternity who have accurately and truthfully recorded history and have not added words to please anyone when, as the Psalmist says, "the bones are dispersed" [i.e, at the Judgement]. Rather, [such historians] with watchful piety have navigated precisely over many profoundly learned words, taking refuge in hope of grace of the Holy Spirit. As a foundation they had orthodox faith, rather than wooden planks. Instead of possessing the appropriate apparatus [on a ship], they had the indivisible unity of the Holy Trinity. Since the planks of ships, without great labor do not make a seaworthy vessel, how much more is that the case in the undertaking of such a great spiritual work where the assistance of virtuous men is very important.

VOLUME I

Զի ոչ փոքր ինչ կասկած է՝ աներկիւղ այսպէս ումեք տալ զանձն յայսպիսի վաստակս, ուր պիտոյ են յարմարութիւնք բանից, որոշեալ կարգադրութիւնք ըստ հրամանի կանոնեալ գիտութեանն, բերել պատկառելով ստուգագրութիւն անպարսաւ յականջս իմաստասէր լսողաց. չյաւելուլ զանեղեալսն՝ յընդունայն աճմունս բանից. չնուազեցուցանել զեղեալսն եւ կարճակտուր պատմել բանիւք անփութութեամբ. այլ զբնաւն ողջախոհ զգուշութեամբ բերել ի յայտնութիւն: Եւ վասն զի են աստ պէտք բազում երկիւղագին պատրաստութեան՝ արդ նպաստեալ իմում տըկար խորհրդոյս՝ աղաչեմ, սատարեցէ՛ք ամենայն աղաւթասէր անձինք, ձեռովք առ Աստուած խնդրուածովք աւգնականութեամբք: Որովք արդարապատումն ճշգրտաբանեալ զեղեալ ի վեր քան զիս գործոյս հարկաւորութիւն՝ ընդ յորձանս մեծապատումն ծաւալացս նաւեալ մտաւոր ստուգաբանութեամբ՝ հասից բարեխաւսութեամբ սրբոց յանալէկոծ եւ յապահով նաւահանգիստն:

Աւրհնեալ է Աստուած:

For there is no small doubt involved for an individual to fearlessly give himself over to such labors [as writing a history] wherein the words must be appropriate and the arrangements determined according to an established scholarship and the accuracy able to stand reading to learned listeners without arousing their ridicule. One must not add things which did not happen, with a vain inflation of words. Nor should [the historian] reduce [the importance of] events and carelessly relate things in an abbreviated manner. Rather everything should be revealed with sober caution. Because there is need here of much pious preparation, as a favor to my weak mind I beseech you, help me all you prayer-loving people to request aid, raising your hands to God. This obligatory labor—to record accurately and truthfully—is beyond my abilities. But by God's aid may I navigate through the great and deep rapids with learned accuracy and, with the intercession of the saints, may I reach the safe and untroubled harbor.

Blessed be God.

ԴՐՈՒԱԳ Ա

6. Եւ ի բաժանել զթագաւորութիւն Արշակունւոյն յերկուս, առ ի հնազանդեցուցանել զկողմն արեւմտից աշխարհիս Հայոց՝ թագաւորին Յունաց ընդ իշխանութեամբ իւրոյ տէրութեանն, եւ զկողմն արեւելից խոնարհեցուցանելով դառն եւ բռնաւոր ծառայութեամբ՝ արքային Պարսից՝ երթեալ այնուհետեւ նախարարքն Հայոց ի վիճակէ մասին արքային Պարսից՝ խնդրէին իւրեանց թագաւոր ըստ բնիկ նախնի կարգին յազգէն Արշակունեաց: Եւ արքային Պարսից Շապհոյ կատարեալ զհայցուածս նոցա՝ շնորհէր նոցա թագաւոր Խոսրով անուն յազգէն Արշակունեաց:

Քանզի նախնոյն թագաւորն Հայոց Արշակ ունէր միահեծան զթագաւորութիւնն ի վերայ ամենայն աշխարհիս Հայոց: Իբրեւ ետես, թէ խախտեալ քայքայեալ մատնեցաւ ի բաժանումն մեծ իշխանութիւն թագաւորութեան ազգին իւրեանց՝ մեծաւ տրտմութեամբ խռովեալ տարակուսէր յանձն իւր. տեսանէր նախ զանկանել ընդ լծով ծառայութեան երկուց թագաւորաց զաշխարհս Հայոց. եւ դարձեալ՝ զմեծ մասն, զլաւն եւ զպիտանին եւ զարգաւանդն աշխարհիս Հայոց ունել ի բաժին արքային Պարսից. քանզի թէպէտեւ հասեալ բազում գաւառք այլ ի ժառանգութիւն մասին թագաւորին Յունաց՝ սակայն համեմատէին այն միայն Այրարատեան գաւառին:

PART ONE

6. After the division of the [Armenian] Arsacid kingdom into two parts—the western part of the land of Armenia was subject to the emperor of Byzantium and under his authority, while the eastern part had been humbled by the bitter and tyrannical service tendered to the king of Iran—the Armenian *naxarar*s who were in the Iranian king's sector, went and requested [that they be given] their own king, selected, according to the rule of their native ancestors, from the Arsacid line. Shahpuhr king of Iran,[2] fulfilled their requests and bestowed upon them as king [a member] of the Arsacid line named Xosrov.

The previous king of Armenia, Arshak, had ruled absolutely over the entire land of Armenia. When he saw that the great authority of his line's kingdom had been shaken, demolished, and pulled apart, in great sadness he had uneasy doubts with himself. First he observed that the land of Armenia had fallen under the burden of serving two kings. Then he noted that the greater part of Armenia's best, most useful and fertile lands was in the Iranian king's sector. Despite the fact that the emperor of Byzantium had inherited many other districts, [those lands, taken together,] could be compared only to the [Iranian-held] district of Ayrarat.

---
2 Shahpuhr III, 383-88.

Խորհուրդ բազմածուփ հանդերձ իւրովք սիրելեաւք ի մէջ առեալ թագաւորն Արշակ՝ մտայոյզլինէր ի սիրտ իւր ասելով. «Թէպէտ երբէք մինչեւ ցայժմ կամ հակառակութեամբ կամ սիրով եղեալք մեք ընդ միմեանս՝ զգացուցեալ էր մեր նոցա գործով պատերազմի, որպէս եւ պարտ էր ճանաչել առն զփորձ միւսոյ եւս լաւագունի քան զինքն. եւ թէ խոնարհեալ դիպէաք ի սէր առ միմեանս՝ սակայն եղբայր լինէաք հաշուեալ նոցա, պատուով եւ գահակցութեամբ ըստ կրսերագոյն մասին, եւ ոչ բնաւ անկեալք ի բաժին՝ զանուն ծառայութեան ստացեալ կրէաք յանձինս: Իսկ այժմ, յաղագս ցասուցանելոյ մեր եւ մերոց առաջնոցն զերկայնամիտ եւ զքաղցր Աստուած՝ մատնեալ անկաք ի ստրկութիւն, եւ խոնարհեալք յանարգութիւն՝ անողորմութեամբ գտեալք ի բաժանումն. այլ եւ զգեղեցիկ տեղիս հանգստի մերոյ եւ բնակութեան տեսաք ժառանգեալ ամբարհաւաճ եւ անաստուած ազգին Պարսկաց: Վասն որոյ ընտրելագոյն լիցի ինձ թողուլ զանձկալի եւ զամենատենչ վայրս երկրիս Այրարատոյ, զբնիկ եւ զսեպհական տեղիս նախնեաց իմոց, եւ գնալ զկնի աղքատութեան եւ կեալ բաղձալի կարաւտանաւք՝ քան թէ սիրել զկենցաղս աշխարհիս, զոր իբրեւ թողլոց եմք ակամայ. եւ ընտրել զբնակութիւն մասին այսորիկ՝ քան բնակել անարգանաւք ի մէջ անաւրինաց եւ կեալ միշտ ցաւաւք մտաց զյերկար եւ կամ զկարճ կեանս անյայտ կենցաղոյս, եւ վախճանել անարգութեամբ, ըստ որում ոչ արժանի թագաւորական պատուոյ եւ շքեղութեան»:

GHAZAR P'ARPEC'I'S HISTORY OF THE ARMENIANS

After much stormy consultations with his loved ones, the distraught king Arshak said to himself: "To the present there has been neither conflict nor affection between us but now they threaten us with war and a man must recognize the experience of someone better than himself. But should we bow and incline toward affection for each other, then they will regard us as brothers, giving less honor and less seniority; not all [the lands] will be our share, and we shall bear the name of servitude. Indeed now, because we and our ancestors have enraged tolerant and mild God, we have been betrayed into slavery, and are bowed in dishonor, and are inconsolable at the division. We watched the haughty godless Iranian people inherit the beautiful site of our rest and habitation. Consequently, I prefer to quit the desirable and coveted places of the Ayrarat country, to leave the native and *sephakan* place of my ancestors, and go into poverty and live with strong longings, rather than appreciate the way of life in a land where it is as if I am unwillingly tolerated. I prefer to live in the other sector than to dwell among infidels in disgrace and always with mental anguish through the unknown turns of my life—be it long or short—and to die in dishonor, which does not befit the royal dignity and majesty."

7. Եւ խորհելով զայս ամենայն Արշակ թագաւորն ի միտս իւր՝ լքեալ մերժեալ թողոյր զբարի եւ զբնիկ ժառանգութիւն նախնեաց իւրոց, զգաւառն Այրարատու, զհոյակապն եւ զհռչակաւորն եւ զականաւորն. զամենաբոյսն, զամենաբուղխն, զամենալին, զամենագիտն ի շահս եւ ի դարմանս մարդկային պիտոյիցս կենաց եւ վայելչութեան եւ սթափութեան. զդաշտս մեծատարածս եւ որսալիցս. զլերինս շուրջանակի գեղեցկանիստս եւ պարարտաբաւսս, զհօծեալս էրէովքն կճղակաբաժնիւք եւ որոճայնովքն, եւ այլովք եւս բազմաւք ընդ նոսին: Յորոց ի վերուստ ի կատարացն ջրոց հոսմունք, անկարաւտ ոռոգման արբոցանելով զդաշտս՝ մատակարարէ անբաւ բազմութեամբ յոստանն, կանամբք, արամբք եւ ընտանեաւք, զանպակասութիւն հացի եւ գինւոյ, զանուշահոտ զմեղրահամ քաղցրութիւն բանջարացն եւ զզանազանումն իւղաբուղխ սերմանցն: Իսկ ի լանջակողմանսն կամ ի սարահարթ տեղիս սփռեալ, յոր դիպեցուցեալ զհայեցած նորոգատեսիլ մարդոց՝ հանդերձս ինչ եւ ոչ ծաղկաբոյս գոյնս կարծեցուցանեն սփռեալքս պարարտաբոյսք եւ պարարտ արաւտք պարարտահամք. որոց թանձրախիտ աճմունք խոտոցն զանթիւ արաւտականս ընդանի իշանց եւ զանհամբոյր բոյլս վայրենի էրէոցն յագեցուցեալ՝ թանձրաթաղանթս, առոգագաւակս, սոնքացեալս գիրութեամբ զբնաւ մարմինն ցուցանեն:

7. Thinking over all of this inwardly, king Arshak forsook and abandoned the good, native inheritance of his ancestors, the district of Ayrarat. [Ayrarat] was charming, renowned and illustrious, containing all plants and flowers, full of the advantageous, having victuals needed to sustain human life, full of beauty and refreshment. [Ayrarat contained] extensive plains full of game, beautiful sites and fertile fields surrounded by mountains. The fields were densely covered with game, those with snouts, those chewing their cud, and many others with them. From the peaks of the mountains water courses down and nourishes the plains which need no irrigation, bringing an immeasurable abundance of bread and wine, sweet-smelling, delicately flavored vegetables, and a variety of oil—producing plants to women, men and families at the *ostan* [royal land]. Now the fertile earth-smelling fields which adorned the mountain flanks and level ground struck the refreshed gaze of the viewer more like clothing than the color of vegetation. The lush growth of grasses over the countless pasturages fed the tame asses and the forbidding herds of wild deer [making them] moist and plump and covered with fat, their bodies over.

Իսկ սաստկաբուրումն անուշահոտ ծաղկանցն, որ զարանցն քաջաց որսասէր նետողացն եւ զհաւտարած բացաւթէզացն, ընձեռելով առողջութիւն՝ զաւրացուցանեն զզգայութիւն խելացն եւ նորոգեն: Անդ գտանին եւ ազգի ազգի արմատք բուսոց ի պէտս աւգտակարութեան դեղոց, ըստ ճարտարագէտ ճանաչողութեան ստուգահըմուտ բժշկացն յաւրինուածոցն, երագահաս ախտահալած սպեղանիք, եւ կամ արբմամբ՝ յերկարելոցն ի ցաւս պատահացուցանեն առողջութիւն:

Իսկ դաշտացն ամենալրութիւն զկամս աշխատասիրացն կորզելով յինքեանց իբրեւ բանիւ, եւ առլցեալ որ զինչ եւ է բարով՝ եւս առաւել փութանակի զդարձն առ ինքեանս հրաւիրեն միանգամայն: Որք ոչ միայն երեւելութեամբն ցուցանեն, վերաբերեալ զշահաւորութիւն աւգտից մարդկան, այլ առաւել յորդորախոյզ աշխատողացն՝ զառ ընդ երկրաւ ծածկեալ աւգուտս ուսուցանեն, գանձել անձանց շահս եւ զվայելս այսր աշխարհիս ի մեծութիւն թագաւորաց եւ ի հաստատութիւն հարկահանաց, զոսկի եւ զպըղինձ եւ զերկաթ եւ զպատուական քարինս. զոր ընկալեալ արուեստող ձեռաց՝ զարդարեն զթագաւորս մեծատեսիլ զարդեաւքն յաւրինուածովքն, զոր ի խոյրսն եւ ի թագսն եւ ի հանդերձսն յուսկէհուռս պաճուճեալս ընդելուզանեն: Այլ եւ ածմամբ ջրոց՝ համածին անուշութիւնս մատուցանեն կերողացն զխորտկացն որոշութիւնս: Նաեւ զարմատս եղէգնասեր բուսոցն ոչ ընդունայն սնուցանէ յինքեան ամենաբաղձ դաշտն Այրարատոյ, այլ եւ ի նըմանէ ծնեալ որդունս, ի զարդ կարմրատեսիլ գունոց, ընծայէ աւգտասիրացն շահս եւ շքեղութիւնս: Եւս եւ գետոցն գնացք բազմակերպ ձկամբք մեծամեծաւք եւ փոքումբք, զանազանեալ համովք եւ այլ եւ այլ տեսովք՝ ուրախացուցեալ լցուցանէ զշնորհս ընչից եւ յագուրդ որովայնից ժրացելոցն եւ անվեհեր ջանացողացն:

[The plains contained] fragrant plants which are sought after by brave [warriors] and by those who shepherd flocks [for use as an ointment] against wounds, lending health [such plants] heighten the senses and renew them. Many different types of plant roots are found there, useful to the learned doctors who recognize them, for making medicines. Such fast-acting illness-destroying ointments [applied] or [potions] which are drunk bring health to those long-suffering in illnesses.

The abundance of the plains, which wins to itself the will of those who enjoy labor, and gives as if for a word, what is good, invites one to turn again to it. Everything of profit to humankind is not just what is displayed. No, those who would search even farther will find much of value buried in the ground. [Such miners] can accumulate profits and enjoy the good things of this world in the [style of the] greatness of kings, confident [of satisfying] the tax-collectors. [Miners] found gold, copper, iron, and precious stones. When [such stones] came into the craftsmen's hands, they became the magnificent ornaments which adorn monarchs set into the diadem and crown, and women with gold thread into [royal] clothing. With the mixing with waters, a twin sweetness offers itself to eaters of different kinds of fine dishes. The roots of reed-like plants do not merely dine uselessly from the [nourishment] of the coveted Ayrarat plain, but worms which are nourished by the plants offer profits and luxury [since] decorative red colors are made [from the worms]. The rivers are full of diverse large and small fish with different appearances and flavors. [The fish] cause delight, supplying profit, and filling the stomachs of those [ascetics] who tirelessly are striving.

Սնուցանէ յինքեան երկիրն ջրովք արուեստիւք եւ զառաւելութիւն հաւուցն յուրախութիւն եւ ի սթափումն որսատենչ ազատացն. զկրկջաձայն քաղցրաձայն առապարասէր վիմասույզ սորամուտ երամս կաքաւացն եւ սալամբացն, եւ կամ զեղէգնաբնակ թփամուտ մացառաղաւղ պարարտամարմին զանուշահամ ազգ աքարացն վայրենեաց. այլ եւ զջրասուզակ մամռախնդիր խաւզակեր մեծանձունք եւ յաղթամարմինք հաւքն, փորն եւ թանձրն եւ սագն, եւ կամ այլ բազում եւ անհամար ցամաքայնոցն եւ ջրայնոցն ջոկք թռչնոցն: Իսկ թակարդացն շրջափակութեամբք, երագազիւքն եւ գահողովքն, ելեալ ի յորս գունդք նախարարացն որդւովքն ազատացն. ուր ոմանք զհետ ցռուցն եւ այծեմանցն արշաւելով՝ զխիզախական զաղեղնաձայնն եւեթ բարբառիցին. եւ այլք զհետ բուլից եղջերուացն եւ եղանց ձիարձակ եղեալ՝ զգործ կորովաձիգ արանցն ցուցանեն. եւ կէսք սուսերաւք իբրեւ զմենամարտիկս՝ զսաստկանդամ երամս վարազացն գլորեցուցեալ սպանեն: Եւ շատք ի մանր մանկանց նախարարաց որդւոցն դաստիարակաւք եւ ծառայիւք զայլ եւ այլ սեռս ի թռչնոցն որսացեալ բազայիւք՝ դարձեալ բերիցեն ի յաճումն ընթրեացն ուրախութեան. եւ այսպէս առլցեալք իւրաքանչիւր որսով՝ գնան ուրախացեալք:

Որոց դէտ ակն կալեալ ըստ համապազաւրեայ սովորութեան՝ ջրայոյզ ջրածուփ ձկնորսացն մանկունք, ընթացեալք ի յառաջս նախարարազունդ որերոյն՝ ձկունս ի յորսոյ եւ բազմազան վայրենի հաւուց ձագս եւ կամ ձուս ի կղզեաց գետոյն բերեալ մատուցանեն ընծայս իշխանացն:

Fed by the beautiful waters of the country, the land also brings forth an abundance of fowl—to the delight and recreation of the prey-hungry *azat*s. The throaty warble of flocks of partridge and heath-cocks which love concealing themselves in rock crevices. The meaty, delicious species of wild cocks which dwell in the reeds and brush. The large-limbed full-bodied birds which dive beneath the water searching for moss, and eating snakes. The *p'or*, the bustard, the goose and many other countless types, many flocks of land and sea birds. Once [an area had been] surrounded by traps and hunters' nets, brigades of *naxarar*s with the sons of the *azat*s would come forth to hunt. There, some would chase after onagers and wild goats filling the air with the sound of the bold whizzings of their arrows. Some would race on their horses after herds of deer and hinds displaying the exploits of powerful men. Others with swords drawn as though for single-combat would go after packs of huge wild boars and, causing them to tumble, would kill them. Many of the *naxarar*s' small sons, with their tutors and servants, hunted diverse types of birds, using falcons, and thus added to the delight of the meal. Thus did each person, heavy with his game, depart rejoicing.

There one could see the children of fishermen who fished the waters, according to their daily custom, coming before the people of the *naxararagund* bearing fish they had caught, as well as the chicks of diverse wild birds, and eggs from river islands. These things [the children] presented to the princes as offerings.

Յորոց ընկալեալ մասն ինչ նախարարացն ըստ կամի՝ պարգեւեն եւ նոքա ի յիւրեանց բերոցն ըստ առաւելապէս բաւականի ընձայաւորացն. եւ հասեալք լի ամենայն բարութեամբ յիւրաքանչիւր յապարանս՝ շնորհեն եւ անպարապիցն մնացելոցն ի տան՝ զամբիծսն, առաւելապէս եւ առ աւտարսն: Եւ տեսանել է յամենեցուն ընթրիս, որպէս եւ շեղջակոյտս ինչ ի վերայ միմեանց, զէրէոցն բազմութիւն եւ զնոցուն գլխոց կարգմանց զառաջադրութիւն. յորոց ուրախացեալ բերկրին ձկնակերացն եւ մսակերացն անձինք. առաւել քան զխորտկաց անուշութեամբ՝ հոգեւոր ճաշակաւք, սաղմոսիւք եւ մարգարէական երգաւք աւրհնելով զպարգեւատուն Քրիստոս եւ զտուիչ եւ զլցուցիչ ամենայն բարութեանց:

8. Եւ արդ՝ զայսպիսի զըղձակերտ գաւառ, զչնաշխարհիկ եւ զամենայլի ըստ տուչութեան ամենախնամ արարչին Աստուծոյ, զԱյրարատեան գաւառ, որ է գլուխ աշխարհիս Հայոց, զգաւառն համբաւատենչ, զգաւառն ամենայլի, որ բերէ յինքեան զաւրինակ լիութեան, ըստ բանի Գրոյն, զերկրին Եգիպտացւոց եւ զդրախտին Աստուծոյ, եւ զբնիկ սեպհական կալուածի ազգին Արշակունեաց զքաղաքն Վաղարշապատ, զբնակութիւն ոստանի Արշակունի թագաւորացն, զբարձրաբերձ շինուածս անթիւ ապարանացն, զանյագ զամենայլի դաշտացն զբերկրումն, զհրեշտակացոյց հիմնարկութիւնն սրբոյ տանն Աստուծոյ, մեծի եկեղեցւոյն կաթողիկէի, եւ զայնց վկայարանաց ճգնազգեցիկ երանելի կուսանացն. որոց գտեալք անարժան՝ ազգն

The *naxarar*s, as they pleased, selected a part of what was offered, then bestowed the remainder on the bearers, more than enough for them. When each man reached his mansion, loaded with all sorts of good things, he bestowed the clean[ed game] on those who had stayed home not participating, and especially on foreigners. There one could see everyone dining, surrounded by piles of deer heaped upon each other, and their heads, purposely arranged. Though both eaters of fish and eaters of meat were delighted by the fineness of the delicacies, [they also took delight in] spiritual matters, using psalms and songs of the prophets to bless Christ, the bestower, giver, implementor of all good things.

8. Because of their unworthy deeds, the Arsacid line was found unworthy of the district of Ayrarat, such a coveted extraordinary district, full of everything that the all-caring creator God could provide. [The Arsacids were unworthy of] this illustrious, rich district which is the chief [district] in the land of Armenia, which in its abundance resembles the Biblical country of Egypt and God's Paradise. [The Arsacids were unworthy of] the native *sephakan* property of the Arsacid line, the city of Vagharshapat, the *ostan* [royal] dwelling of the Arsacid kings, the countless loftily built mansions, the delight of those most lush plains, the foundation of the blessed House of God—the great church cathedral—the dimensions of which were pointed out by an angel, and the martyria of the venerable ascetic virgins. The Arsacids were found unworthy

Արշակունեաց յաղագս անարժան գործոց իւրեանց, ըստ բանի սրբոյ առն Աստուծոյ Ներսէսի՝ զտան եղեալք ընկեցիկք յերեսաց Աստուծոյ. մատնեցան ի բաժանումն թագաւորին Պարսից եւ Յունաց, որոց վիճակեալ երկոցունց զմեծ զաշխարհս Հայոց՝ բաժանեալ ծառայեցուցին:

Յաղագս որոյ յուղի անկեալ գնայր յԱյրարատեան գաւառէն որպէս ի գերութիւն Արշակ թագաւորն Հայոց. լաւ համարեցաւ երթալ զհետ սուղ սակաւ բաժնի յերկիրն հաւատացեալ, եւ կալ ի հնազանդութիւն Յունաց թագաւորին, քան թէ կալ ի փափուկ գաւառի այսպիսի վայելչութեանց, եւ տեսանել հանապազաւր զայպանումն հաւատոց, զթշնամանս սուրբ եկեղեցւոյ, զնախատինս, զոր կրելոց էին պաշտաւնեայք աստուածային ուխտին յանաւրինաց մոգուցն, զթեթեւութիւն իւրոյ ազգին եւ զթագաւորութեան՝ յամբարհաւաճ իշխանացն Պարսից տէրութեանն. ընտրելագոյն հաշուեալ անցուցանել զնուազ եւ զթուով ժամանակ կենցաղոյս այսորիկ քրիստոնէութեամբ ի խաղաղութեան, քան թէ սուտ փառաւք որպէս զարհամարհոտ կեցեալ աստ եւ վրիպեալ յաւիտենից կենացն՝ մատնիլ յայրումն անշէջ հրոյն յաւիտենից: Եւ խորհելով զայս ամենայն՝ յանկարծակի ի միտս իւր լքեալ տարակուսեալ զբարի ժառանգութենէ զնախնեացն իւրոց՝ գնայր ի ծառայութիւն թագաւորին Յունաց:

in accordance with the words of that holy man of God, Nerses, that they would be among those shunned by God. They were betrayed by the division of the great land of Armenia between the two kings of Byzantium and Iran who caused them to do service.

Thus did Arshak, king of Armenia, quit the district of Ayrarat as if going into captivity. He considered it better to go to the much smaller sector [of Armenia] in a believing country, where he would be subject to the Byzantine emperor, than to remain in such a luxuriantly comfortable district [as Ayrarat] and witness daily the ridicule of the [Christian] religion, enmity directed against the holy Church, the insults born by clerics of the divine covenant from the impious mages, and the scorn shown to his line and kingdom from the arrogant princes of the Iranian lordship. So he preferred to live out this inconsequential and measured life in peace as a Christian rather than remain dwelling there in false glory, as one who is scorned, and, not attaining eternal life, be betrayed to the inextinguishably burning eternal fire. Thinking all of this over, suddenly he made up his hesitant mind to leave the good inheritance of his ancestors, and to enter the service of the Byzantine emperor.

9. Իսկ յետ ժամանակի ինչ անցելոյ՝ բերեալ ատելութիւն նախարարացն Հայոց, որ ընդ Պարսից իշխանութեամբն էին, ընդ թագաւորին իւրեանց Խոսրովու, վասն երթալոյ տակաւին ի նուազումն թագաւորութեան յազգէն Արշակունեաց, յաղագս առաւելեալ ի նոսա գործոց իւրեանց չարաց, ըստ բանից սուրբ քահանայապետիցն առաջնոց եւ այլոց եւս բազում առաքինի արանց, որք անլուռ բերանով բողոք բարձեալ յանդիմանէին զանարժան գործս նոցա եւ զմատնումն ընդ լծով խիստ եւ անաւրէն ծառայութեանն Պարսից, եւ նախագոյն բարբառէին, երթեալ այնուհետեւ առնէին բանսարկութիւնս առ Շապուհ արքայն Պարսից, եթէ «Խոսրով զինքն կարծեցուցանէ քեզ սիրելի եւ հնազանդ, եւ այս ամենայն ցուցականութիւն նորա առ քեզ՝ ստութեամբ եւ ոչ ստուգութեամբ. վասն զի զաղտ ուխտ իւր եւ խորհուրդ ընդ թագաւորին Յունաց է, եւ միշտ հրովարտակաւք եւ երթեւեկ պատգամաւորաւք խաւսի ընդ նմա ի խաղաղութիւն: Բայց դուք որպէս իմանայք հատուցանել նմա ըստ նորա խաբէութեանն՝ զայն դուք ոչ իշխէք»: Եւ կարծէին բանսարկուքն ըստ իւրեանց անմիտ խորհրդոցն՝ կորուսանել զնա, եւ անձանց եւ աշխարհի բարւոյ իմիք շինութեան լինել պատճառ. եւ ոչ գիտէին, եթէ տակաւին ի մաշումն եւ ի չար ծառայութիւն վասն մեղաց իւրեանց մատնեալ լինին յԱստուծոյ:

9. After some time had passed, those Armenian *naxarar*s who were under Iranian lordship displayed their hatred toward their king Xosrov. [This was done] in order to further weaken the rule of the Arsacid line. Because of their increasingly wicked deeds (which the blessed patriarchs of the past had mentioned, as did numerous other virtuous men, badly complaining about and reproaching their unworthy actions and the betrayal to the burden of severe and impious service of the Iranians), [the *naxarar*s] went to the Iranian king, Shapuh, complaining that "Xosrov gives you to think that he likes and is loyal to you, but all his displays are false and fraudulent. For he has a secret oath and counsel with the Byzantine emperor, and is always discussing peace with him by means of *hrovartak*s and messengers. Would you, if you knew the extent of his deception, dare to requite him accordingly?" In their stupidity, these slanderers hoped to destroy [Xosrov] and to be the cause of personal gain as well as cultivation of the land. But they did not know that because of their sins God had condemned them to suffer yet longer and had betrayed them to an evil servitude.

Իսկ զայն լուեալ խնդութեամբ եւ ախորժակ ունկնդրութեամբ Շապհոյ արքային Պարսից՝ հրաման տայր վաղվաղակի հրովարտակաւ զԽոսրով ի դուռն կոչել. եւ նորա չզգացեալ զբանսարկութիւն իշխանացն Հայոց՝ վաղվաղակի որպէս առ իւր իշխան եւ բարեկամ ի դուռն հասանէր: Եւ Շապհոյ թշնամանեալ զնա պատուհասէր, այլ թերեւս եւ վասն յաւժարութեամբ մերժելոյ զնա ի թագաւորութենէն, եւ ոչ յանդիման կամեցեալ առնել զնա չարախաւսացն՝ վաղվաղակի մերժեալ ընկենոյր զԽոսրով յիշխանութենէ իւրոյ թագաւորութեանն, եւ ուխտէր՝ այլ եւս ոչ տեսանել զաշխարհն Հայոց, անդէն կալեալ յաշխարհին Պարսից պահէր: Իսկ իբրեւ մերժեալ լինէր Խոսրով ի թագաւորութենէն՝ խնդրէին Հայք ընդ Շապուհ՝ ա՛յլ թագաւոր իւրեանց. եւ նա հաւանեալ թագաւորեցուցանէր նոցա զՎռամշապուհ զեղբայր նորին Խոսրովու, յազգէն Արշակունեաց. եւ թագաւորեցուցեալ զՎռամշապուհ՝ արձակէր ի Հայս:

10. Ի ժամանակս սորա թագաւորութեանն տուաւ շնորհ հոգողութեան յամենախնամէն Աստուծոյ առն միում ճշմարտի՝ Մաշտոց անուն կոչեցելոյ, որ էր ի գաւառէն Տարունոյ, ի Հացեկաց գեղջէ, որդի առն, որում անուն էր Վարդան. ի տիս մանկութեան իւրոյ ուսեալ դպրութիւն զյոյն, զհնուորեալ ի դուռն Հայոց արքային Խոսրովայ, կարգեալ յերամ մատենագիր արքունի դպրացն. վասն զի ասորի եւ յոյն գրով վճարէին յայնժամ զգործ թագաւորացն Հայոց՝ արքունի դպիրքն, զվճռոցն եւ զհրովարտակացն: Եւ սպասաւորեալ անդ ամս կարգաւորապէս առանց եպերանաց, յետ այնորիկ տենչացեալ կարգի վանականութեան՝ երթայ ի վանս բազմութեան եղբարց, եւ ընկալեալ զկերպարանս վանականութեան՝ լինէր ընտիր յամենայնի եւ երեւելի. հրաժարէր յամենայն աշխարհազբաւս երկրաւոր զբաղմանց:

The Iranian king Shapuh heard this [complaint] with great delight and eagerness. He ordered that Xosrov be quickly summoned to court by a *hrovartak*. Knowing nothing about the accusation of the Armenian princes, [Xosrov] hurriedly went to court, as if going to his prince and friend. Shapuh inimically threatened him. Perhaps it was because there was such enthusiasm for deposing [Xosrov] that [Shapuh] did not want to confront him with his accusers. Rather, [Shapuh] quickly stripped Xosrov of the authority of his realm, vowed that he would never again see the land of Armenia, and kept him there in Iran. Now as soon as Xosrov was denied the kingdom, the Armenians requested another king of their own from Shapuh. Agreeing, [Shapuh] enthroned Vramshapuh, Xosrov's brother, of the Arsacid line, and dispatched him to Armenia.

10. During the period of his reign the most provident God favored [Armenia] with a truthful man named Mashtoc'. He was from the district of Taron, from the village of Hac'ekac', son of a man named Vardan. In his childhood he had studied Greek. He became a soldier at the court of the Armenian king Xosrov and was established among the group of scribes, as a royal scribe. For in that period the royal scribes treated the affairs of Armenia's kings in Syriac or Greek, as well as decisions and *hrovartak*s. For years he served there properly and without reproach, but then he began to long for the monastic life. He went to a monastery of many brothers, assumed the monastic life and became the most select and venerable of all. He rejected all temporal worldly pursuits.

Ապա յանապատական կրաւնս փոխեալ՝ զարմանալի երեւէր եւ հռչակաւոր. եւ կայր յանապատս ի բազում տեղիս քարանձաւաց, մեծաւ առաքինութեամբ եւ խստամբեր վարիւք, բազում եւ այլ սուրբ վարուք կրաւնաւորաւք եւ աղաւթասէր եղբարբք, մինչեւ յամս հինգերորդ՝ արքային Հայոց Վռամշապհոյ եղբաւր Խոսրովու: Եւ զայս թէ կամիցի ոք գիտել հաւաստեաւ՝ ի պատմութենէ զրոյց առն ցանկալի Կորեան, աշակերտի նորին երանելոյն Մաշտոցի, կարդացեալ տեղեկասցի զվարս կենաց նորա եւ զիր հայերէն նշանագրացն, թէ ե՛րբ կամ ո՛ւր եւ կամ յո՛յր ուրուք ձեռն գտանէ, թագաւորին Հայոց Վռամշապհոյ ջերմեռանդն խնդրելով. զոր կարգեաց գրելով ճշմարտապէս յառաջագրեալ այրն հոգեւոր Կորիւն. ուստի եւ մեր բազում անգամ կարդալով տեղեկացեալ հաւաստեաւ:

Եւ այսպէս բազմաժամանակեայ մտածութիւնն երանելոյ առն Մաշտոցի ընկալեալ յամենախնամ մարդասիրէն Աստուծոյ՝ զաւրացոյց զնա հոգւով ողորմութեան իւրոյ: Քանզի հոգացեալ յարաժամ տրտմէր երանելի այրն Մաշտոց, տեսանելով զմեծ ջանն եւ զառաւելապէս ծախս՛ մանկանցն Հայաստան աշխարհիս. որք բազում թոշակաւք եւ հեռագնաց ճանապարհաւք եւ բազմաժամանակեայ դեգերմամբք մաշէին զաւուրս իւրեանց ի դպրոցս ասորի գիտութեան:

Then he moved to the deserts and became wondrous and renowned. He dwelled in numerous caves in the desert, with great virtue, practicing strict asceticism together with many other prayer-loving brothers and clerics of blessed behavior until the fifth year of king Vrhamshapuh, brother of Xosrov. Should someone wish to confirm this, he may read the history of that desirable man Koriwn, a student of the venerable Mashtoc' which provides information about [Mashtoc's] life, his Armenian letters, about when, where and by whom [the Armenian letters] were found, and about the enthusiastic entreaties of Armenia's king Vrhamshapuh. Koriwn, the aforementioned spiritual man, wrote all of this down accurately. We have read [Koriwn] numerous times, and so confirmed our information.

Thus did humane and caring God accept the plan of that venerable man Mashtoc' which the latter had been thinking about for a long time. God strengthened him with the spirit of His mercy. The venerable Mashtoc' had always been concerned and saddened, seeing the great effort and even more the expenses [involved in educating] the clerics of the land of Armenia. With many stipends, [obliged] to travel distant roads, and with long study [did these students] pass their days in Syrian schools.

Քանզի պաշտաւն եկեղեցւոյ եւ կարդացմունք գրոց աստուծոյ ուսմամբ վարէին ի վանորայս եւ յեկեղեցիս հայաստան ժողովրդոցս. յորմէ ոչ ինչ էին կարող լսել եւ աւգտել ժողովուրդքն այսպիսի մեծ աշխարհի, եւ լինէր պաշտաւնէիցն աշխատութիւն եւ ժողովրդոցն անշահութիւն յանլրութենէ լեզուին ասորւոյ: Զայս ի բազում ժամանակս զմտաւ ածեալ երանելի առն Մաշտոցի, եւ փղձկացեալ յանձն իւր, մանաւանդ թէ գոն նշանագիրք հայերէն լեզուոյս, որով հնար է՝ ինքեան ձայնիւ, եւ ոչ մուրացածոյ բարբառով, շահել զոգիս արանց եւ կանանց առ հասարակ յամենայն եկեղեցիս բազմութեանն: Զաւրացեալ ի սուրբ Հոգւոյն յորդորմամբ եւ եկեալ առ սուրբ կաթողիկոսն Հայոց Սահակ՝ զեկուցանէր նմա զիւրոյ բազմաժամանակեայ մտածութեան զխնդիրն, եւ ընկալեալ ի նըմանէ քաջալերութեան աւետիս, թէ «Զաւրացեալ պի՛նդ կաց, առեալ ընդ քեզ եւ այլ արս աւգնականս ի քահանայից՝ զոր ես պատուիրեմ. եւ ուր տկարանայք ի կարգել զհեգենայսն՝ բերեալ առ իս ուղղեմ զայն. քանզի յոյժ դիւրին է գիտ իրացդ զոր հայցես: Բայց նախ արժան է մեզ զգացուցանել թագաւորին զպէտս այսպիսի մեծ եւ կարեւոր խնդրոյ. վասն որոյ եւ քան զաւուրս ինչ յառաջ ոչ բազումս, առեալ բանք յեկեղեցւոջ յաղագս կարաւտութեան այդպիսի պիտոյից՝ ասացեալ է ուրումն ցարքայ, թէ տեսի նշանագիրս հայերէն առ ումեմն եպիսկոպոսի ի գեաւղ միում. եւ թագաւորն յիշէր զասացեալսն, քանզի եւ ինձ նա պատմեաց»:

For the services in the church and readings from Scripture were conducted in Syriac in the monasteries and churches of the Armenian people. As a result, the populace of such a large land was unable to comprehend or benefit [from the services]. The unusualness of the Syrian language gave labor to the officiants while bringing no profit to the people. For a long while the venerable Mashtoc' had been considering this situation. He was grieved that there existed no letters for the Armenian language by which it would be possible to win the souls of men and women in all the churches by utilizing the language itself and not a foreign language. Strengthened by the encouragement of the holy spirit, [Mashtoc'] went to the blessed Catholicos of Armenia, Sahak, and informed him of the problem about which he had been thinking for such a long while. [Mashtoc'] received encouraging good news from him. "Remain strong," [Sahak said] "and take along priests whom I shall order to assist you. Wherever you falter in establishing the syllables, bring the work to me and I shall correct it, for what you propose to do would make things much easier. But first it would be worthwhile for us to make the king feel the need for such a great and important thing. Because not many days ago in church someone raised the issue of the need for such a thing, and told the king that he had seen Armenian letters in the possession of a certain bishop in one village. The king recalled what had been said, since he also told me about it."

Եւ մտեալ սրբոյ կաթողիկոսին Հայոց Սահակայ համդերձ երանելեաւն Մաշտոցիւ առ թագաւորն Վռամշապուհ եւ իմացուցեալ նմա զպէտս իրացն՝ յիշեաց եւ ինքն թագաւորն զխաւսեցեալսն վանականին վասն նորին իրացն ընդ նմա, զոր եւ նորա պատմեալ ուրախացոյց։ Եւ նոցա լուեալ զայս ի թագաւորէն՝ փութացուցանէին զնա ասելով, թէ «Ճեպեա՛ յաղագս մեծ եւ ազտաբեր աշխարհիս Հայոց գիւտիս այսորիկ՝ ի ժամանակս քո, որ շատ աւելի առ յապայսն բերէ քեզ շահ, յիշատակ անմոռաց եւ ազգուտ երկնաւոր վայելից, քան զիշխանութիւն թագաւորութեանդ քո, եւ կամ որպէս յառաջ քան զքեզ նախնիքն քո էին յազգէն Արշակունեաց»։ Եւ թագաւորին լուեալ զայս եւ խնդալից եղեալ՝ ետ փառս Աստուծոյ, որ ի ժամանակս թագաւորութեան նորա զայսպիսի հոգեւոր կենաց փափաք ժառանգեաց յաշխարհիս Հայոց։

Վաղվաղակի ստիպով առաքեալ դեսպան զՎահրիճ ոմն անուն կոչեցեալ ի ծնողաց իւրոց համդերձ հրովարտակաւ առ այր մի երէց Հաբէլ անուն, որոյ ասացեալ էր յառաջագոյն ցարքայ, որ եւ մերձաւոր էր առն բարեպաշտի Դանիէլի եպիսկոպոսի, առ որում նշանագիրքն հայերէն կային։ Եւ երանելոյն Հաբելի ընկալեալ զհրովարտակն ի Վահրիճէ եւ լուեալ զիրսն՝ փութանակի հասանէր առ սքանչելի եպիսկոպոսն Դանիէլ։ Եւ նախ անդէն ի նմին Դանիէլէ ինքն տեղեկանայր զկարգ նշանագրացն, եւ առեալ ի նմանէ առ թագաւորն եւ առ սուրբ հայրապետն Հայոց Սահակ եւ առ երանելին Մաշտոց հասուցանէր։ Իսկ արքային Հայոց սուրբ կաթողիկոսաւն Սահակաւ եւ երանելեաւն Մաշտոցիւ զնշանագիրսն ի Հաբէլէ՝ ուրախ լինէին։

The blessed Catholicos of Armenia, Sahak, and the venerable Mashtoc' went into king Vrhamshapuh's presence and informed him of the issue. The king himself recalled what the monk had said to him regarding this matter and delighted [them] by relating it. When they heard this from the king they urged him to make haste, saying: "Exert yourself regarding finding such a great and useful device for the land of Armenia during your own reign, for it will benefit you later on, bestowing upon you an unforgettable remembrance, and you will have brought more benefits of worldly convenience [by this means] than the might of your realm or that of your predecessors, your ancestors of the Arsacid line, did." The king heard this and, rejoicing, glorified God that it was during his reign that the desire of such a spiritual life was inherited by the land of Armenia.

[The king] immediately dispatched an ambassador called Vahrich (by his parents) giving him a *hrovartak*, and sending him to a certain presbyter named Habel who earlier had spoken to the king and who was related to the pious bishop Daniel who had the Armenian letters. The venerable Habel accepted the *hrovartak* from Vahrich, listened to what he had to say, and then quickly hastened to the wondrous bishop Daniel. [Habel] learned the system of the letters from Daniel himself, and took [a copy of the letters] from him to the king, to the blessed patriarch of Armenia, Sahak, and to the venerable Mashtoc'. They received the letters from Habel, and were happy.

Եւ այսպէս դիպեալ գիւտի նշանագրացն՝ ձեռն ի գործ արկանէր երանելին Մաշտոց, յերիւրելով զնա սուրբ հայրապետին Հայոց Սահակայ, դիւրահնար ճանապարհ ցուցանելով կարգադրութեան գրենոյս եւ հեգենային ուղղաձայնութեան. տալով նմա աւգնականս եւ այլ արս բանիբունս եւ մտացիս ի քահանայիցն Հայոց, որք էին սակաւ մի եւ նոքա, որպէս երանելին Մաշտոց, մերձաւորեալք ի յունարէն հեգենայինսն. որում առաջնոյն անուն էր Յոհան՝ ի գաւառէն Եկեղեաց, եւ երկրորդին Յովսէփ՝ ի Պաղանական տանէն, եւ երկրորդին Տէր՝ ի Խորձենոյ, եւ չորրորդին Մուշէ՝ ի Տարաւնոյ: Որոց աւգնելով զաւրէր երանելին Մաշտոց, հանդիպեցուցանէր զհայերէն աթութայսն ըստ կարգման սիլովբայիցն Յունաց, ատէպ հարցմամբ եւ ուսանելով ի սուրբ կաթողիկոսէն Սահակայ զաթութայիցն գաղափար, ըստ անսայթաքութեան յունին: Վասն զի ոչ լինէին բաւական ի վճարել անսխալ ուղղակի, առանց առաջնորդելոյ նոցա սրբոյ հայրապետին Սահակայ, որ յոյժ առլցեալ անցուցանէր վարժիւք զբազում գիտնովքն Յունաց, եղեալ կատարելապէս հմուտ երգողական տառիցն եւ հռետորական յորդասաց յայտնաբանութեան, եւս առաւել տեղեկացեալ փիլիսոփայական արուեստիցն ցուցանիւր:

Կարգեալ այնուհետեւ, Փրկչին առաջնորդութեամբ, զգիր գրենոյն հայերէնի եւ հելլենացին ուղղեալ յաւրինուածս՝ ցանկային կարգել դպրոցս եւ ուսուցանել բազմութիւն մանկտւոյ. քանզի ամենայն անձն յորդորեալ փափագէր յուսումն հայերէն գիտութեան, որպէս ի խաւարէն, յասորի տանջանացն, զերծեալք ի լոյս՝ խնդային: Բայց տարակուսեալք կասէին յանչքութենէ Գրոց սրբոց. քանզի

So it was that after fortuitously receiving the discovered letters, the venerable Mashtoc' set to work adapting [the alphabet] to [the recommendations of] the blessed patriarch of Armenia, Sahak, putting the letters in an easily accessible order and correct syllabic pronunciation. [Sahak] gave him assistants and other learned and scholarly men from among the Armenian priests who, as the venerable Mashtoc', were only slightly familiar with Greek syllabification. Among them were, first, Yohan from Ekegheac' district; second, Yovsep' from Paghanakan *tun*; third, Ter from Xorjean, and fourth, Mushe from Taron who aided and strengthened the venerable Mashtoc', who put the Armenian alphabet in the same order as the Greek, frequently asking and learning from the blessed Catholicos Sahak information about the alphabet, based on the infallible Greek alphabet. For [this group] was not able to unerringly deal with modifications without the guidance of the blessed patriarch Sahak. Sahak was quite competent, having studied with many learned Byzantines. He was fully versed in musical notation, exhortatory rhetoric, and especially philosophy.

Once they had arranged the letters of the Armenian alphabet, adapted from the Greek copy—guided by the Savior—they wanted to establish schools and teach the multitude of clerics. For everyone enthusiastically wanted to study Armenian and were delighted that they had been freed from the torments of Syriac as if escaping from darkness to light. But they hesitated when it came to [translating] the Holy Bible. For as

ոչ գոյին դեռ եւս հայերէն լսողութեամբ սուրբ կտակարանք եկեղեցւոյ: Եւ երանելին Մաշտոց եւ որ ընդ նմա պատուական քահանայքն էին՝ ոչ զաւրէին համարձակել յայսպիսի սաստիկ եւ կարեւոր գործ, թարգմանել գիրս ի յոյն լեզուոյն ի հայ բարբառս. վասն զի ոչ ինչ էին այնպէս տեղեակ գիտնապէս հրահանգի յունարէն ուսմանն:

11. Ապա ժողովեալ ամենայն աւագ քահանայք աշխարհին Հայոց հանդերձ երանելեաւն Մաշտոցիւ եւ ամենայն նախարարաւք աշխարհիս Հայոց եւ մեծամեծ տանուտերաւք առ թագաւորն Հայոց Վռամշապուհ, եւ հանդերձ թագաւորաւն սկսան աղաչել զսուրբ կաթողիկոսն Սահակ, արկանել զանձն յաշխատութիւն հոգեւոր եւ թարգմանել զաստուածաշունչ կտակարանս ի յոյն լեզուոյ ի հայ բարբառս: Եւ դասք աւագ քահանայիցն ասէին ցսուրբ քահանայապետն, թէ

«Մեք որ կամքս առաջի քո, հանդերձ երանելեաւն Մաշտոցիւ, զոր զարթոյց աստուածայինն շնորհ ի ցանկութիւն այս՝ կարգել զվաղընջուցն գրեալ շարագիրս տառիցն, զորս ոչ ուրուք էր հոգացեալ արկանել ի կիր, այլ ասորի մեծաջան եւ անուգուտ ուսմամբքն աշխատեալք յոխորտ. յորոց բազմութիւնք ժողովրդոց ունայնք եւ թափուրք հրաժարեալք գնային յեկեղեցւոյն. եւ ուսուցիչքն հանելով յոգւոց եւ հառաչելով՝ զղջանային զսնոտի ջանն իւրեանց, յորում ոչ զոք յուսումնասէր ժողովելոցն տեսանէին աւգտեալ ի վարդապետութենէ հոգեւոր խրատուցն, որ է կերակուր եւ պարարումն իմաստնախնդիր անձանց. մինչեւ գտաւ գիր եւ աջողելով Քրիստոսի եկեալ յաճումն տակաւին զաւրանայ:

yet there was no Armenian translation of the holy testaments for the Church. The venerable Mashtoc' and the honorable priests who were with him lacked the strength to attempt such an intense and important labor, as translating the books [of the Bible] from Greek into Armenian, because they were not so very adept at Greek.

11. Then all the senior priests of the land of Armenia, with the venerable Mashtoc', all the *naxarar*s of Armenia and the grandee *tanuter*s assembled by the king of Armenia, Vrhamshapuh and, together with the king, they began to beseech the blessed Catholicos Sahak to apply himself to this spiritual work and to translate the Biblical testaments from Greek into Armenian. The orders of the senior priests said to the blessed patriarch:

"We who stand before you, and the venerable Mashtoc' [urge you to undertake the translation]. Divine grace awoke [in Mashtoc'] the desire to put into order the list of letters long-since devised, which no one had bothered about putting into use. Rather [the literate class] labored with the difficult, useless and arrogant Syriac language. As a result, the multitude of the people [seeing matters as] futile and vain ceased going to church, while the instructors, straining and sighing, regretted their empty exertions. Consequently, no learned individual perceived any benefit from the doctrine of spiritual counsel which is food and nourishment for those seeking knowledge. When [Mashtoc'] found the letters, Christ aided him and made him even stronger.

Համայն եւ զայս վաստակոյս կարգումն քոյին առաքինութեանդ գիտութեամբ եղիցի եւ կատարեա՛: Արդ՝ որպէս եւ սուրբ նահատակն Քրիստոսի Գրիգորիոս պահեալ ի խոշտանգանսն անվնաս աջով հզաւրին՝ ի լուսաւորութիւն գիտութեան աշխարհիս Հայոց տուաւ՝ պահեալ շնորհեցաւ եւ քեզ, նորին շառաւեղի, վիճակ ժառանգութեան պայծառութեան պաշտամանս այսորիկ, սկիզբն առնել գործոյ մշակութեանս այսմիկ եւ լինել նմանող սուրբ նախնւոյն քում, որ յանգիտութենէ ի ճշմարիտ աստուածգիտութիւն առաջնորդեաց աշխարհիս Հայոց: Արդ՝ եւ դու յանաւգուտ մուրողաբանութենէն ի ստոյգ հոգէշահ եւ եկեղեցազարդ բանաւորութիւնս առաջնորդեա բազում ժողովրդոց աշխարհիս մեծի, լնուլ զպակասութիւնս զայս, մնացեալ ի սուրբ նախնեացն քոց. զոր պահեաց քեզ Աստուած, զոր ոչ ումեք այլում ի Հայաստան աշխարհիս մարդկան գոյ հնար ձեռն արկանել յայդպիսի գործ մեծ: Վասն զի եւ ոչ կարացաք հմուտ լինել եւ տեղեկանալ այդչափ արուեստաւոր ուսմանցդ, որպէս եւ քեզ տուաւ զաւրութիւն ճարտարութեան ի վերին աւգնականութենէն յաղագս քո առաքինասէր եւ պարկեշտ հոգւոյդ, որ նմանեալ ճշգրտապէս աւրինակեցեր ի քեզ զվարս երանելւոյ հաւր քո Ներսէսի»:

Let the [final] arrangement of all this effort be accomplished with your virtuous knowledge. Now, just as the blessed champion of Christ, Gregory, by the aid of mighty [God], was kept unharmed throughout the torments, and was given [by God] to accomplish the illumination of [Christian] knowledge in the land of Armenia, so for you too, his descendant, an inheritance-share of this glowing religion has been kept. Begin this cultural work and be like your blessed ancestor who guided the land of Armenia from ignorance to the truth of recognition of God. Lead the many people of this big land from that useless borrowed language to correct, spiritually-uplifting rationality which will adorn the church. Fill this void which has existed from [the time of] your blessed ancestors. God kept you for this and it is a great task which no other person in the land of Armenia is capble of doing. For we were unable to become as informed of and learned in the study [of Greek], as you who were given brilliance from On High because of your virtuous and modest spirit. In this regard, truly, you take after your venerable father, Nerses."

Եւ լուեալ զայս ամենայն բարեպաշտ կաթողիկոսն Հայոց սուրբն Սահակ ի թագաւորէն Հայոց Վռամշապհոյ եւ յերանելոյն Մաշտոցէ եւ յամենայն ուխտէ քահանայիցն, եւս առաւել յաւագ տանուտերացն եւ յամենայն նախարարացն Հայոց՝ զուարճացաւ յոգի իւր, փառաւորելով զՓրկիչն ամենեցուն զտէր Յիսուս Քրիստոս: Եւ կամաւոր յաւժարութեամբ ետ զանձն ի գործ, պանծացեալ յԱստուծոյ գործակցութիւնն, որ ետ նմա զայնպիսի շնորհս առաւելապէս գիտութեան. եւ անվեհեր ջանալով զցայգ եւ զցերեկ՝ թարգմանեաց զկտակարանս ամենայն, զխաւսեցեալս ճշմարիտ մարգարէիւք սուրբ Հոգւոյն, եւ հաստատեալ կնքեաց երջանիկ առաքելովքն զնորոց կտակարանացն զլուսաւոր եւ զկենսատուր քարոզութիւնս նովին Հոգւով:

Եւ տարեալ ի գլուխ սրբոյ հայրապետին Հայոց Սահակայ զգործ մեծ հոգեւոր վաստակոյն՝ կարգեցան վաղվաղակի յայնմհետէ դպրոցք հատոին ուսմանց. բազմացան դասք գրչաց, ելեւելս առնելով զմիմեամբք. զարդարեցան պաշտամունք սուրբ եկեղեցւոյ. յորդորեցան բազմութիւնք արանց եւ կանանց ժողովրդոց ի տաւնս Փրկչին եւ ի ժողովս մարտիրոսաց: Որ շահեալք լի հոգեւոր աւգտիւ՝ ընթանային խնդալիցք ի հաղորդմանէ մեծի խորհրդոյն, արձակեալք յիւրաքանչիւր ի տունս, մեծամեծք եւ տղայք, սաղմոսելով եւ կցորդս ասելով ընդ ամենայն տեղիս, ի հրապարակս եւ ի փողոցս եւ առտնին:

When Sahak, the pious Catholicos of Armenia, heard all of this from Vrhamshapuh, king of Armenia, from the venerable Mashtoc', from the entire covenant of the priesthood, and especially from the senior *tanuter*s and all the *naxarar*s of Armenia, his soul rejoiced and he glorified the Savior of all, lord Jesus Christ. With willing enthusiasm he gave himself up to the work, proud of the assistance of God Who had graced him with such superb knowledge. Tirelessly working day and night, [Sahak] translated all the testaments, spoken by the true prophets of the Holy Spirit, confirmed and sealed by the luminous, vivifying sermons of the new testaments [pronounced] by the blessed Apostles, [filled] with the same Spirit.

Now when the blessed patriarch of Armenia, Sahak, had completed this work of great spiritual effort, immediately afterwards schools were established for teaching the flock. The ranks of writers swelled, and, vying with each other, they embellished the worship of the holy Church. They encouraged multitudes of men and women to attend the Savior's feast days and to visit the shrines of the martyrs. These people, full of spiritual gain, after communing in the great mystery, went in joy, each to his home, grandees and children saying psalms and anthems everywhere, in the squares, in the streets, and at home.

Պայծառացան եկեղեցիք. շուք առին վկայարանք սրբոց, միշտ ծաղկելով ի նոսա ուխտ կտակարանաց ընծայիւք. հանապազաբուղխ հոսէին վտակք յասողացն մեկնութեանց, որք զծածուկս մարգարէից բերելով ի յայտնութիւն՝ սեղանս ամենալիցս հոգեւոր խորտկաւք դնէին առաջի ամենայն ժողովրդեանն. յորոց ճաշակեալ իմաստախնդիրն մարդոց՝ քաղցրանայ ի քիմս նոցա, ըստ բանի սաղմոսերգին, բանք վարդապետութեան քան զխորիսխ մեղու: Եւ զի միանգամայն իսկ ասացից ըստ բանի սուրբ մարգարէին Եսայեայ, թէ Լցաւ երկիրս ամենայն Հայոց գիտութեամբ Տեառն ի հոգեւոր վտակաց սուրբ հայրապետին Սահակայ, իբրեւ զջուրս բազումս որ ծածկեն զծովս: Եւ շնորհիւ ամենախնամ Փրկչին Քրիստոսի կատարեալ այս ամենայն ի ժամանակս Վռամշապհոյ, ըստ յառաջա գոյն գրելոց, եւ լուսաւորեալ աշխարհս Հայոց՝ եկաց յետ այսորիկ թագաւորն Վռամշապուհ ամս բազումս, եւ հասեալ ի յերկար ծերութիւն՝ վախճանեցաւ յանկողնի իւրում խաղաղական հանգստիւ յաշխարհիս Հայոց:

12. Յետ այսորիկ մեռաւ եւ Շապուհ արքայն Պարսից, եւ թագաւորեաց Վռամ որդի նորա, որ էր Կրման արքայ. յորմէ խնդրեցին իւրեանց Հայք թագաւոր զնոյն միւսանգամ զԽոսրով զեղբայր Վռամշապհոյ, զոր յառաջնումն բանսարկութեամբ ետուն մերժել զնա Հայք՝ Շապհոյ արքային Պարսից ի թագաւորութենէ Հայոց: Եւ նորա կատարեալ զխնդիրս նոցա՝ թագաւորեցուցանէր դարձեալ զԽոսրով, զայր յոյժ ծեր: Եւ եկեալ Խոսրով յաշխարհս Հայոց եւ կեցեալ ամիսս ութ՝ վախճանէր, առ հարսն յաւելեալ:

The churches grew radiant and the martyria of the saints became majestic with offerings of the testaments which were always blossoming within them. Ceaseless streams of exegesis flowed from the speakers who, in explaining the secrets of the prophets, placed the most lavish tables of spiritual delicacies before the entire people. Those seekers of wisdom who supped of this found [the meal] to their liking and, as the psalm states, the words of doctrine were sweeter than a honeycomb. Let me say, in the words of the blessed prophet Isaiah, that the entire country of Armenia filled with the knowledge of the Lord as waters cover the ocean, thanks to the spiritual rivers of the blessed patriarch Sahak. And thanks to the all-caring Savior Christ, all of this was accomplished during the time of Vrhamshapuh, as was written earlier. After thls, king Vrhamshapuh lived for many years. Having reached old age, he died peacefully in his bed in the land of Armenia.

12. Subsequently, the Iranian king Shapuh died [A.D. 388] and was succeeded by his son Vrham[3] who was the Krman shah. It was from this ruler that the Armenians again requested that Vrhamshapuh's brother, Xosrov, be made their king. This was the same Xosrov whom the Armenians previously had the Iranian king Shahpuh remove from the kingdom of Armenia, through their accusations. [Vahram IV] fulfilled their request and once more enthroned Xosrov who was an extremely old man. Xosrov came to the land of Armenia but was gathered to his fathers after only eight months.

3 Vahram IV, A.D. 388-399.

Եւ յետ մահուան Վռամայ արքային Պարսից թագաւորէր Յազկերտ եղբայր Վռամայ որդի Շապհոյ ի վերայ աշխարհին Պարսից: Եւ ոչ կամեցեալ Յազկերտի թագաւորեցուցանել ի վերայ աշխարհիս Հայոց յազգէն Արշակունեաց՝ թագաւորեցուցանէր ի վերայ սոցա զիւր զորդին, որում անուն էր Շապուհ, ըստ անուան հաւր իւրոյ. խորհեալ չարաչար իմացմունս առնն ի միտս իւր. առաջին՝ զայս, եթէ աշխարհն Հայոց մեծ է եւ ազատակար, սահմանակից եւ դրակից է Յունաց իշխանութեանն, ընդ որոյ ձեռամբ բազումք են հնազանդեալք յազգէն Արշակունեաց. որոց գուցէ գորովեալ առ միմեանս ազգացն, ըստ աւրինի եղբարց, որք ընդմերով եւ ընդ Յունաց իշխանութեամբն են, եւ հաւանեալ երբէք սիրով ընդ միմեանս եւ եկեալք ի միաբանութիւն՝ խաւսեցին ի խաղաղութիւն ընդ թագաւորին Յունաց, եւ ընդ նորա հնազանդութեամբ յաւժարեալք՝ ապստամբեսցին ի մէնջ: Եւ որպէս կալեալ է զմեզ բազում անգամ յաշխատութեան՝ առաւել եւս յաւելուածով նոցա՝ անհանգիստ առնիցեն զմեզ պատերազմաւ: Եւ երկրորդ՝ զի յաւրինացս մեր աւտար են եւ ատեցողք, եւ միահաւան ունին զպաշտաւն նոցա եւ զաւրէնս: Արդ՝ ի թագաւորել յազգէս մերմէ ի վերայ աշխարհին Հայոց՝ յամենայն այդպիսի կասկածանաց անհոգացեալ լինի թագաւորութիւնս մեր. եւ նոքա ցանկ երկիւղիւ եւ դողութեամբ ծառայեն մեզ եւ աւտարոտիս ինչ եւ վնասակարս ինչ ոչ խորհին: Է զի եւ սովորութիւն առնուն յանկչել յաւրէնս մեր, հանապազ խաւսիւք ընդ միմեանս եւ ընդելական բարեկամութեամբ, ի զբաւսմունս որսոց եւ ի խաղս, որ լինիցի միջի նոցա. այլ եւ ամուսնութեանց տուրեւառիւք հաղորդեալք առ միմեանս՝ զատուցեալք այնուհետեւ որոշին ի սիրոյ նոցա եւ յաւրինացն:

After the death of Vahram, king of Iran, his brother Shapuh's son Yazkert,[4] ruled over the land of Iran. Not wanting to enthrone anyone from the Arsacid line over Armenia, Yazkert instead enthroned his own son who was named Shapuh (after [Yazkert's] father). The man had some evil thoughts in his head. First, [he reasoned] that the land of Armenia was large and useful, a border and gateway to the Byzantine realm. Many [members] of the Arsacid line had submitted [to Byzantine rule]. It was possible that, like brothers, the peoples under our sway and under Byzantine authority might grow fond of each other, and with this mutual affection unite, talk peace with the Byzantine emperor, gladly submit to him, and rebel from us. Just as [the Byzantines] have made work for us many times [in the past], with the addition [of the Armenians] it will be even worse, and they will trouble us with warfare. Secondly, [the Armenians] are strangers to our religion, and hate it, while they share faith and religion [with the Byzantines]. Now, should someone of our line rule over the land of Armenia, our kingdom will not be troubled by such doubts, and [the Armenians] will serve us with constant fear and trepidation, nor will they attempt anything strange or think about anything harmful. And when this becomes the custom, they will conceive a liking for our faith, since [Armenians and Iranians] will constantly be talking with each other and will become intimate friends [by participating] in the hunts and games which take place among them. Furthermore, through intermarriage they will communicate with each other while those [Armenians] thus separated [from Christianity] will grow to love [their spouses] as well as their [Zoroastrian] customs.

---

4 Yazkert I, A.D. 399-421.

Եւ սորա խորհելով զայս այսպէս՝ չգիտէր զբան սուրբ Հոգւոյն, որ ասէր, թէ Տէր ճանաչէ զխորհուրդս մարդկան, զի են ընդունայն: Որ փութանակի եւ արդեամբք վճիռ ե-տուն գրեալքն՝ իրացն եղելոցն. քանզի չեւ եւս յերկարեալ ի թագաւորութեանն՝ մեռանէր Յազկերտ: Ի նմին աւուր եւ զորդի նորին զՇապուհ, զոր ի տեղի Արշակունւոյն թագա-ւորեցոյց ի վերայ աշխարհիս՝ անդրէն ի դրանն մարդկանէ դաւով յարքունիքն սատակեցին: Եւ յետ մահուանն Յազ-կերտի որդւոյ Շապհոյ թագաւորին Պարսից թագաւորեաց Վռամ որդի նորա ի վերայ աշխարհին Արեաց: Եւ եկեալ իշխանք աշխարհին Հայոց առաջի Վռամայ արքային Պար-սից, խնդրեցին իւրեանց թագաւոր յազգէն Արշակունեաց: Եւ նա թագաւորեցոյց ի վերայ նոցա զԱրտաշէս որդի Վռամշապհոյ, յազգէ թագաւորացն Հայոց:

13. Եւ էր Արտաշէս այր մանուկ եւ իգամոլ, եւ բազում անառակութեամբ վարէր զթագաւորութիւնն: Եւ չկարացեալ այսպիսի զեղխ եւ մոլեկան վարուց թագաւորին Արտա-շէսի տանել նախարարքն Հայոց՝ ժողովեցան միահամուռ առ մեծ քահանայապետն Հայոց առ սուրբն Սահակ, որ էր յազգէն Պարթեւաց, որդի սրբոյն Ներսէսի, եւ ասեն ցնա. «Ոչ եւս կարեմք այսպիսի անարէն եւ պիղծ գործոց թա-գաւորին համբերել. վասն զի լաւ համարիմք մեռանել՝ քան եթէ զայսպիսի գործ աղտեղութեան հանապազաւր տեսանել եւ լսել:

Although [Yazkert] had such thoughts, he did not know about the words of the Holy Spirit which say: "The Lord knows the vanity of human plans." Quickly these words became a verdict which was actually carried out, for Yazkert did not rule for long, and died. The very same day, in a plot hatched by people from court, [Yazkert's] son Shapuh whom [Yazkert] had made king over the land [of Armenia] instead of an Arsacid was killed at court there. After the death of Yazkert (son of Shapuh [III]), king of Iran, [Yazkert's] son Vahram[5] ruled over the land of the Aryans. Princes from the land of Armenia came before Vahram, king of Iran, and requested that they be given a king from the Arsacid line. [Vahram] enthroned Artashes (Vrhamshapuh's son) from the line of the kings of Armenia.

13. Artashes was a cad, a luster after women, and reigned with much debauchery. Now because the *naxarar*s of Armenia were unable to stand the dissolute and deviant conduct of king Artashes, they assembled in numbers by the great patriarch of Armenia St. Sahak, son of St. Nerses, from the Part'ew line. They said: "We can no longer bear the impure and foul actions of the king. We consider it better to die than to constantly see and hear about such filthy things.

---
5   Vahram V Gur, 421-38/39.

Այլ եւ մեծի պատուական եւ երկնաւոր խորհրդոյն հաղորդել ոչ կարեմք ի խղճէ մտաց, զաւր ամենայն տեսանելով զայսպիսի պղծագործութիւն, եւ լռել. քանզի ուսեալ եմք ի քէն եւ ի քոց նախնեացն վարդապետութենէ, թէ ոչ միայն որ գործենն պարտական են, այլ եւ որ յանձն առնուն: Արդ՝ քեզ նախ պարտ է այսպիսի անհնարին աղէտից խնդրել հնարս եւ բառնալ ի միջոյ զայնպիսի ամբարշտեալ թագաւոր, որ այսպէս յայտնի իբրեւ զանհաւատ արհամարհանաւք առ ոտն հարկանէ զսրբութիւնն եւ աներկիւղ կամակարութեամբ գործէ զաղտեղի գիճութիւնս»:

Եւ լուեալ զայսպիսի բանս սրբոյ քահանայապետին Հայոց Սահակայ ի նախարարացն Հայոց՝ պատասխանի տուեալ ասէ. «Իբրեւ ոչ եթէ նոր ինչ լսելով այսաւր ի ձէնջ, ճանաչեմ զասացեալսդ ձեր. արդ գիտեմ, զի զկծեալ սրտիւք խաւսիք զայսպիսի խաւսս: Եւ ինձ անհնար է ասել, եթէ այլաբանք ինչ եւ ոչ ստուգութեամբ պատմին ասացեալքդ ի ձէնջ. բայց արդ՝ ո՛րպիսի հնարիւք ըստ արժանի հոգեւոր մարդկան պարտ է զելս իրացդ գտանել՝ զայն արժան է խորհել ամենեցուն եւ առնել»:

Եւ նոցա առ հասարակ պատասխանի տուեալ ասեն ցսուրբ կաթողիկոսն Սահակ, թէ «Մեք եւ ոչ մի ինչ ելս այլ եւ հնարս իրացն գտանել կարող եմք, բայց բողոքել թագաւորին Պարսից՝ ի բաց բառնալ ի թագաւորութենէ այտի, որում ինքն իսկ ինքեամբ չեղեւ արժանի ժառանգելոյ. այլ մեզ քան զայդ ո՛չ իմանալ ինչ է եւ ոչ առնել: Այլ զքեզ աղաչեմք միաբանել այսմ խորհրդոյ մեզ. եւ չէ պարտ այսպիսի անսրբութեանց այլ եւ պղծութեանց գործոյ թագաւորին հաղորդ լինել»:

Moreover, because of conscience, we are unable to commune in the great, honored, and divine mystery after seeing such obscenity every day yet remaining silent about it. For we learned from you and from the doctrine of your ancestors that not only those who commit such things are guilty, but even those who countenance them. Now, first you ought to seek some way out of this unbelievable calamity and do away with such a lewd monarch who so openly—like an unbeliever scornfully tramples what is holy, and fearlessly works this filthy pollution."

When the blessed patriarch of Armenia, Sahak, heard these words from the Armenian *naxarar*s, he replied as follows: "I know what you are talking about, and have heard nothing new from you today. I also know that it is with bitter hearts that you speak. I am unable to say whether what you say has been distorted or incorrectly related by you. But now as regards stratagems, worthy spiritual folk should find some solution to this, and everyone should think about it and implement it".

[The *naxarar*s] one and all replied to the blessed Catholicos Sahak, saying: "We are unable to find any solution to this, except to complain to the king of Iran to remove him from the throne. [Artashes] himself by his actions proved that he was unworthy of the inheritance. We can think of doing nothing other than this. Now we beg you to support our plan. It is not fitting to be an accomplice to such blasphemous and obscene acts as the king commits."

Իսկ սուրբ հոգեւոր կաթողիկոսն Հայոց Սահակ, իբրեւ լսէր զայս ամենայն ի նախարարացն Հայոց, եւ ստուգիւ ճանաչէր, եթէ ի նոյն միտս եւ ի նոյն խորհուրդս հաստատեալ են բովանդակ աւագանի աշխարհին՝ ի մեծ տրտմութիւն եւ յանմխիթար սուգ ընկղմեալ լինէր. եւ հեղեալ արտասուաց վտակս առաջի բազմութեան նախարարացն Հայոց՝ հրաժարէր առնել պատասխանի բանիցն մինչեւ յաւուրս բազումս: Եւ արգելեալ զինքն ի սենեակ՝ ողբոց միայն եւ արտասուաց լսէին ձայնս, մերձեալ ի դուրս սենեակին. քանզի տեսանող ակամբ ի զաւրութենէ սուրբ Հոգւոյն տեսանէր այրն Աստուծոյ ի սպառ ի սպուռ զկործանումն աշխարհիս Հայոց: Իսկ յետ բազում աւուրց համարձակեալ ոմանք յեպիսկոպոսաց, որք հանապազ պարապէին առ դուրս սրբոյն, չկարացեալք եւ առ վայր մ ի տեւել յառատաբուղխ եւ ի շնորհալից վարդապետութենէ առնն, որ քաղցր էր ի ճաշակելիս խորհրդոց հոգեւոր եւ իմաստուն լսողաց, ըստ բանի մարգարէին Դաւթի, քան զխորիսխ մեղու, եւ այլք ի պատուական երիցանց եւ ի սարկաւագաց, որք ի նորին ի սուրբ ուխտէ հայրապետին էին, եւ ոմանք յազատ աւագանւոյն Հայոց՝ համարձակեալ մտանէին ի ներքս եւ խաւսէին ընդ նմա բանիւք ողոքանաց: Ընդ որս սփոփեալ սակաւ մի սուրբ քահանայապետն՝ ըստ հոգեւոր գիտութեան եւ խրատու, զոր միացեալ ունէր ի յինքեան ի մանկութենէ իւրմէ՝ լռեալ դադարէր առ վայր մի:

When the blessed spiritual Catholicos of Armenia, Sahak, heard all of this from the Armenian *naxarar*s and when he realized accurately that all the nobles of the land had the same sentiments and were set in this plan, he sank into great sadness and inconsolable mourning. Shedding rivers of tears in front of the multitude of Armenian *naxarar*s, [Sahak] refused to reply for many days. He shut himself in his room and only the sound of lamentation and weeping could be heard [by those who] approached the chamber door. The man of God [wept] because by the power of the holy Spirit he saw the [coming] total destruction of the land of Armenia. Now many days later some bishops who were always in attendance at the saint's door (and were unable, even for a short time to stand going without the abundantly flowing and grace-filled doctrine of the man [a doctrine] which, to those spiritual and wise listeners who dined on the mysteries, had a sweet taste, as the prophet Daniel said, sweeter than a honeycomb) and some of the honorable presbyters and deacons (who were from the holy covenant of the patriarch), and others of Armenia's *azat* nobility dared to enter [Sahak's] room and spoke with him beseechingly. At this the blessed patriarch was consoled somewhat and, through the spiritual wisdom and counsel which were a part of him from his childhood, he ceased crying for a while and was silent.

Իսկ յետ բազում աւուրց դարձեալ ժողովեալ առ նա միաբան ամենայն ազատագունդք աշխարհիս Հայոց, եւ զնոյն բանս երկրորդեալ առաջի սրբոյ կաթողիկոսին Հայոց՝ խնդրէին ստիպով ի նմանէ եւ զնորա միաբանութիւնն ընդ ինքեանս: Իսկ սուրբն իբրեւ տեսանէր, եթէ ոչ ինչ ամենեւիմբ են կասեալք յառաջին կամացն եւ խորհրդոցն, վասն զի յաւելուած աւր ըստ աւրէ աղտեղի գործոց թագաւորին առաւել քան զառաւել աճեցուցանէր ի կորուստ անձին իւրոյ զմիաբանութիւն իշխանացն, ձայն բարձեալ մեծագոյն ողբալով ասէր ցամենեսեան առ հասարակ.

«Եթէ ես, ասէր, եթէ դուք իսկ, որպէս ուսեալք յԱստուծոյ խաւսիք հոգեւորապէս. եւ տարեալ վայր մի թերութեան առնն՝ արտասուաւք եւ թախանձեցուցանելով զամենողորմ զՓրկիչն մեր զտէր Յիսուս Քրիստոս՝ յաղագս գիտի կորուսելոյն խնդրեցէ՛ք հնարս. զի ըստ աւազանի ծննդեանն, թէպէտ մեղաւոր է, սակայն եղբայր եւ մարմին մեր է. յիշելով զվարդապետութիւն սուրբ առաքելոյն Պաւղոսի, զոր աւանդեալ ուսոյց ձեզ հոգեւոր հայրն ձեր եւ քահանայապետն սուրբն Գրիգոր. Զի եթէ վշտանայ ինչ մի անդամն՝ ասէ, վշտանան ամենայն անդամք ընդ նմա. եւ եթէ փառաւորի մի անդամն՝ խնդան ամենայն անդամք ընդ նմա: Յիշել պարտ է եւ զմտաւ ածել զվիշտսն եւ զնեղութիւնս, զբանդսն եւ զկապանս զսրբոյն Գրիգորի, զպաղատանս եւ զաղաւթս, զոր վասն ամենայն աշխարհիս փրկութեան խնդրեալ յԱստուծոյ եգիտ եւ զամենեսեան յանհաւատութենէ, շնորհիւ սուրբ Հոգւոյն, հաւատացեալս արար. զդիւաց մոլորութիւնս փախստական արարեալ հալածեաց ի ձէնջ. զճշմարիտ հաւատ սերմանեալ աստուածգիտութեան՝ ի միջի ձերում ծաղկեցոյց:

Now after many days the entire united *azatagund* of the land of Armenia assembled and repeated the same sentiments before the blessed Catholicos of Armenia, urgently beseeching him to join with them. When the saint observed that in no way had they retreated from their former intentions and plans—because the daily increasing impure actions of the king, leading to his ruin, caused the unity of the princes to grow even stronger—with great lamentation [Sahak] raised his voice and said to them one and all:

"I, and you too, as we learned from God, should speak in a spiritual manner. Bearing for a moment the man's shortcomings, beseech the most merciful Savior, our Lord Jesus Christ, with tears and entreaties for some way out. For [Artashes], because he was baptised is our brother and of our flesh, even though he is a sinner. Remember the doctrine of the blessed Apostle Paul, which your spiritual father and patriarch, the blessed Gregory, taught you: 'If one limb [of the body] causes pain, then all the other limbs ache along with it. And if one limb is healed, then all the other limbs rejoice with it.' It is worth recalling and reflecting on the grief, discomfort, imprisonment and shackles of saint Gregory; [and about] his entreaties and prayers to God for the salvation of the entire land; and how thanks to the Holy Spirit, he turned everyone from unbelief to belief; how he persecuted the demons of deviance and made them flee from you; and how he caused the seed of true faith, of recognition of God, to flower among you.

Եւ ձեզ ըստ նմին աւրինակի պարտ է ի վերայ մեղուցեալ անդամոյն խնդրել զողորմութիւն, եւ ոչ անաւրինաց մատնելով՝ ի ծաղր եւ յայպանումն տալ զսուրբ խորհուրդ հաւատոյս մերոյ: Յիշեցէ՛ք զսուրբ հայրն իմ եւ զձեր եւ զվարդապետն, որ եւ զփոխեալն յանասնական բնութեանն կերպարանս, հառաչանաւք եւ անդադար խնդրուածովք զցայգ եւ զցերեկ ածեալ ի գութս զամենեցուն արարիչն Քրիստոս՝ ի նոյն հաստատեաց ի մարդկային բնութիւնս: Եւ դուք աշակերտեալք նորին հոգեւոր վարդապետիք միաբանութեամբ առ հասարակ արք եւ կանայք, ծերք եւ տղայք զխնդրուածս եւ զարտասուս ի մէջ առեալ հաշտեցուցէ՛ք զամենահնարն Աստուած, որում հնարաւորն է ամենայն, եւ ոչ ինչ տկարանայ առաջի ահեղ հրամանաց զաւրութեան նորա. եւ նա վճարէ մարդասիրապէս՝ զոր ի յոյժ դժուարինս կարծեցեալ է մեզ. որ եւ ետ իսկ վճիռ միամիտ եւ անթերահաւատ խնդրողացն, ասելով անսուտն Աս տուած, թէ Ուր իցեն երկու եւ երեք ժողովեալ յանուն իմ՝ ամենայն զոր ինչ եւ խնդրեսցեն ի Հաւրէ իմմէ՝ տացի նոցա: Իսկ արդ՝ եթէ երկուցն եւ երիցն աներկմիտ խնդրողացն զամենայն հայցուածսն կատարէ Աստուած, ո՞րչափ եւս առաւել զայսչափ բազմութեան խնդիրսն շնորհէ Աստուած փութով, մանաւանդ թէ անձանձրոյթ եւս լինիցին խնդիրքն եւ ջերմ հառաչանաւք եւ անթերահաւատ յուսով. զիա՞րդ ոչ առաւել եւս քան զհայցուածսն մեծամեծ իրս վճարիցէ:

Following his example, you ought to seek mercy for that blameworthy limb and not betray him to the infidels, and make the blessed mystery of our religion an object of ridicule and contempt. Remember my and your blessed father and *vardapet* [St. Gregory] who with sighs and ceaseless entreaties, morning and night, moved Christ (the creator of all) to pity and to transform back to a human shape [king Trdat] who had been changed into a beast. You who are students of his spiritual doctrine—all of you together, men, women, old, and young—with entreaties and tears make peace with all-powerful God for Whose awesome commands of might nothing is impossible. He accomplishes in a humane fashion what appear to us to be extremely difficult [matters]. Indeed, truthful God ordained for those who make requests loyally and with complete faith that, 'wherever two or three [people] assemble in my name, whatever they seek from my Father will be given to them.' Now if God grants whatever two or three sincere petitioners request, how much more will He grant the requests of such a multitude, and quickly. This is especially so because the petitions are made untiringly, with fervent sighs and sincere hope. Perhaps He will grant much more than is requested.

«Այլ վասն իմ որ ասէքդ, եթէ միաբանեա՛ ընդ մեզ` ինձ քաւ լիցի մատնիչ լինել ճշմարիտ հաւատոյն մերոյ եւ անհաւատից զիմ հաւտի զմոլորեալ ոչխարն մատնել յայ-պանումն: Զի թէպէտ եւ մեղաւոր է, այլ դրոշմեալ է սուրբ աւազանին ծննդեամբ, հիմուտ է փրկութեան խնդրոյն, լըւ-եալ է զլուր քարոզութեան Աւետարանին կենաց: Արդ` եթէ էր տանել առ բժիշկ առողջ զվիրաւոր եկեղեցւոյս իմոյ զոչխար` փութայի եւ ոչ յապաղէի. այլ յամենախտալից ատեան մատուցանել զիմ հիւանդացեալ հոգւոյ որդի ես ոչ երբէք առնում յանձնս: Զի եթէ էր հաւատացեալ թա-գաւորի առաջի տանել զայսպիսի յանդիմանութիւն` թեր-եւս համարձակէի, յուսով գիտի կորուսելոյն. այլ կշտամ-բելզհաւատացեալս յաղագս մեղաց առաջի անհաւա-տիցն` ոչ հաւանիմ, որ հանապազ ուսուցիչ լեալ եմ բողո-քոյն Պաւղոսի, որ ասէ. Իշխէ՞ ոք ի ձէնջ, եթէ իրք ինչ իցեն ընդ ընկերի իւրում` դատել առաջի անաւրինաց, եւ ոչ առա-ջի սրբոց. եթէ ո՞չ գիտէք, եթէ սուրբք զաշխարհս դատին. եւ եթէ ձեաւք դատի աշխարհ` ապա ոչ էք արժանի անարգ ատենից: Ո՞չ գիտէք, եթէ զհրեշտակս դատիմք, թող թէ զերկրաւորս. զերկրաւոր ատեանս եթէ յանձն առնուք, զանարգս` եկեղեցւոյ դատաւոր նստուցանեմք. առ ամաւ-թոյ ձերոյ ասեմ: Եւ այնպէս, ասէ, ո՞չ ոք գոյ իմաստուն ի ձեզ, որ կարիցէ իրաւունս ընտրել ի մէջ եղբաւր իւրոյ. այլ եղբայր ընդ եղբաւր դատի, եւ զայն ի մէջ ան-հաւատից:

"As regards what you said about me, that I should join with you, God forbid that I should be the betrayer of our correct faith and betray the wandering sheep of my fold [*i.e.*, Artashes] to the scorn of non-believers. Despite the fact that he is blameworthy, nonetheless, having received holy baptism, he is knowledgeable regarding the question of salvation and has heard the good news preached in the Gospel of Life. Were it a question of taking this injured sheep of my church to a healthy physician, I would do so quickly and without delay, but I will never consent to offer up my son whose soul is sick to that most disease-ridden tribunal. Were it a question of taking [Artashes] before a believing king for reprimand, I might make bold to do it with the hope of saving [him] from ruin. But I will not agree to denounce a believer's sins before a non-believer. In this my teacher is Paul who protested: 'When one of you has a grievance against a brother, does he dare go to law before the unrighteous instead of the saints? Do you not know that the saints will judge the world? And if the world is to be judged by you, are you incompetent to try trivial cases? Do you not know that we are to judge angels? How much more, matters pertaining to this life! If then you have such cases, why do you lay them before those who are least esteemed by the church! I say this to your shame. Can it be that there is no man among you wise enough to decide between members of the brotherhood, but brother goes to law against brother, and that before unbelievers?'[6]

---

6   1 Corinthians 6.

Եւ արդ՝ որ ուսուցի զքազումս, զանձն իմ ընդէ՞ր ոչ ուսուցից: Այլ ինձ լաւ լիցի մեռանել, քան եթէ զոք ի հաւատացելոց վասն անարժան գործոյ մատնել անաւրինաց: Զի թէպէտ եւ իցէ պոռնիկ, այլ զկնիք հաւտին Քրիստոսի կրէ յանձին իւրում. գիճացեալ է մարմնով, այլ ոչ անհաւատ եւ հեթանոս. զեղխ, այլ ոչ կրակապաշտ. տկարացեալ է ի կանայս, այլ ոչ ծառայէ տարերց. միով ախտանայ ցաւով, այլ ոչ վարակեալ ամենայն ախտիւք իբրեւ զամբարիշտ: Եւ զիա՞րդ զսակաւամեղն՝ ամենայնիւ ամբարշտելոցն մատնել խորհիցիմք ի սատակումն: Քա՛ւ ձեզ, որդիք, մի՛ խորհիք զխորհուրդդ զայդ, եւ զքնիկ զձեր զտեարսդ, որպէս եւ ոմանք ի ձեր նախնեացն, կորուսանել մի՛ ջանայք»:

Զայս եւ առաւել եւս քան զսոյն բանս եւ խրատ բազում արտասուաւք եւ աղերսանաւք խաւսեցեալ անձանձրոյթ սրբոյ կաթողիկոսին ընդ աւագանին Հայոց՝ ոչ ինչ կարաց զնոսա յառաջին միաբանութենէն եւ ի խորհրդոյն, զոր հաստատեալ էին ի միտս իւրեանց, ի բաց դարձուցանել: Քանզի եկեալ հասեալ էր ի վերայ նոցա նզովք սրբոյ առն Աստուծոյ Ներսէսի՝ անկանել նոցա ընդ լծով չար ծառայութեան հեթանոսաց, եւ ոչ դադարէր մինչեւ ի գլուխ զգործն հանէր: Միաբանութեամբ պատասխանի արարեալ ամենեցուն քահանայապետին սրբոյ՝ ասացին, թէ «Փոխանակ զի ոչ լուար բանից մերոց, եւ ի միաբանութենէ մերմէ զանձն քո ի բաց մերժեցեր՝ գիտասջիր, զի որպէս եդեալ է ի մտի չթագաւորել սմա եւ այլ եւս ի վերայ մեր՝ խոստանամք չքահանայանալ եւ ոչ քեզ առ յերկարս ի վերայ աշխարհիս մերում»:

And now, how could I, who have advised others, not take my own advice? I would rather die than have a believer betrayed to an unbeliever, because of his unworthy deeds. Even if they be prostitutes, they bear the seal of Christ's flock upon themselves. They are physically corrupt, but are not unbelievers and pagans; foul, but not fire-worshipers; womanizers, but not worshipers of the elements. They are ill with one disease, but are not infected with all diseases as the impious are. And why should we plot to destroy someone with a few failings by betraying him to someone who is a complete blasphemer? May such thoughts be far from you, my children. Plan it not, and do not attempt, as some of your ancestors did, to destroy your natural lords."

The blessed Catholicos tirelessly spoke these words and many others of counsel with many tears and entreaties before the Armenian nobility, but was unable to get them to retreat from their earlier unity and from the position which they had fixed in their minds. For the curse of that holy man of God, Nerses, had descended upon them. They had fallen under the burden of evil service to pagans, and the affair would not end until the matter came to a head. [The nobles] united replied to the blessed patriarch: "Because you did not heed our words and refused to ally with us, know that just as we are resolved not to have [Artashes] rule over us as king, any longer, so we promise that you shall not reign as patriarch over our land for long."

Եւ զայս այսպէս ասացեալ ամենայն աւագաց տանուտերանց աշխարհիս Հայոց առաջի հայրապետին Սահակայ՝ եղին զայրագնեալք ի խրատուէ սրբոյն, եւ այլ ոչ եւս կամեցան դառնալ առ երանելի քահանայապետն Սահակ. զի էր զնոսա շրջափակեալ եւ պաշարեալ անիծից երանելւոյ հայրապետին Ներսէսի, ի համաւրէն կորստեան խորհուրդս:

14. Եւ այնուհետեւ միաբանեալ գնացին ի դուռնն, եւ երթեալք անդր յանդիման եղեն արքային Պարսից Վռամայ: Ընդ որս էր եւ երէց մի Սուրմակ անուն ի գաւառէն Բզնունեաց, ի գեղջէն որ կոչի Արծկէ, ի տոհմէ քահանայից գաւառին [մեկուսանայր]. որոյ միաբանեալ ընդ նախարարսն Հայոց, ճեղքեալ ի խրատուէ սրբոյ հայրապետին Սահակայ՝ խաւսէր բանս անհանճարս եւ առաւել աղտեղիս քան զամենայն նախարարսն Հայոց զթագաւորէն Արտաշեսէ առաջի աւագօրերոյն Պարսից. շնորհ առնելով նախարարացն Հայոց՝ յաղագս խոստանալոյ նմա ոմանց յաւագանւոյն Հայոց զաթոռ կաթողիկոսութեան աշխարհին Հայոց: Եւ ծանուցեալ նախագոյն զպատճառս տրտունջոյն իւրեանց Սուրենայ եւ այլ աւագանւոյն Պարսից. քանզի Սուրէնն պահլաւ՝ էր ի ժամանակին յայնմիկ հազարապետ դրանն արքունի. եւ հանդերձ նովաւ եւ այլ մեծամեծաւք դրանն հասուցին զբանս ամբաստանութեանն առ Վռամ արքայն Պարսից:

When all the senior *tanuter*s of the land of Armenia had thus spoken before the patriarch Sahak, they departed, angered at his advice. Nor did they want to turn to the venerable patriarch Sahak again. For the curse of the venerable patriarch Nerses had surrounded and enveloped them [because of] their plan, leading to total destruction.

14. Thereafter, united, [the *naxarar*s] went to the court and later stood in the presence of the Iranian king Vahram. Among them was a presbyter named Surmak from the Bznunik' district, from the village known as Arcke. He was descended from the line of the district's priests. Having allied with the Armenian *naxarar*s, and having broken with the counsel of the blessed patriarch Sahak, he spoke more coarsely and crudely about king Artashes in the presence of the Iranian nobles than did all the Armenian *naxarar*s. He befriended the Armenian *naxarar*s because some of the Armenian nobles had promised him the throne of the Catholicosate of the land of Armenia. First they informed Suren and other Iranian nobles about the cause of their unhappiness, since Suren Pahlaw, at that time was *hazarapet* of the royal court. He and others of the court grandees saw to it that the complaint reached Vahram, king of Iran.

Եւ լուեալ արքային Պարսից այնպիսի բողոք յազատանւոյն՝ ոչ թոյլ տայր նոցա խաւսել առ վայր մի առանց գալոյ ոստխին ի դուռնն: Վաղվաղակի դեսպան արարեալ զթագաւորէն Հայոց զԱրտաշեսէ՝ առ ինքն ճեպով գալ հրամայէր. գալ ընդ նմա գրէր եւ մեծի քահանայապետին Հայոց Սահակայ: Եւ եկեալ նոցա ի դուռն՝ հարցանէր նախ առանձին արքայն Պարսից զթագաւորն Հայոց զԱրտաշէս, եթէ «Զի՞նչ են իրքդ, յաղագս որոյ ամբաստանեն զքէն նախարարքդ Հայոց»: Եւ նորա պատասխանի տուեալ ասէր, եթէ «Ամենեւին ոչ գիտեմ, զի՛նչ խաւսին եւ չարախաւսեն դոքա զինէն. այլ որպէս սովոր են ի բնէ թշնամանել զտեարս իւրեանց՝ ըստ նմին աւրինակի եւ այժմ կամին կատարել զչար կամաց իւրեանց զխնդիրս. քանզի միշտ իշխանափոխք լեալ են եւ տիրատեացք»: Եւ թագաւորն Արեաց Վռամ հրաման տայր՝ միայն ընդ միայն կոչել առ ինքն զսուրբ կաթողիկոսն Հայոց զՍահակ. քանզի մեծարէր զնա, նախ՝ վասն ազգականութեան առնն, եւ դարձեալ՝ զի առաջի անհաւատիցն յարգոյ եւ պատուական ցուցանէր զսուրբ ծառայս իւր Աստուած. եւ հարցեալ զերանելի կաթողիկոսն՝ կամէր լսել ի նմանէ զամենայն բանիցն զչարախաւսացն թագաւորացն Հայոց: Իսկ նորա պատասխանի արարեալ ասէր, եթէ «Ոչ գիտեմ, զի՛նչ խաւսին նորա զնմանէ. նոքին իսկ ասասցեն, եւ դուք լուարուք ի նոցանէ. եւ որպէս ասենն առաջի ձեր՝ յանձինս իւրեանց ընդունին զհատուցումն. զիս ինչ այդպիսի խնդիրս բանից մի՛ հարցանէք. զի ոչ ինչ լսելոց էք յինէն յաղագս չարախաւսութեանդ այդորիկ չար ինչ եւ կամ բարի»:

When the king of Iran heard such protest from the *azatuni* he did not permit them to speak a moment before [their] adversary had come to court. He immediately sent an emissary to king Artashes of Armenia ordering [Artashes] to come to him at once. He wrote that the great patriarch of Armenia, Sahak, was to come with him. When they had come to court, the king of Iran first questioned Artashes king of Armenia separately, as king: "What happened that the *naxarar*s of Armenia are accusing you"? He replied: "I have no idea what slander they are saying about me. But it is their natural custom to be hostile to their own lords. Following their custom, they now want to implement this wicked deed. For they have always changed their princes and have hated their lords." Then Vahram, king of the Aryans, commanded that the blessed Catholicos of Armenia be summoned into his presence alone. For he exalted him first, because of the man's lineage, and second, because God shows his blessed servants to be respected and revered in the presence of unbelievers. [Vahram] inquired of the venerably Catholicos, hoping to hear him [confirm] all the words of the slanderers of Armenian kings. But [Sahak] responded: "I do not know what they say about him. Let them speak, and you listen to it from them. And may they themselves be requited according to what they say in your presence. Do not ask me anything about that matter, for you will hear nothing from me of slander, be it good or bad."

Ապա կոչէր առ ինքն թագաւորն Վռամ զՍուրէն պալհաւն, զիւր զհազարապետն, որ ազգակից եւ տոհմակից էր մեծի քահանայապետին Սահակայ, որպէս զի միաբանեալ եւ նա ընդ այլ նախարարսն Հայոց՝ վկայեսցէ չարախաւսութեան նոցա, եւ պատուեալ բազում պարգեւաւք եւ մեծապէս շքեղութեամբ դարձցի յիշխանութիւն կաթողիկոսութեան իւրոյ եւ յաշխարհ: Եւ Սուրենայ բերեալ զպատգամսն զարքայի առ երանելին Սահակ՝ խոստանայր նմա ըստ ասացածին Վռամայ շքեղութիւն մեծ եւ աւգուտ գտանել ի թագաւորէն: «Թէ հաւանեալ, ասէ, կամաց նորա, տացես վկայութիւն նախարարացն Հայոց՝ մեծարեալ բազում պատուովք դառնաս յիշխանութիւնդ. ապա եթէ այլազգագոյն ինչ խորհիս յամառեալ՝ եւ զքո կաթողիկոսական տունն կորուսանես ի քէն եւ յիշխանութենէդ զոր ունիս՝ մերժեալ լինիս. եւ ես վասն զի ազգակից քո եմ՝ եւ զբարին քո կամիմ, եւ ոչ թեթեւութեամբ տամ քեզ այսպիսի սիրոյ խրատ»: Եւ այսպիսի բանիւք ջանայր հաւանեցուցանել զսուրբ հայրապետն զՍահակ. քանզի կամէին բառնալ ի միջոյ զթագաւորութիւնն Հայոց:

Իսկ սուրբն եւ բնաւ իսկ յանձն ոչ առնոյր այսպիսի բանից՝ տալ վկայութիւն իշխանացն Հայոց. այլ հաստատեալ ի նոյն միտս՝ ասէր, եթէ «Ես զԱրտաշեսի զայդպիսի ինչ զվատթարութիւն ոչ գիտեմ, որով թէ արժան է ի ձէնջ դատելոյ եւ անարգանաց. զի թէպէտ եւ ըստ սրբասէր մերոց աւրինաց անարգանաց արժանի է եւ անգոսնելոյ, այլ ըստ հրամանի ձեր աղտեղասէր աւրինացդ՝ գովութեան արժանի է եւ մեծարանաց»:

King Vahram then summoned Suren *pahlaw* ("the Parthian") his *hazarapet* who was of the same *azg* and *tohm* as the great patriarch Sahak to get [Sahak] also to unite with the other *naxarars* of Armenia, to testify to their slander. Then he would be returned to the authority of his Catholicosate and land, covered with many honors and in great luxury. Suren took the king's message to the venerable Sahak promising him, as Vahram said, great luxury, and saying he would benefit from the king: "If you consent and do as he wants—to confirm the testimony of the Armenian *naxarars*—you will return to your authority, exalted by many honors. But if you stubbornly resist and do otherwise, you will lose your Catholicosal *tun* will be rejected from your authority. Because we are of the same *azg*, I want what is good for you. It is not lightly that I give you this loving advice." With such words did [Suren] try to persuade the blessed patriarch Sahak. For they wanted to do away with the kingdom.

But the holy man would in no way consent to such words and confirm the testimony of the Armenian princes. Rather, holding firm to his beliefs, he said: "I know of no evil committed by Artashes which merits trial and contempt by you. For though according to our holy faith he is worthy of dishonor and disgrace, according to your polluted faith, he deserves praise and exaltation."

Եւ լուեալ զայս պատասխանի Սուրենայ ի մեծ հայրապետէն Հայոց Սահակայ յիւրմէ տոհմակցէն, եւ պատմեալ թագաւորին Արեաց՝ ի ցասումն զայրացման գրգռեալ թագաւորն՝ հրաման տայ այնուհետեւ յանդիման բազմամբոխ ատենին հարցանել զնախարարսն Հայոց եւ զԱրտաշէս: Եւ կուտեալ իշխանացն Հայոց բազում աղտեղաբանութիւնս եւ ազգի ազգի խաւսս անարժանութեան ի վերայ թագաւորին իւրեանց. քանզի ոչ եթէ ի նմա եղեալ զիրսն խաւսէին, այլ եւս յաւելուածովք ըստ աւրինի թշնամութեան կուտէին ի վերայ նորա բազում վնաս. որ թէպէտ եւ յուրաստ եղեալ Արտաշեսի, թէ չէ այդպէս՝ ոչ հաւատացին լսողքն, եղեալ զկամս իւրեանց՝ բառնալ ի միջոյ զթագաւորութիւնն յԱրշակունեաց ազգէն: Մանաւանդ զի լուաւ թագաւորն Արեաց ամենայն աւագանեաւք դրանն ի դատախազացն Արտաշեսի, թէ բնաւ զի՞ իսկ եւս պիտոյ է թագաւոր. այլ իշխան պարսիկ ըստ ժամանակի եկեալ վերակացու լիցի մեզ, որ եւ զիւրաքանչիւր ուրուք ի մէնջ ծանուցեալ զհպատակութիւն եւ զանհպատակութիւն՝ ցուցցէ ձեզ:

Եւ լուեալ զայս Վռամայ հանդերձ աւագանւով դրանն՝ ոյժ ուրախանայր. եւ այնուհետեւ հրաման տայր վաղվաղակի ի բաց առնուլ զթագաւորութիւնն յԱրտաշեսէ. ընդ նմին եւ զտունն կաթողիկոսական ի սրբոյն Սահակայ՝ յարքունիս ունել, փոխանակ զի ոչ միաբանեցաւ տալ վկայութիւն ընդ նախարարսն Հայոց: Եւ այսպէս վճարեալ՝ հրաման Պարսից թագաւորին ի գլուխ ելանէր:

When Suren heard this reply from Sahak, the great patriarch of Armenia, a man of his own *tohm*, he went and related it to the king of the Aryans. The king became furiously enraged and ordered that the Armenian *naxarar*s and Artashes should be questioned before the great multitude of the tribunal. The princes of Armenia heaped many obscenities and diverse unworthy remarks on their king, not talking about what had actually happened, but in a hostile manner causing him much damage through embellishments. Though they disowned Artashes, things were not as they said, and those listening did not believe them. But they had resolved to abolish the Arsacid line's rule in the kingdom. [The Iranians] wanted this all the more] when the king of the Aryans with all of the nobility of the court heard [the following remarks] from Artashes' accusers: "What need is there any more for a king? Rather, let an Iranian prince come to oversee us from time to time and, learning of our loyalty or disloyalty, tell you about it."

When Vahram, and all the nobility of the court, heard this he was delighted and ordered immediately that Artashes be removed from the kingship. At the same time [he ordered] that the Catholicosal *tun* be taken from saint Sahak, and possessed by the court since [Sahak] had not joined in giving testimony with the *naxarar*s of Armenia. So resolved, the order of the Iranian king was implemented.

Յայնմհետէ բարձաւ թագաւորութիւն յազգէն Արշակունեաց ի վեցերորդ ամի Արտաշեսի, ըստ բանի երանելւոյ առն Աստուծոյ մեծի քահանայապետին Ներսէսի, եւ անկաւ աշխարհս Հայոց ընդ լծով ծառայութեան անաւրէն իշխանութեան Պարսից: Եւ առեալ գինս իշխանացն Հայոց ի թագաւորէն Պարսից, ընդ մատնութեանն Արտաշեսի, պատիւս եւ մեծութիւնս, նման արծաթոյն զոր առին ընդ Յովսեփայ եղբարքն, ընդ մատնութեանն խմայէլացի վաճառականացն, եւ այսպէս հրաժարեալք ի դրանէ՝ եկին յաշխարհն իւրեանց:

15. Եւ տանուտերացն Հայոց, որոց խոստացեալ էր զկաթողիկոսութիւնն Սուրմակայ արծկեցի երիցուն՝ նստուցին զնա յաթոռ կաթողիկոսութեան Հայոց: Որում, յետ սակաւ ինչ ժամանակի անցելոյ, ընդդիմացեալ ոմանց ի զաւրավար իշխանացն Հայոց՝ մերժեալ ընկեցին զնա յիշխանութենէ կաթողիկոսութեանն: Եւ յայնմհետէ առաքեցաւ նախ ի Վռամայ արքայէն Պարսից յաշխարհս Հայոց մարզպան պարսիկ. եւ յայնմհետէ եղեն ի սպառ ի սպառ անկեալք ընդ լծով ծառայութեան անաւրէն ազգին Պարսից: Եւ կատարեալ եւ ի գլուխ բանն անիծից մեծի քահանայապետին Ներսէսի, զոր յաղագս առաւելապէս աճեցեալ աւր քան զաւր ի թագաւորական տոհմին Արշակունեաց գործք անաւրէնութեան չարեացն, զոր կամակար համարձակութեամբ միշտ գործէին անամաւթեալք:

Thereafter the rule was taken from the Arsacid line in the sixth year of Artashes. This happened in accordance with the word of the venerable man of God, the great patriarch Nerses. And the land of Armenia fell under the burden of servitude to the impious authority of the Iranians. Resembling the silver which Joseph's brothers took from the Ishmaelite merchants for him, so for betraying, a price was paid by the kings of Iran to the Armenian princes, [and they were also given] honors and greatness. Thus leaving the court, they came to their own land.

15. The Armenian *tanuter*s who had promised the Catholicosate to the presbyter Surmak Arckec'i, seated him on the throne of the Catholicosate of Armenia. But a short time later, resisted by some princely generals of Armenia, they rejected and removed him from the authority of the Catholicosate. Thereafter an Iranian *marzpan* was sent to the land of Armenia by Vahram king of Iran. Then [the Armenians] fell completely under the burden of servitude to the impious Iranian people. The curse of the great patriarch Nerses was thus realized. [This curse had been pronounced] because of the daily increase in deeds of impure wickedness within the royal Arsacid *tohm* which they were always shamelessly doing with enthusiastic boldness.

Մանաւանդ յորժամ ետես սուրբն Ներսէս եւ զմահն արդար, զոր հասոյցն նենգութեամբ Արշակ ի վերայ Գնելայ եղբաւրորդւոյն իւրոյ, եւ չկարացեալ հանդուրժել այնպիսի անաւրէն գործոց սուրբ այրն Աստուծոյ Ներսէս՝ զայրագնեալ սրտիւ, ըստ գրելոցն ի պատմութեան երկրորդումն, ի ճառին հնգետասաներորդի, ասաց, թէ «Փոխանակ զի յաճախեցեր ի չարիս մեծամեծս առաւել քան զհայրն քո Տիրան եւ քան զայլ նմանիսն քո, որք եղեն չարք եւ ամբարիշտք յազգէդ Արշակունեաց, եւ ոչ նմանեալ նախանձեցար լաւացն եւ առաքինի արանց եղելոց ի տոհմին քում, որոց ժառանգեալ զպատիւ թագաւորութեան հարց իւրեանց՝ առաւել եւս փութացան լինել ժառանգաւորք բարի գործոց արքայութեանն. այլ աւր քան զաւր աճեցուցեալ ի քեզ առանց պատկառանաց զամենայն պղծագործութիւնս լցեալ կատարեցեր. ի վերայ ամենայնի այդորիկ գտար պատճառս հեղման արդար արեան եղբաւրորդւոյն քո Գնելոյ. արդ եղիցիս դու հեղեալ յերկիր իբրեւ զջուր լուալեաց, եւ ի լարել աղեղան Բարձրելոյն տկարասջիր: Եւ կործա նումն, որ բերանով մարգարէին ասացաւ՝ հասցէ ի վերայ ձեր, ըմպել ազգիդ Արշակունեաց զյետին բաժակն. արբջիք, արբեսջիք եւ կործանեսջիք, եւ այլ մի՛ հաստատեսջիք»: Հանդերձ եւ այլ եւս ծանր եւ ահագին յաւելուածովք, զոր ասացեալ է սրբոյ քահանայապետին ի վերայ ազգին Արշակունեաց:

When saint Nerses observed the unjust death which Arshak treacherously inflicted on his own brother's son Gnel, he was especially aroused and was unable to tolerate such impious deeds. Thus Nerses, the holy man of God, with an enraged heart said [the following], as is written in the 15th *charh* [chapter] in the Second History[7]: "You wrought very great evils, more than did your father Tiran, more than your other ancestors who were evil and unrighteous [members] of the Arsacid line. You did not strive to resemble the good and virtuous men of your *tohm*, who, having inherited the honor of the kingship of their fathers, strived even more to be the heirs of [their] good deeds of virtue. But [in your case] day by day, without embarrassment you increased and carried out all kinds of obscenities. Moreover, you found reason to shed the innocent blood of your nephew, Gnel. Now you will be dumped on the ground like water which had been used for washing, and you will weaken when the bow from On High is strung. And the destruction described by the prophet will be visited upon you: 'The Arsacid line will drink the last cup. You will drink, become drunk, be destroyed, and not reestablished.'" Other heavy and awesome additions were made to the words pronounced by the blessed patriarch over the Arsacid line.

---

7 The *History of the Armenians* by P'awstos Buzand.

Խնդրեցին այնուհետեւ իւրեանց նախարարքն Հայոց յարքունուստ կաթողիկոս, եւ թագաւորն Վռամ ետ նոցա զԲրքիշոյ զոմն անուն, այր յազգէ Ասորւոց. որ եկեալ յաշխարհին Հայոց իւրովք գաւառակցաւք, որք կէին լոյծ կրաւնիւք, եկեալք ընդ նմա յԱսորեստանէ, ըստ սովորութեան իւրեանց աշխարհին՝ տանտիկ նաւք. եւ ոչ կէին ըստ սուրբ եւ ամբիծ կրաւնիցն, զոր եղեալ էր եւ կարգեալ յամենայն եկեղեցիս Հայոց՝ սրբոյ նահատակին Գրիգորի: Եւ տաղտկացեալ մեծամեծ տանուտեարքն Հայոց եւ աւագ սեպուհքն եւ ամենայն ժողովրդոցն բազմութիւնք ընդ վարս մարդկան, որք եկեալ էին ընդ կաթողիկոսին Բրքիշոյի, որ ոչ հաւասարեալ հանգոյն էին կանոնի եւ վարդապետութեան հրեշտակակրաւն կարգաւորութեամբ սրբոյ նահատակին Գրիգորի, որով վարժեալ զամենեսեան սնոյց եւ հաստատեաց ըստ վերին քաղաքավարութեանն: Առաւել եւս սուգ առեալ հեծէին անմխիթար աքանչելի քահանայք սուրբ եկեղեցւոյ, որ յառաքելանման աջոյ սուրբ հայրապետին Սահակայ ձեռնադրեալք էին: Եւ չկարացեալք հանդուրժել առ ի յերկարս այսպիսի զեղխ եւ անարժան կարգի՝ խոտեալ մերժեցին զԲրքիշոյն ի քահանայապետութենէն Հայոց, ծանուցանելով թագաւորին Վռամայ, եթէ «Ոչ են կարգք սորա եւ վարք ըստ կարգի մերոյ աշխարհի ուսման. բայց ա՛յլ այր տուր մեզ առաջնորդ ըստ մերում բնիկ կարգիս, որ եղեալ վերակացու՝ կալցի հաստատուն զկարգ սուրբ եկեղեցւոյ»: Եւ Վռամայ արքային հաւանեալ կամաւ խնդրոյն նոցա՝ տայր նոցա դարձեալ կաթողիկոս այլ ասորի, որում անուն էր Շամուէլ: Որ եկեալ յաշխարհս Հայոց՝ կայր եւ նա նոյնպէս ըստ կրաւնիցն Բրքիշոյի, եւ սակաւ ինչ կացեալ ժամանակս՝ վախճանէր յաշխարհիս Հայոց:

Then the *naxarar*s of Armenia requested a Catholicos from the court, and king Vahram gave them a certain Syrian named Brk'isho. He came to the land of Armenia with people from his district who had come with him from Syria practicing their dissolute religion, in accordance with their custom, with mistresses. And they did not live in accordance with the holy and pure religion which had been set and established in all the churches of Armenia by the blessed champion Gregory. The grandee *tanuter*s of Armenia, the senior *sepuh*s and the entire multitude of the people became disgusted with the behavior of the people who had come with the Catholicos Brk'isho which in no way resembled the canon and doctrine of the angelic faith set forth by the blessed champion Gregory who taught, nourished, and established all according to heavenly policy. The marvelous priests of the holy Church who had been ordained by the right hand of the blessed patriarch Sahak—which resembled an Apostle's—mourned and wept even more inconsolably. Unable to long endure such a foul and unworthy arrangement, they scorned Brk'isho and rejected him from the patriarchate of Armenia. They told king Vahram that "His customs and ways are not those of the teachings of our land. Give us another man as a leader, someone of our native order, who will be a supervisor, and firmly keep the order of the holy Church." King Vahram acceded to their request, and gave them as Catholicos another Syrian named Shamuel. He came to the land of Armenia and conducted himself in accordance with Brk'isho's faith. After a short while [Shamuel] died in the land of Armenia.

16. Եւ ապա ժողովեալ աւագ սեպուհեացն եւ բովանդակ բազմութեան ուխտին եկեղեցւոյ եւ ժողովրդոց ի միասին արանց եւ կանանց՝ ողբային զսուրբ եւ զանարատ եւ զառաքելաշնորհ վարդապետութիւնն, զոր սերմանեալ աճեցոյց ի նոսա սուրբն Գրիգորիոս եւ նորին զաւակքն, որք ուսուցին զճշմարիտ եւ զարդար ուսումն ամենայն լսողաց. զոր ինքեանք, նման երանելի առաքելոցն, ընկալան ոչ ի մարդկանէ եւ ոչ ի ձեռն մարդոյ, այլ յազդեցութենէ սուրբ Հոգւոյն շնորհաց: Եւ դարձեալ ժողովեցան միահամուռ, եւ դիմեալք բուռն հարկանէին զոտից սրբոյ առն Աստուծոյ Սահակայ, աղերս թախանձանաց եւ բազմազեղ արտասուս արկեալ առաջի ճշմարիտ քահանայապետին եւ ասեն.

«Մեղաք յերկինս եւ առաջի քո. թո՛ղ մեզ մեղուցելոցս եւ ձեւացո՛ զքեզ ըստ աւրինակի նախնւոյն քո բարեպաշտի սրբոյն Գրիգորի, որ ոչ յիշեաց զայնչափ տանջանս եւ զքերանս, զոր անցուցին ընդ նա նախնիքն մեր. այլ նմանեալ Արարչին ամենեցուն՝ հատոյց փոխարէնս բարի փոխանակ չարեացն, զոր հասուցին ի վերայ նորա, եւ ծանուցեալ եցոյց ամենայն բանիւ հաւանելոց նմա՝ վարս երկնաթռիչս եւ ճանապարհս աստուածագիտս. եւ ուսոյց ամենեցունց ասել հանապազ. «Թո՛ղ մեզ զպարտիս մեր, ըստ մեր թողլոյ մերոց պարտապանաց»: Արդ՝ որ եղեր դու անդադար վարդապետ մեր՝ զնորին փառաւորութիւն տպաւորեա՛ եւ դու ի քոյին անձնդ, զնոյն համբերութեան աւրինակ, եւ թո՛ղ մեզ զպարտիս մեր: Եւ մեք ջանամք եւ խնդրեմք ի դրանէ՝ հաստատել զքեզ ի բնիկ հայրենի աթոռ կաթողիկոսութեան սուրբ եկեղեցւոյ, յորմէ լուսաւորեալ՝ տեսաք զայն անմատոյց արդարութեան արեգակն:

16. Then the senior *sepuh*s and the entire multitude of the covenant of the Church and the people, men and women, assembled and lamented [the loss of] the blessed, pure, and virtuous doctrine which saint Gregory and his sons had fostered and caused to grow within them, who had preached the correct and true teaching to all listeners. They themselves, like the blessed Apostles, had received this teaching not from humankind, not from mortal hands, but through the grace of the Holy Spirit. Once again, united, they assembled and clasped the feet of the blessed man of God, Sahak. With mournful entreaties and copious tears they threw themselves before the true patriarch, and said:

"We have sinned before Heaven and before you. Pardon us sinners, and imitate your ancestor the pious Gregory who overlooked the severe torments and batterings he was subjected to by our ancestors. Rather try to resemble the Creator of us all, who repaid the evils visited upon him with good and showed in every way to those who believed in Him, heaven-bound conduct and the path to recognition of God. And He taught everyone to constantly say: 'Forgive our trespasses as we forgive those who have trespassed against us.' Now you, who were our constant *vardapet*, imprint His glory within your own person, follow the same example of patience, and forgive our trespasses. And we shall endeavor and request that the court [re]establish you on your native patrimonial throne of the Catholicosate of the Holy Church through which we were illuminated and saw that unattainable sun of justice.

Եւ մի՛ խառնեսցի պղտոր ուսումն ընդ յստակ եւ ականակիտ վարդապետութիւն սրբոյ եւ առաքելանման հայրապետին Գրիգորի. քանզի ահա դեռ թուլացեալ մեղ-կի ի լոյծ առաջնորդաց կնիք աւանդոց անարատ քարո-զութեան սրբոյն, եւ ահա կորնչիմք մեք եւ ծնեալք ի մէնջ զյաւիտենական կորուստ»:

Սոյնպէս եւ առաւել եւս քան զսոյն բանս աղաչա-նաց խաւսեալ միաբանութեամբ ամենայն բազմութեանն ի բազում աւուրս ընդ սրբոյն ի տուէ եւ ի գիշերի անդա-դար՝ ամենեւին ոչ կարէին խոնարհեցուցանել զմիտս առնն ճշմարտի ի բանս խանդաղատականս պաղատանաց իւր-եանց: Այլ խաղաղական պատասխանատուութեամբ աւէր ցամենեսեան, թէ.

Ես ոչ ուսայ յերկնաւոր Արարչէն եւ ի վարդապետէն Քրիստոսէ բարկանալ ումեք, որ եւ ի խաչին յաղագս խա-չահանուացն աղաչէր զՀայր՝ չհամարել նոցա զմեղսն. Հա՛յր, թո՛ղ դոցա, զի ոչ գիտեն զի՛նչ գործեն. Տէ՛ր, մի՛ համարիր դոցա զայս մեղս. որ եւ մեզ ցանկ բողոքէ աւե-լով. Աւրհնեցէ՛ք զհալածիչս ձեր, բարի արարէք ատելեաց ձերոց: Այլ քահանայանալ ի վերայ տիրանենգ եւ տիրաս-պան եւ մատնիչ ժողովրդոց ոչ կարեմ. քանզի սուրբ Հոգին, որ ծնաւ զմեզ վերստին սուրբ աւազանաւն, ժա-ռանգակից լինել Քրիստոսի՝ նոյն ասաց երկնաքաղա-քացի արամբն Պաւղոսիւ, թէ Մի՛ դատիք, զի մի՛ դատա-պարտեսջիք. եւ եթէ, Դուք որ կարող էք՝ զտկարութիւն տկարացն բարձէք. եւ դարձեալ աւէ, թէ Իմ են վրէժխն-դրութիւնք, եւ ես հատուցից, աւէ Տէր:

Let the clear and limpid doctrine of the holy patriarch Gregory (who was like an Apostle) not be mixed with the erroneous teaching [of the Syrians]. For weak and dissolute leaders have weakened the seal of traditions of the saint's unadulterated preaching, and lo! we and our offspring will suffer an eternal loss."

Although the entire multitude in unison spoke these and many other words of entreaty for many days, morning and night without cease, to the blessed [Sahak] they were entirely unable to change the mind of that upright man [to accept] their emotional requests. Rather [Sahak] tranquilly replied to all of them:

"I did not learn from the heavenly Creator and from Christ's *vardapet* to get angry at anyone. For [Christ] on the Cross beseeched his Father not to regard their actions as sins. And He always protested to us, saying: 'Bless your persecutors, and be good to those who hate you.' But I am unable to rule as patriarch over a people which plots against, betrays, and kills its lord. For the Holy Spirit which gave us a second birth in the holy baptismal font allowing us to be co-inheritors of Christ, also said through that sublime man Paul 'Judge not, lest you be judged,' and 'Those of you who are able, eliminate the failings of the weak,' and 'Vengeance is mine and I shall exact it, said the Lord.'

VOLUME I

Արդ՝ դուք ձեզէն գիտէք. եղէք վրէժխնդիր թագաւորին ձերոյ գործոց, եւ զայրացեալք նմա՝ զսուրբ հաւատ ուխտին մերոյ մատնեալ՝ ծաղր եւոուք առնել անաւրինացն: Ի՞ւ զիս արդեւաւք ջանայցէք մխիթարել, եւ կամ ո՞ւմ թախանձեցուցանէք զիս քահանայանալ, որ զվիրաւոր ոչխար հաւտին Քրիստոսի տեսանեմ ոչ պատեալ, եւ ձիթով եւ գինւով աւծեալ զվէրսն եւ եդեալ ի վերայ գրաստու եւ տարեալ ի պանդոկի. այլ յաւշեալ յանխնայ եւ առաջի գիշակեր գազանաց ընկեցեալ յաւտումն: Երթա՛յք յինէն ի բաց, եւ թո՛յլ տուք ինձ ողբալ զընդհանուր կորուստ աշխարհիս Հայոց, զոր տեսանեմ աչաւք մտացս ի զաւրութենէ վերին ցուցակութեանն. մի՛ բռնադատէք մխիթարել զիս ի վերայ բեկման ժողովրդեան իմոյ: Վասն զի զանցս աղէտիս այսորիկ յառաջ քան զձեռնադրելն զիս յեպիսկոպոսութիւն՝ եցոյց ինձ վերին կանխաասացութիւն, գիտելութիւն յանուրջս, ըստ աւրինակի մարգարէական տեսլեանն, որ ցուցաւ սուրբ նահատակին Գրիգորի, գիտելութիւն իրաց առ ի յապայ եղելոցս: Զոր եւ ձեզ պատմել այսաւր բռնադատիմ առ նեղել սրտի իմոյ, եւ ցուցանիմ անզգամ որպէս եւ սուրբ առաքեալն Աստուծոյ Պաւղոս, որ յաղագս սուտ առաքելոցն եւ անաւրէն մշակացն՝ գրեաց պարծելով առ Կորնթացիսն զիւր ճգնութեանցն զհանդէսն: Արդ՝ ունկնդիր լերուք ինձ մտադիւրութեամբ ամենայն բազմութիւնք ժողովրդոց, եւ պատմեցից ձեզ:

You should know yourselves. You sought vengeance on your king for his deeds, and, being furious at him, you betrayed the blessed faith of our covenant and permitted the infidels to ridicule it. By what means could you try to console me, and who could entreat me to be [your] shepherd? For I see that the injured sheep of Christ's flock, rather than being wrapped, and having its wounds dressed with oil and wine and placed upon a pack-animal and taken to a shelter; that sheep was mercilessly torn apart before wild beasts that devoured and divided it. Leave me alone and allow me to lament the general ruin of the land of Armenia which I see with my mind's eye through strength from On High. Do not try to force me to be consoled over the destruction of my people. For heavenly providence revealed to me in a dream, before I was ordained a bishop that this disastrous circumstance would develop. [It was] like the prophetic vision which was shown to the holy martyr Gregory, and was knowledge of things to come. My troubled heart forces me to relate this to you today and appear as incensed as the blessed Paul who was sent by God, who, because of false apostles and impious servants wrote boasting of the feats of his asceticism to the Corinthians. Now listen thoughtfully all you multitudes of people and I shall tell you."

17. «Յառաջ քան զամս բազումս խորհուրդք անմխիթարք նեղէին զիս, անդադար զմտաւ ածելով եւ աղաչելով զԲարձրեալն՝ շնորհել ինձ արու որդի, որպէս եւ նախնեացն իմոց, որք յառաջ քան զիս էին ամուսնացեալք յաղագս որդէծնութեան: Եւ արդ՝ վասն զի մատակարարումն հզաւրին առ իւրաքանչիւր որ արդար է եւ ճանաչող առաւել քան եթէ զոր մեք իմանամք եւ խորհիմք. եւ էի ես ի մեծի հինգշաբաթոջն ի զատկի աղուհացիցն ի հսկման, հաղորդեալ ի ժամ երեկոյին պաշտաման՝ սրբոյ եւ մեղսաքաւիչ խորհրդոյ կենարարին, ճաշակեալ այլ բնաւ աւելի ինչ ոչ՝ բայց հաց եւ ջուր եւ աղ, ըստ կանոնելոյ մեծի եւ սուրբ ժողովոյն երեք հարիւր ութ եւ տասանցն, որք ի Նիկիացւոց քաղաքին այսպէս կանոնագըրեալ հաստատեցին, զորոց կանոնադրութիւն կնքեալ սուրբ Հոգին սահմանեաց: Եւ կատարեալ կանոն յերկարման առաջին գոբողայիցն, եւ դասք պաշտաւնէիցն ընդ նստելն, ծանր նիրհմամբ, ի սաստկութենէ բազմաւրեայ տքնութեանցն՝ որպէս կիսամեռք եղեն. որոց զաւուրս քառասնորդացն ուժգին պահաւք եւ անդադար աղաւթիւք զցայգ եւ զցերեկ հանեալէր. եւ մանաւանդ ի մեծի շաբաթուն առաւել եւս յաւելուածով զնոյնս աճեցուցանել փութային, ուշադրեալք ուրախալից վաստակով հասանել վարձուցն հատուցման:

17. "Years ago I was afflicted by inconsolable thoughts, restlessly thinking about and beseeching the Most High to grant me a male son, like my ancestors before me who had married to have sons. For the Almighty administers justly to each and knows more than we can understand or think. Now on Maundy Thursday during the vigil of the Easter fast, I was conducting the evening service of the holy and expiatory life-giving sacrament, having eaten nothing more than bread, water and salt according to the canons of the great and holy council of 318, established in the city of Nicaea and sealed and ordained by the Holy Spirit. Having made it through the first batch of Psalms, the ranks of ministers, seated in a heavy drowse from the intensity of the many days of vigil, seemed as though half-dead. They had spent 40 days and nights in vigorous fasting and unceasing prayer, and especially during the Holy Week they strove to do more of the same to obtain their reward for their conscientious and joyful efforts.

«Եւ լոյս ճրագացն եւ կանթեղացն բորբոքեալ տոչորէր. եւ ընթերցողն կամաւ յերկարէր զկարդացմունսն, յաղագս սակաւ մի առնլոյ ոգի եւ բաւելոյ պաշտաւնէիցն առաջարկութեան կանոնին. մնային եւ ժողովրդոցն բազմութեան ժողովելոյ ըստ սովորութեանն ի պաշտաւն գիշերոյն. քանզի յորդոր կամաւորութեամբն փափաքէր իւրաքանչիւր ոք, այր եւ կին առ հասարակ, ժամանել արթնութեամբ անձին փրկութեան: Եւ ես նստէի մերձ առ սեղանն Աստուծոյ ի սուրբ եկեղեցւոջն Վաղարշապատ քաղաքի:

Տեսիլ սրբոյն Սահակայ Պարթեւի, զոր ետես ի Վաղարշապատ քաղաքի, յորժամ նստէր ի սուրբ եկեղեցւոջն ի վերայ բեմին մերձ ի սեղանն Աստուծոյ ի սուրբ կաթողիկէին: Արդ՝ գրեսցուք զտեսիլն, որ են բանք Հաւր եւ Յիսուսի Քրիստոսի Աստուծոյ եւ Հոգւոյն սրբոյ:

«Եւ ահա յանկարծակի բացաւ հաստատութիւնն երկնից, ընդ որ ծագեաց լոյսն սաստիկ եւ ելից զամենայն երկիր: Եւ կանգնեալ երեւեցաւ ինձ յերկրի բեմբ չորեքկուսի ամպեղէն, որոյ բարձրութիւնն հասանէր մինչեւ յերկինս, եւ լայնութիւնն տարածեալ լնոյր զամենայն երկիր: Եւ ի վերայ բեմբին երեւէր տետրասկեղ յոսկւոյ սրբոյ՝ խորանարդ, ըստ արժանի սպասաւորութեան Տեառն, ծածկեալ յոյժ բարակ կտաւով սպիտակափայլ գունով: Եւ ի վերայ խորանաձեւ ծածկութեանն՝ յայտնապէս նշան տէրունական խաչին երեւէր, որոյ երեւելութիւնն ոչ նիւթեղէն, այլ լուսեղէն ցուցանիւր:

The light of the lamps and candles was burning, and the reader intentionally prolonged the readings to let the celebrants catch their breath a bit and conduct the canon as stipulated. They were also biding for the crowd of laity to assemble, as they do, for the night service. For they each—man and woman, of one accord—wished eagerly to reach salvation for themselves by their own vigilance. And there I was, sitting beside the altar of God in the holy church of the city of Vagharshapat.

The vision of Saint Sahak Partev, which he saw in the city of Vagharshapat when he was sitting in the holy church on the bema next to the altar of God in the holy cathedral. Here, we present the vision, which are the words of the Father, of Jesus Christ [the son of] God, and of the Holy Spirit.

"And, behold, suddenly the heavens opened, through which shone a great light that filled the whole world. A four-sided bema made of clouds appeared to me to be standing upon the earth, reaching as high as the heavens and extending in breadth across the earth. There appeared on the bema a cube of pure gold, worthy of service to the Lord, which was covered with very thin linen of a glistening white color. Above the cubic covering there was a clearly visible sign of the Lord's cross, which did not appear to be composed of material but of light.

VOLUME I

«Եւ յանկարծակի եղեւ շնչիւն խաղաղասիգ աւդոյ, եւ բացաւ փեղկ մի ծածկութի կտաւոյն. ընդ որ հայեցեալ տեսի, եւ ահա կայր ի վերայ բեմբին սեղան չորեքկուսի ականակապ, ի բազմագունի ականց պատուականաց ընդելուզեալ: Եւ ի վերայ սեղանոյն կայր հաց մի սուրբ եւ ողկոյզ մի խաղողոյ, ըստ պատուականութեան խորհրդոյ երկնաւոր փրկութեան: Եւ մերձ ի սուրբ խորհուրդն երեւէր ծառ մի ձիթենի վարսաւոր, պտղալից յոյժ, զորոյ ոչ կարէի առնուլ զչափ բարձրութեանն եւ զլայնութեանն. որոյ բերն էր բազմապտուղ եւ ատոք, եւ տեսիլն եւ գեղեցկութիւն՝ անպատում եւ սքանչելի: Եւ որոշեալ չորք ոստք ձիթենւոյն՝ ի խոնարհ կողմ երկրի ձկտեալ մաւտէին. որոց երեք ոստք միաչափք եւ հաասարակապտուղք երեւէին, եւ չորրորդն ի նոցանէ որպէս կիսաբաժին եւ նուազապտուղ ըստ երկայնաչափութեան երիցն երեւէին: Եւ պտուղք չորեցունց ոստոցն ոչ ինչ բնաւ էին նմանք եւ կամ հաւասար պտղաբերութեան պտղաբոյծ ատոքութեանն այլ պտղոյ ձիթենւոյն, այլ նուազք առաւել թուով եւ վտիտք ատոքութեամբ, որպէս թէ ծնկեալք էին:

"Suddenly, a gentle breeze blew one side of the linen up, and when I looked, I saw that there was an altar table bejeweled with precious, colorful gems. There upon the table were Communion bread and a cluster of grapes according to the excellency of the sacrament of heavenly salvation. And beside the holy sacrament appeared an olive-tree, flourishing and very fruitful, the height and breadth of which seemed immeasurable to me. Its yield was abundant and ripe, its sight and beauty indescribable and marvelous. Four of its branches stretched down toward the earth—three of them were of equal size and bore similar fruit, and the fourth appeared to have half the length of the others and bore less fruit. But the fruit of all four branches looked nothing like, and nor were they as fruitful or as ripe as, the other fruit of the olive tree; in fact, there were much fewer of them, and though they were ripe they were not meaty, as though they were wilted.

«Եւ ընդ ահեկէ բեմբին տեսի աթոռ մի բարձր չորեքկուսի, ծովագոյն սառնակերպ, եւ ծածկեալ թանձր կտաւով թխագունիւ։ Եւ վերացեալ կտաւն ի շնչմանէ քաղցր աւդոյն եկելոյ՝ տեսի, եւ ահա սկուտեղ արծաթի մեծ ի վերայ աթոռոյն։ Եւ ի վերայ սկտեղն կայր նափորտ մի բեհեզեայ ծալեալ եւ եդեալ, եւ առ նմին գունդ մի ոսկի բոլոր, եւ մագաղաթ հատուածաձեւ չորեքկուսի, գրեալ ի սկզբանն կարգս ինչ սակաւ՝ ոսկէտեսիլ գրով սքանչելապէս, իբր թէ ձեռամբ գրչի ճարտարի. եւ ի միջոյ կողման մագաղաթին, հեռի յոսկէգիր կարգացն, երեւէին այլ կարգք ինչ եղծեալք ջնջագիրք, որոց ոչ ինչ բնաւ երեւէր տեսիլ գրոյն եւ կամ կերպարան։ Եւ հուսկ յեզր մագաղաթին, հեռի ի ջնջագիր կարգացն, դարձեալ տեսանէի այլ եւս կարգ մի եւ կէսկարգի, գրեալ ոսկէգիր գրով առաւել սքանչելապէս, ըստ տեսոյ առաջին կարգացն գրելոց ի սկզբանն մագաղաթին։ Եւ կիսագիր կարգին մինչեւ ցմիջոց գրոյն՝ եւս առաւելագոյն էր ոսկւով, եւայլն կարմրադեղով էր։ Եւ կային շուրջ զծնաւտիւք սկուտեղն անթիւ բազմութիւնք տղայոց արուաց, այլ սակաւ եւ իգաց. ամենեքեան պայծառացեալք լուսազգեստք էին։ Բայց ճառագայթքփայլատակման պատմուճանաց նոցա՝ էր որ կարմրագոյն արձակէին նշոյլս, եւ էր որ այլ երփներփն եւ գոյնս ազգի ազգիս երեւէր։ Եւ դէմք ամենեցուն ի սուրբ սեղանն հայէին, չդարձուցեալ բնաւուրեք զաչս իւրեանց ի խորհրդոյն փրկութեան։

"To the left side of the bema I saw a tall, square cathedra, icy sea-blue in color and covered with a thick brown cloth. When the cloth was lifted by a gentle breeze, I caught sight of a large salver on the throne. On top of the salver there was a folded silk cope, and beside it a golden globe and a piece of parchment, atop which a few lines had been wonderfully written in gold leaf script, as though by the hand of a skillful calligrapher. Near the center of the parchment, far from these gold leaf lines, there appeared other lines that had been blotted out and so could not be discerned. At the very end of the parchment, far from the effaced lines, I saw a line and a half written in gilded letters, even more wonderfully, and in the same style as the initial lines at the beginning of the parchment. And there was more gold from that half line to the middle of the script, the rest being in red ink. And along the edge of the slaver there were innumerable crowds of young males along with some females, all clothed in shining light. But of the shining rays of their garments, some shone in red and others in all types of variegated colors. And everyone was facing the holy altar without so much as turning their eyes from the sacrament of salvation.

«Եւ սկսաւ յանկարծակի սաստկապէս դղրդմամբ շարժել աթոռն: Եւ զմանկտին, զոր տեսանէի ի տիս տղայութեան՝ առժամայն վաղվաղակի փոփոխեալք ի հասակ երիտասարդութեան՝ կատարեալք լինէին, եւ եղեալք թեւազգեցիկք՝ ի վեր ի սուրբ սեղանն, որ էր ընդելուզեալ ի բազմագունի ականց՝ թռուցեալ բնակէին եւ զՍուրբ Աստուածն երգէին: Եւ համբարձեալ սուրբ սեղանն հանդերձ նաւքաւք ի վեր քան զբարձրութիւն հաստատութեան երկնից՝ ծածկէր: Եւ այսպէս եղեալ աներեւոյթ՝ տեսիլն ամփոփէր. եւ ես ի մեծ զարհուրումն ընկղմեալ ափշէի:

«Եւ ահա յանկարծակի կերպարան մարդոյ երեւէր ինձ յերկնից այր լուսեղէն, որոյ տեսութիւն սաստկութեան լուսոյն մռայլեցուցեալ ծածկէր զարեգականն զլոյս: Եւ սրլացեալ այրն հասանէր ուր եսն էի: Եւ իմ առաւել եւս հիացմամբ ափշեալ ի փայլակնացայտ երեւմանէ առնն՝ անկայ վաղվաղակի դողալով ի վերայ երեսաց իմոց յերկիր. եւ նորա բուռն հարեալ կանգնեաց զիս եւ հաստատեալ կացոյց ի վերայ ոտից իմոց, եւ ասէ ցիս. «Քաջալերեա՛ց, զաւրացի՛ր եւ մի՛ երկնչիր. այլ հաստատեա՛ զսիրտ քո յանուն հզաւրին, որ արար զամենայն եւ եցոյց քեզ զմեծ խորհուրդ յառաջատես արարչութեան իւրոյ»: Եւ իմ ուշաբերեալ զաւրացայ ի բանէ նորա եւ կանգնեալ կացի ի վերայ ոտից իմոց: Եւ ասէ ցիս. «Վասն է՞ր ես տրտում, եւ կամ ընդէ՞ր զբաղմունք նանրութեան պղտորեն զմիտս քո եւ զյստակ խորհրդոց քոց: Վասն զի անգիտական խորհրդովք յածեցուցեալ զմիտսդ՝ խռովէիր վասն չլինելոյ քեզ արու որդի. որ քաջածանաւթ էիր կամաց հզաւրին,

"Suddenly, the throne began to jolt. The boys whom I had seen in the days of their youths suddenly transformed into mature young men, and taking on wings they flew up and perched upon the holy altar, which was studded with colorful gems, and sang Holy God. Then the holy altar ascended with them higher than the firmament of the heavens where it was concealed. Thus did it vanish from sight and did the vision fade, and I sunk into a frightening reverie.

"Then, suddenly, the figure of a heavenly, luminous man appeared to me, whose light appeared so intense that it obscured and concealed the light of the sun. The man soared down to the spot where I was; and as I became more enraptured with amazement by his dazzling appearance, trembling, I fell at once on my face. He took me, stood me up, and said to me: 'Cheer up, be strong, and don't be scared. Believe in your heart in the name of the Almighty who created everything and showed you the foresighted mystery of his creation.' Returning to my senses, I recovered from his words and stood to my feet. And he said to me: 'Why are you sad? Why are your mind and the clarity of your thoughts agitated by vain distractions? How come you are thinking foolish thoughts, troubled about not having a son? You, who knew well the will of the Almighty

որ գիտելութեամբ բաշխէ զիւրաքանչիւր աւգուտ, եւ ոչ զլացութեամբ խափանեալ արգելու յումեքէ զարժանն: Եւ արդ՝ գթալով ի քեզ Բարձրեալն վասն սիրելոյ զքեզ՝ կամեցաւ հեռացուցանել ի քէն զայդպիսի ընդունայն մտածութիւնս, եւ մխիթարեաց զքեզ տեսլեամբդ այդուիկ, որ ցուցաւ քեզ յայտնութիւն մեծ, ոչ միայն յառաջի կայս, այլ եւ առ յապա ամենայն իրաց, որ լինելոց են մինչ ի վախճան աշխարհիս, ծանոյց քեզ եւ ամենայն հաւատացելոց ի բան նորա, որպէս ճշմարիտ նախնւոյն քում, առն Աստուծոյ սրբոյն Գրիգորի. իսկ քեզ մինչ ի կատարած աշխարհի որ ինչ միանգամ լինելոց է՝ եցոյց զամենայն: Եւ արդ՝ լո՛ւր, եւ պատմեցից քեզ զմեկնութիւն մեծի յայտնութեանդ, որպէս ինձ հրամայեցաւ ի վերին զաւրութենէն՝ ծանուցանել քեզ զամենայն. եւ դու ունկնդիր եղեալ բազում զգուշութեամբ՝ գրեա՛ ի տախտակս սրտի քո անմոռաց. զոր եւ ի մագաղաթի դրոշմեալ թողցես հաւատացեալ ժողովրդոց զգուշութիւն անսխալ մինչեւ ի վախճան աշխարհի:

who knowingly distributes profits to each person and does not deprive or prohibit anyone from what is fitting. Now, taking pity on you because of His love for you, the most High wished to remove such vain thoughts from you and consoled you with this vision, which He showed you as a great revelation not only before you here, but also of all things hereafter that will come to be until the end of the world—he showed this to you and to all those who believe in his word, like your true ancestor, saint Gregory, that man of God. But everything that will be done in the world until the end of time he has shown to you. Listen, then, and I will explain to you this great revelation, as I was commanded by the supreme power to inform you of everything. And you, listening carefully, make sure to write it on the tablets of your heart, never to forget it; for by putting it on parchment, you will leave to an infallible warning to the faithful to the end of the world.

VOLUME I

Մեկնութիւն տեսլեան սրբոյն Սահակայ ի հրեշտակէ Աստուծոյ. զոր եցոյց յայտնի ըստ իւրաքանչիւրգլխոց եւ միոյ միոյ տանց, վասն կենաց մարդկան եւ կատարածի աշխարհի: Տեսիլ սրբոյն Սահակայ:

«Զքանալ հաստատութեան երկնից զոր տեսեր եւ զտարածել լուսոյն սաստիկ ընդ ամենայն երեսսերկրի. քանզի ահա ի գալստենէ կենարարի Որդւոյն Աստուծոյ բացեալ է դուռն շնորհի ողորմութեաննորա առ ամենեսեան, որ սիրեն զնա եւ պահեն զբան հրամանի նորա, յորս ծագեալ լուսաւորէ լոյսփառաց վարդապետութեան նորա: Եւ բեմբն չորեքկուսի կանգնեալ որ երեւեցաւ քեզ, բարձր յերկրէմինչեւ յերկինս՝ հաւատն ճշմարտութեան է, որով վերանան արդարքն ի ծանրութենէ աշխարհիսկենաց ի թեթեւութիւն երկնից բնակութեանն:

«Եւ զի ամպեղէն գունով երեւեցաւ բեմբն՝ վասն զի որ վերացաւ ամպով՝ նոյն գալոց է վերացուցանել ընդ իւր զարդարս, ուր բազում աւթեւանք են ի տան արքայութեանն Հաւր. զոր եւ դու տեղեկացեալ ուսար ի սուրբ Հոգւոյն, որ խաւսէր ընտիր արամբն Պաւղոսի, թէ Ամպովք յափշտակիմք ընդ առաջ Տեառն յաւդս:

GHAZAR P'ARPEC'I'S HISTORY OF THE ARMENIANS

Interpretation of Saint Sahak's vision from an angel of God, explained according to each chapter, and verse by verse, regarding the lives of men and the end of the world. The vision of Saint Sahak.

"'The opening of the heavens that you saw and the spreading of the great light across the whole face of the earth occurred because of the coming of our Savior, the Son of God, who opened the door of the grace of His mercy to all who love him and keep the word of his command and are enlightened by the glory of his teaching. The four-sided bema that appeared to you to be standing, and then rising from earth to the heavens, is belief in the truth, by which the just ascend from the burden of worldly life to relief in their heavenly dwelling.

"'And as the bema appeared like a cloud, He who ascended with clouds will come to raise up the just with Himself, to a place of many dwellings in the house of the Father's kingdom, which you, too, have learned from the Holy Spirit, as when he spoke through the chosen man, Paul: "We will be caught up together in the clouds to meet the Lord in the air".[8]

---
8 1 Thessalonians 4:17.

«Եւ տետրակեղն ոսկի, որ ի վերայ բեմբին, զորով էր արկեալ մաքուր կտաւն բարակ, որով ծածկեալ էր սուրբ սեղանն եւ որ ի նմա խորհուրդն՝ գիտեա՛ եւ ծանի՛ր, զի ծածուկ եւ անյայտ է խորհուրդ աստուածային գիտութեանն, պատուականութեամբ եւ մաքրութեամբ՝ ըստ պատուականութեան մաքուր ոսկւոյն եւ լուսափայլ մաքրութեան կտաւոյն. յորոյ վերայ կանգնեալ նշան կենդանացուցիչ խաչինոր երեւէր՝ կենդանացեալ կանգնեցան ամենայն արարածք, գլորեալք մեղաւք. եւ դարձեալ, զի նախ խաչն երեւի ի գալստեանն Քրիստոսի, եւ ապա յայտնի խորհուրդ դատաստանին եւ հատուցման ըստ իւրաքանչիւր գործոց: Եւ զի եղեալ աւդ քաղցրաշունչ, որ եբաց զմասն ինչ կտաւոյն՝ ի մի՛տ առ, զի ցուցաւ քեզ ի սուրբ Հոգւոյն քաղցր խաղացմունք, որ յայտնէ սրբոց իւրոց զխորհուրդ ծածկեալ՝ աստուածութեան իւրոյ: Ընդ որով կայր սեղանն ոսկի ի պատուական ականց ընդելուզեալ սրբոյ Երրորդութեանն ծանուցանի միասնականութիւն. որ զվարս եւ զճգնութիւն արդարոցն որպէս զպատուական ականց զանազանումն առ ինքեան տպաւորեալ զուարճացուցանէ, որք զմարմին եւ զարիւն Փրկչին արժանաւորապէս ճշմարտութեամբ, բազմեալք ընդ նմա, ճաշակեն ի սուրբ սեղանոյն. ըստ երեւելոյ քեզ հացն եւ ողկոյզն ի վերայ սեղանոյն՝ աւրինակ մարմնոյ եւ արեան կենարար չարչարանացն Տեառն ցուցանի:

"'The gold cube on the bema was covered by a clean, thin linen cloth, which concealed the holy altar and the sacrament too. You must know and understand that the eminence and purity of the sacrament of divine knowledge is hidden and unrevealed like the quality of the pure gold and the resplendent purity of the linen. The sign of the life-giving cross that appeared raised above it signifies the revivification and rising of all creatures who have fallen by their sins; and since the cross first appears at the coming of Christ, then will the mystery of the judgment be revealed and each compensated according to his works. As for the gentle breeze that opened a part of the cloth, take it as a sign of gentle inspiration by the Holy Spirit, which reveals to its saints the concealed mystery of its divinity. Beneath this was the golden altar studded with precious gems, signifying the consubstantiality of the Trinity beset with the lives and labors of the just, and bringing joy to those who were seated beside it, and who tasted of the body and blood of the Savior in true worthiness. And the bread and grape cluster on the altar that appeared to you signify the body and blood of the vivifying Passion of the Lord.

«Իսկ երեւումն քեզ սքանչելատեսիլ ձիթենւոյն, որ էր հուպ առ տէրունեան խորհուրդն, բարձր եւ վարսաւոր բազմաբեր պտղալից՝ զտուրս եւ զողորմութիւն եւ զսէր մարդկան որ առ միմեանս՝ եցոյց քեզ: Քանզի մաւտ եւ առաւել եւս պատուական է աստուածութեանն աղքատսիրութիւն յամենայն բարեգործութիւնս, որով եւ առաջին արդարքն ընտիրք երեւեցան, Աբրահամ, Իսահակ եւ Յակոբ. առանց որոյ եւ կուսանացն արհամարհեալ վաստակք կուսութեան՝ արտաքոյ հարսանեացն ընկեցան: Սովաւ ճանաչի յանձինս մարդկան կնիք քարոզութեանն Քրիստոսի, որ ասացն, թէ Յայսմ ծանիցեն ամենեքեան թէ իմ աշակերտք էք՝ եթէ սիրիցէք զմիմեանս. եւ մանաւանդ որ առատապէս զուարթամտութեամբ կամաւ կատարեսցէ զսիրոյն պատուիրան, ոչ միայն յաղքատս, այլ եւ յընկերս եւ յեղբարս եւ առ ամենեսեան, որով հաստատի խաղաղութիւն աշխարհիս, եւ տէրն փառաց բնակէ ի մէջ նոցա, շնորհելով զհանգիստ եւ զառատաբերութիւն երկրի, որպէս տեսանէիր բարձր զձիթենին լիապտուղ եւ վարսաւոր:

«Եւ ոստք չորք ձիթենւոյն, որ ի խոնարհ կողմ երկրի ձգտէին երեւելովն, երեք ոստք հաւասարակատեաք չափով, եւ այն առաւել միաթիւք պտղովք, եւ չորրորդն ի նոսա, զոր կիսաչափ ըստ հաւասարկութեան երիցն եւ պակասաւոր ըստ պտղաբերութեանն տեսեր, որոց չորեցունց պտուղքն վտիտք էին եւ թառամք, եւ բերքն պակասք եւ աննմանք քան զայլ ատոքատեսիլ պտուղս ձիթենւոյն. արդ ամփոփեա՛

"'Now as for the wondrous olive tree that appeared to you—the one beside the Lord's sacrament, tall, flourishing and very fruitful—this showed you the gifts, mercy and love of mankind toward each other. For nearer and dearer to God than all manner of well-doing is the love of the poor, with which the first just men, Abraham, Isaac, and Jacob appeared approved, and without which the virgins scorned at virginal labors and were cast out of their weddings. This is how the seal of the preaching of Christ is recognized in men's souls, which says: "By this everyone will recognize that you are my disciples, if you love one another";[9] especially those who amply, joyfully and willingly fulfil this command of love—not only with the poor, but also with their companions, brothers, and with all—with which peace on earth is established. The Lord of glory lives within these individuals, through whom he grants comfort and fertility to the earth, in the same way that you saw the tall olive-tree, fruitful and flourishing.

"'Now as for the four branches of the olive tree that stretched down toward the earth—three of them being equal in size and bearing the same amount of fruit, and the fourth of which you saw to be half the size of the other three, with less fruit that was less meaty, and with less yield unlike the abundant fruit from the other parts of the olive tree—now rivet

---
[9] John 13:35.

զունկնդրութիւն մտաց քոց, լուր եւ ասացից քեզ՝ զոր ինչ սահմանեացն Բարձրեալն. յայսմ հետէ մինչեւ ի վախճան աշխարհիս՝ երեք տասներեակք ամաց եւ կէս տասներեկի համառաւտեսցի ի վերայ ամենայն աշխարհի, մինչեւ յերեւումն պղծոյն անապատի, զոր Դանիէլ մարգարէի ասացեալ է սուրբ Հոգւոյն. եւ լինին սոքա յայտնապէս թուով ամք երեք հարիւր յիսուն, ըստ միազոյգ պտղոց երից ոստոցն եւ կիսոյն: Եւ զի տեսեր զպտուղ ոստոցն թառամս եւ ծնկեալս եւ ոչինչ բնաւ նմանս ա՛յլ պտղոցն որ ի ձիթենւոջն էին. տե՛ս ճշգրտապէս եւ ծանի՛ր, զի բարձեալ է սէր եւ արդարութիւն յամենայն մարդոց, որք ստութեամբ եւ ոչ ստուգութեամբ կարծեցուցանեն զանձինս սիրունս եւ պատուիրանապահս. եւ այն յայտնի գրեալ կայ եւ կնքեալ ի դպրութեան ամենագիտին Աստուծոյ, որ նեըէ երկայնմտութեամբ եւ հատուցանէ անաչառութեամբ:

«Եւ ընդ ահեկէ բեմբին որ ցուցաւ քեզ աթոռ չորեքկուսի ծովագոյն սառնակերպ՝ զնստումն գահու քահանայութեանն եւ թագաւորութեանն ցուցանէ, զոր արդարեւ Բանն Աստուած հաստատէ: Յորոյ վերայ կայր սկուտեղն արծաթի. քանզի իբրեւ զարծաթ ընտիր եւ փորձ լուսափայլ՝ յամենայն ազգս ընդունողաց սփռեալ տարածեցաւ բանն. զոր եւ սաղմոսերգն վարդապետէ սուրբ Հոգւովն, յասելն, թէ Բանք Տեառն որպէս զարծաթ ընտրեալ եւ փորձեալ յերկրէ. եւ զասելն յերկրէ՝ գիտասցես, եթէ զերեւումն Որդւոյն Աստուծոյ մարմնով ի սուրբ կուսէն յայտ առնէ մարգարէն:

your attention, listen, and I will tell you what the Most High has ordained. Thereafter, until the end of the world, three and a half decades will be decreed upon the earth until the appearance of the abomination that causes desolation, spoken of through Daniel by the Holy Spirit. Clearly this will last three hundred and fifty years, corresponding to the fruits of the three and a half branches. Now as you saw the fruit of the branches, which were wilted and altogether unlike the other fruit on the olive tree, see just as clearly and recognize that love and justice have been removed from all who falsely and untruthfully think themselves to be dear observers of the commandments. This is clearly written and sealed in the book of omniscient God, who forgives with long-suffering and compensates impartially.

"'The square, icy sea-blue cathedra that was shown to you on the left of the four-sided bema indicates the throne of the priesthood and kingdom, truly established by God the Word. Upon this was a salver made of silver, for like the resplendence of fine silverware the word was spread among all nations who received it, as the psalmist teaches through the Holy Spirit: "The words of the Lord are pure like silver tried in [a furnace of] the earth."[10] When he says "from the earth," you must know that the prophet reveals the embodied appearance of the Son of God from the Holy Virgin.

---

10 Psalm 11:6 (LXX).

«Եւ զի երեւեցաւ քեզ ծովագոյն սառնանման տեսիլ աթոռոյն՝ նշանակեալ ցուցանէ զծփումն ալէկոծութեան աշխարհիս Հայոց: Քանզի եւ թխագոյն թանձր կտաւոցն ծածկումն՝ զաւրինակ բերէ զթանձրամած սգոյն, որ ունելոց է զաշխարհս ամենայն. վասն զի տեսիլդ ի վախճան է: Եւ նափորտն բեհեզեայ, զոր տեսանէիր ծալեալ եւ եդեալ ի վերայ սկտեղն, եւ գունդն ոսկի որ կայր մերձ նափորտանն՝ նշանակէ մինն զքահանայութիւնն, եւ միւսն զթագաւորութիւնն: Եւ զի ոչ ոք էր արկեալ զիւրեաւ զնափորտն, եւ ոչ այն ոք էր որ զգունդն ունէր ի ձեռին՝ լո՛ւր ստուգապէս, զի լռեսցէ մերձ ընդ մերձ թագաւորութիւն յազգէդ Արշակունեաց, եւ քահանայութիւն ի ցեղէ արժանաւոր քահանայապետին Գրիգորի:

«Եւ մագաղաթն հաստուածաձեւ, որ ցուցաւ քեզ գրեալ ի սկզբանն կարգս ինչ ոսկեղէն գրով՝ զձեռնադրութիւն արանց սրբոց եցոյց քեզ շնորհք Հոգւոյն սրբոյ, որք ի զաւակէ երանելւոյն Գրիգորի յաջորդեսցեն արժանապէս զաթոռ քահանայապետութեան. նոքա են արք ընտիրք, գրեալք ոսկետեսիլ գրով ի դպրութիւն կենաց: Եւ զի երեւեցաւ ի միջոյ կողմն մագաղաթին, հեռի յոսկէգիր կարգացն, կարգք ինչ խանգարեալք եւ ջնջագիրք՝ գիտեա՛, զի նստելոց են քահանայապետք ոմանք յաթոռ սրբոյն

"'And the cathedra, which appeared to you to be icy sea-blue, signifies the billowing of storm-tossed Armenia; and its covering with the thick brown cloth indicates the heavy mourning of the entire country, for your vision is of its end. As for the silk cope that you saw folded on top of the salver and the golden globe beside it, these signify the priesthood and the kingdom, respectively. Yet as no one was donning the mantle, and as no one had the globe in hand—hear! truly! that the kingdom of the Arsacid line will soon have its peace, together with the priesthood of the line of the worthy patriarch, Gregory.

"'And the piece of parchment atop which were shown you a few lines in gold leaf script indicates, by the grace of the Holy Spirit, the ordination of holy men, who, being descendants of the blessed Gregory, worthily became successors of the throne of the patriarchate. These are the chosen ones, recorded in gold leaf script in the book of life. And as there appeared lines that had been blotted out near the center of the parchment, far away from these, know this: that some patriarchs, who love riches more than God, are to ascend to the throne of Saint

Գրիգորի, որք ոչ ըստ հրամանի սրբոց առաքելոցն եւ ոչ ըստ կանոնի սուրբ ժողովոյն երեքհարիւր ութուտասանիցն լինին ձեռնադրեալք յերկնաւոր պատիւ, այլ ըստ փառաց աշխարհիս ձգտին ի պատիւն յանդգնութեամբ, որք են արծաթասէրք առաւել քան աստուածասէրք: Եւ վասն զի խոտան է քահանայութիւնն եւ ոչ ըստ հաճոյից Բարձրելոյն՝ ջնջեալ են նոքա ի դպրութենէ երկնից բարութեանն, տալով դատաստան, գեհեննին այրմամբ, զանձանց եւ զժողովրդոցն կորստեան: Եւ այլ կարգն եւ միւս եւս կէս կարգին, որ երեւեցաւ քեզ գրեալ սքանչելապէս ոսկի գրով ի ստորին եզեր մագաղաթին՝ ծանի՛ր հաւաստեաւ, զի մերձ յերեւումն պղծոյն անապատի դարձեալ յառնէ թագաւոր յազգէդ Արշակունեաց, եւ նորոգի աթոռ հայրապետութեան ի շառաւեղէ սրբոյն Գրիգորի:

«Եւ վասն զի ոչ էին արհամարհեալք եւ ընկեցեալք յերկիր ի կոխումն, այլ յայտական երեւմամբ կայր գունդն, եւ ծալեալ պատուականութեամբ ցուցաւ նափորտն, որ եւս առաւել հաստատապէս ցուցաւ քեզ. եւ ծանոյց զայս վերին ազդեցութիւնն սքանչելատեսիլ ոսկէգիր կարգովն եւ կարգակիսաւն, որ ի ժամանակս գոռոզացելոյ թշնամւոյն արդարութեան նստի քահանայապետ արդար, ի ցեղէ սրբոյն Գրիգորի. եւ քահանայացեալ առաջինն կատարէ զաւուրս իւր, կրեալ ճգնութիւնս բազումս ի սուտ առաքելոց

Gregory—not according to the command of the holy apostles or to the canons of the holy council of 318, but in bold pursuit of worldly honors. And because their priesthood is vile and not agreeable to the Most High, they have been effaced from the book of heavenly goodness, giving themselves and their people over to judgment to be destroyed by the flaming of Gehenna. As for the other line and a half that appeared to you in wonderfully gilded script at the very end of the parchment, know certainly that soon after the appearance of the abomination that causes desolation, a king from the Arsacid line will accede again, together with a patriarch from the line of St Gregory.

"'And as they were not despised and cast to the ground to be trampled, but rather with the globe appearing clearly and the cope folded respectably—it was more surely indicated to you from On High by means of the line and a half of wonderfully gilded script, that when the enemy of righteousness grows haughty, a righteous patriarch will ascend to the throne from the line of Saint Gregory, the first of whom will fulfill his days in priesthood, bearing many hardships from the false apostles

իշխանին կորստեան, եւ վախճանի խաղաղական հանգստիւ եւ ոչ սրով: Եւ միւս զաւակ նորին յաջորդեալ զաթոռ քահանայապետութեանն՝ բազում եւ ազգի ազգի համբերեալ քերանաց եւ գանից, սովոյ եւ հալածանաց եւ դառն նեղութեան՛ ժամանակս բազումս՝ յանաւրէն իշխանին դահճացն սրով ընկալցի զվճիռ մարտիրոսութեան: Այն զի ցուցաւ քեզ ի կարգին մասն մի ի գրելոցն կարմրադեղով՝ ստուգեալ հաւատարմութեամբ դաւանեաց զկատարումն մարտիրոսութեանն, որ դիպելոց է սրբոցն:

«Եւ որ երեւեցաւ քեզ բազմութիւնք տողայոց շուրջ կալով ի վերայ արծաթի սկտեղն, զուարթացի՛ր ցնծալից ուրախութեամբ. զի ահա յարգանդէ զաւակիդ, որ տուաւ քեզ յԱրարչէն, ելցեն բազում շառաւեղք, արք ընտիրք զաւրութեամբ. ընդ որս միաբանեալ եւ այլ բազմութիւնք լաւ արանց, յազգէ նախարարացդ Հայոց. որք զաւրացեալք սուրբ բանիւն Աստուծոյ եւ զյարուցմունս թագաւորաց եւ զսպառնալիս իշխանաց առ ոչինչ համարեալ՝ միացուցանեն զանձինս ընդ յոյսն բաղձալի երկնաւոր կոչմանն, չհայելով ի մեծութիւնս սնոտիս եւ ոչ ի փառս առժամայնս. ընդ որոյ վաճառեալ ոմանց զփառս անեղծին Աստուծոյ, ընդ սնոտի եւ ապականացու կենաց աշխարհիս՝ ուրացողք լինին. վասն զի մատ է առ դուրս վաճառ՝ թուլացելոցն ի կորուստ, եւ հասեալ կայ հուպ աւգնութիւն՝ զաւրացելոցն ի փրկութիւն: Յորս եւ դու հայեցեալ տեսեր շուրջ զաստուածային սեղանովն պարելով

of the prince of destruction, but will die in peaceful repose and not by the sword. His other son will succeed to the patriarchal throne after enduring manifold troubles and assaults, hunger and persecution, and bearing bitter torments for a long time will he then be sentenced to a martyr's death by the sword of the executioners of the impious prince. What was indicated to you in the part of the line written in red ink has correctly and faithfully affirmed the death of martyrdom that will come upon the saints.

"'Rejoice with joyful delight that the crowds of young males appeared to you standing along the edge of the salver; for behold, many offspring will come from the womb of your child who was bestowed upon you by the Creator—men of power, with whom other crowds of good men from the lines of the Armenian nakharars will unite. Strengthened by the holy Word of God, they will regard as nothing the rising of kings and the threats of princes, uniting in the hope of longed-for heavenly calling without looking upon vain grandeur or momentary glory, which some obtain by selling the glory of increate God in exchange for vain and corruptible worldly lives, becoming apostates. For it is near the doors of the market that the weak are destroyed, and that help stands by for the salvation of the strong. In which you saw the youths dancing around the

զտողայսն, չհայելով բնաւ ի սայթաքմունս սնոտի հեթանոսական պաշտամանն. յորոց ոմանք կատարելութեան հասեալք՝ մարտիրոսական պսակին լինին արժանիք: Եւ այլք յարանց բազմաց, եւ ոչ միայն յարանց, այլ գտանին եւ ի կանանց, որք թէպէտ եւ ոչ սրով, այլ ի շնորհաց սուրբ Հոգւոյն զաւրացեալք՝ բազում բարեգործութեամբք կատարին: Որպէս երեւէին քեզ լուսափայլ նշոյլք արձակեալք ի մանկտւոյն. յորոց ոմանց կարմրագոյն փայլմամբ երփն երփն էր գոյնն՝ զկատարելոցն արեամբ գուշակէ զնահատակութիւն. եւ զայլոցն պէսպէս ճառագայթիւք ցուցանէր զշողումն՝ որպէս զբազմափայլ գոյնս լուսաւորութեան առաքինի մարդոց. վասն զի բազում եւ անթիւ են ճգնութիւնք եւ վաստակք արանց արդարոց:

«Եւ վասն զի շարժեցաւ սաստիկ դղորդմամբ աթոռն զոր տեսեր, եւ որ երբեմն տղայք քեզ երեւէին, յաճումն կատարելութեան բովանդակեալք, յերկրէ յերկինս թռուցեալ համբարձան՝ բովանդակապէս զերկրիս կենցաղս արդարոցն եւ ի յերկինս զլինելոց նոցա զհրեշտականման փոխումն եցոյց քեզ պարզեւատուն բարեաց: Քանզի իբրեւ զտղայս կացին յաշխարհիս արդարքն անմեղութեամբ, չդարձուցանելով ուրեք զհայեցուածս մտաց իւրեանց՝ ի զբաղմունս նանրութեան, այլ ուշադրեալք ի հրաւիրումն երկնաւոր կոչմանն ուրախութեան հային:

divine altar, without looking at the aberrations of the vain ministry of the heathens. Some of those youths attained perfection by becoming worthy of the martyr's crown, whereas many of them (not only among the men, but also among the women), although not being martyred by the sword, attained perfection through their many works of charity, strengthened by the grace of the Holy Spirit. And the shining rays that appeared to you to be reflecting off the youths, some in red and others in variegated colors, the former auguring the heroic bloodshed of the martyrs, and the latter signaling the resplendence of virtuous men, for their hardships and labors are manifold.

"'And because the throne that you saw began to jolt, and the boys appeared to you to have grown into mature young men flying up from earth to the heavens, the bestower of goodness has demonstrated to you the conduct of the righteous ones on earth and their angelic transformation into heavenly beings. For the righteous ones stayed innocently in this world like youths without turning their minds' eyes to vain distractions, instead joyfully looking upon the invitation of the heavenly calling.

VOLUME I

Քանզի բազում եւ խիստ դղորդմունք յայսմ հետէ լինելոց են յաշխարհիս. յարուցմունք թագաւորաց ի վերայ միմեանց, սովք եւ սասանութիւնք եւ բազում նեղութիւնք, որք զգալուստ որդւոյն կորստեան նշանակեն, որ եկեալ նստիցի ըստ գրեցելումն ի տեղւոջն սրբութեան, ցուցանելով զինքն Աստուած. որ հաշի եւ մաշի ի վերին զաւրութենէն. զոր տէր Յիսուս սատակեսցէ հոգւով բերանոյ իւրոյ: Եւ յայնժամ կատարեալ վարուք առաքինութեամբ թռիցեն արդարքն ի յաւիտենից յարկսն եւ այնպէս յամենայն ժամ ընդ Տեառն լինիցին: Եւ ապա յայտնապէս կատարի առ նոսա բանն Տեառն, որ ասէ, թէ Ուր եսն եմ՝ անդ եւ պաշտաւնեայն իմ եղիցի: Եւ դու կնքեա՛ զտեսիլդ, որ ցուցաւ քեզ յայտնութիւն ի բարձանց. քանզի ոչ վրիպեցի այտի բան մի՝ մինչեւ կատարեցի ամենայն:

«Եւ ես որպէս ի քնոյ զարթուցեալ ի տեսլենէն, զոր եցոյց ինձ Բարձրեալն որպէս արթնութեամբ յայտնապէս, եւ ի զարմացման մեծի եղեալ՝ փառաւորեցի զմարդասէրն Աստուած, որ արժանի արար զանարժանութիւնս իմ այսպիսի ահաւոր տեսլեան: Եւ լռեալ դադարեցի յայտնել զայս ումեք մինչեւ ցայսաւր: Եւ արդ պատմեցի ձեզ ոչ միայն առ նեղել սրտիս, այլ եւ թաքուցանել երկուցեալ. զի մի երբէք իբրեւ զլացող պատուհասեալ դատեցայց ի ցուցողէ յայտնութեանս այսորիկ. որ եւ գրով իսկ հրամայեց ինձ զաւանդս զայս թողուլ աշխարհի»:

'For the world will hereafter experience many severe jolts: kings rising up against kings, famines, earthquakes, and many tribulations, which signal the coming of the son of destruction who will come and sit, as has been written, in the holy place, posing as God. Lord Jesus will consume him by the breath of his mouth,[11] and thus will he be destroyed by the heavenly power. Then will the righteous who are accomplished in virtuous conduct fly up to the tier of eternity and thus remain with the Lord at all times. Then will the Word of the Lord be fulfilled in them, which says: "Where I am, my servant also will be".[12] Seal this vision of yours which was shown to you as divine revelation, for not a word from it will err until the consummation of the world.'

"When I woke up from this vision in my sleep that the Most High showed me so clearly as though I were awake, I was in a state of immense surprise and glorified God, the lover of mankind, who in my unworthiness made me worthy of seeing such a frightful vision. In silence I hesitated from revealing this to anyone until today. And now I have revealed it to you not only out of my uneasiness of heart, but also out of fear of keeping it concealed, lest I be sentenced to condemnation in tears by the Revealer who commanded me to transmit this vision to the world."

---

11 2 Thessalonians 2:8.
12 John 12:26.

18. Եւ լուեալ զայս ամենայն խաւսս բազմութեան ա-ւագացն Հայոց, տանուտերացն եւ սեպհացն եւ միահա-մուռ ժողովրդոցն բազմութեան ի սուրբ հայրապետէն Սահակայ՝ յարտասուս հարեալ զարհուրեցան: Եւ այնու-հետեւ ոչ ոք ինչ իշխէր յաղագս այսպիսի բանից ասել ինչ ընդ սրբոյն եւ կամ ճառել:

Եւ յայնմհետէ ամփոփեալ զինքն առաքինւոյն յամե-նայն աշխարհածուփ զբաւսանաց՝ աղաւթից միայն պարա-պէր եւ վարդապետութեան. վասն զի բազումք յեպիսկո-պոսաց եւ յայլոց պատուական քահանայից ոչ երբէք ժու-ժէին տեւել եւ մեկուսանալ ի մշտաբուղխ աղբերէ վարդա-պետութեան սրբոյն, ո՛ւր ուրեք եւ դիպէր ի տեղիս, ի յու-տանի եւ կամ ի հովս: Եւ կեցեալ ամս բազումս եւ հաս-եալ ի յերկար ծերութիւն՝ վախճանեցաւ խաղաղական հանգստիւ ի գաւառին Բագրեւանդայ, ի գիւղն որ անուան-եալ կոչի Բլուր, ի սկզբան ամին երկրորդի Յազկերտի որդւոյ Վռամայ թագաւորին Պարսից, յամսեանն նաւա-սարդի, որ աւր երեսուն էր ամսոյն, յերկրորդ ժամու ա-ւուրն. որ եւ զաւր ծննդեան սրբոյն ի ստոյգ գիտողաց եւ ի Պատմութենէ երանելւոյ առն Կորեան՝ հաստատեալ գիտացաք լինել նոյն աւր եւ ծննդեան սրբոյն, ի նմին ամսեան:

18. When the multitude of Armenia's *awag*s, *tanuter*s, *sepuh*s and the dense multitude of the people heard all of these words from the blessed patriarch Sahak they began to weep in terror. Thereafter no one dared to remark on or talk about such matters with the holy man.

After this, the virtuous one withdrew from all pursuits of the troubled world and occupied himself solely with prayers and doctrine. There were many bishops and other venerable priests who were unable to bear being separated from the ever-flowing streams of his holy doctrine [and came to him] wherever he was, at *ostan* [the royal land] or in the country. [Sahak] lived for many years and having reached deep old age, he died peacefully in the village named Blur in the district of Bagrewand. [This occurred in 439], at the beginning of the second year of the reign of Vahram's son Yazkert[13] king of Iran, on the 30th day of the month of Nawarsard on the second hour of the day. As we know accurately the day of the saint's birth, from the *History* of the venerable Koriwn so we surely know that the saint died on the same day, in the same month, as he was born.

---

13   Yazkert II, 439-57.

Եւ վասն զի ոչ գոյր իւր արու որդի, բայց միայն դուստր մի, զոր էր տուեալ կնութեան Համազասպայ տեառն Մամիկոնէից եւ Հայոց սպարապետի, որ ծնաւ ի Համազասպայ երիս արու որդիս, զսուրբն Վարդան եւ զսուրբն Հմայեակ եւ զերանելին Համազասպեան. որոց ետ եւ կնքեաց սուրբ այրն Աստուծոյ Սահակ զստացուածս գեւղից իւրոց եւ ագարակաց, եւ որ ինչ միանգամ էր իւր՝ ետ նոցա ի ժառանգութիւն եւ զաւակի նոցա մինչեւ ցյաւիտեան: Եւ ամբարձեալ զձեռս իւր՝ աւրհնեաց զնոսա աւրհնութեամբ բազմաւ, եւ պատուիրեաց նոցա պահել զվարդապետութիւն պատուիրանի սրբոյն Գրիգորի, զոր ուսոյց եւ աւանդեաց ճշմարտութեամբ ամենայն աշխարհիս Հայոց, ծառայել եւ երկիր պագանել միումն միայնոյ ճշմարտին Աստուծոյ, Տեառն մերոյ եւ Փրկչին Յիսուսի Քրիստոսի:

Որոց առեալ զտենչալի նշխարս սրբոյն, բազմութեամբ քահանայից եւ ազատաց, տարան ի գաւառն Տարաւնոյ, ի բնիկ գիւղն իւր սեպհական, յանուանեալն Աշտիշատ. եւ անդ կազմեալ զհանգստարանն սրբոյն՝ պատեցին զպարկեշտ մարմինն արդարոյն ըստ արժանի կայանից ճշմարտին: Ուր եւ շինեալ եկեղեցի մեծապայծառ եւ վկայարան սրբոց՝ զարդարեցին պատուական եւ մեծագին սպասուք. հիմնացուցեալ կանգնեցին ի տեղւոջ վանս բազմութեան պաշտաւնէից, կարգեալ դարման անպակաս պտղոց ի հանգիստ առաւելեալ եղբայրութեանն. ժողովս տարեւորականս աշխարհայորդոր բազմութեամբ հաստատեցին ի տեղւոջն, որ ըստ ժամանակի բազմամբոխ ժողովրդաւք կամաւոր յաւժարութեամբ ազատք եւ քահանայք գաւառին, այլ եւ կարի յոյժ ի հեռաւոր տեղեաց դիմեալք յաւր կարգադրութեան նորա կատարեն: Որ եւ բազում ազգականութիւնս առողջութեան ըստ իւրաքանչիւր ախտից շահէին ի նշխարաց սրբոյն եւ ուրախալից սրտիւ դառնային ի բնակութիւն յիւրաքանչիւր:

The blessed man of God, Sahak, had no male offspring, only a daughter who was wed to Hamazasp, lord of the Mamikoneans and *sparapet* of Armenia. She bore three sons to Hamazasp: the blessed Vardan, the blessed Hmayeak and the venerable Hamazaspean. [Sahak] sealed [a document] and gave them the property of his villages and fields and whatever else belonged to him. He gave it in inheritance to them and to their children in perpetuity. Raising his hand [Sahak] bestowed many blessings upon them and bade them to retain the doctrine of the command of saint Gregory who had taught and preached truthfully throughout all of the land of Armenia—to revere and worship the one true God, Our Lord and Savior Jesus Christ.

The coveted remains of this blessed man were taken by a multitude of priests and *azat*s to [Sahak's] own native *sephakan* village named Ashtishat in the district of Taron. There they built a repository for the saint and placed the pure body of this just man in a place fit for the honest. They also built a glorious church there and a martyrium for the saints and adorned [them] with precious and costly vessels. They established at the spot a monastery for a multitude of clerics, establishing continual maintenance of produce for the ease of the elderly [members] of the brotherhood. The *azat*s and priests of the district established at that place (with enthusiastic popular support) yearly assemblies [where] from time to time and with the voluntary support of the masses of people and [the participation of] a great number of people who had come from distant places, they commemorated the day of his death. Much benefit for the healing of every sort of disease was obtained from the saint's relics. And with joyous hearts they would return to their own dwelling.

19. Եւ յետ վեց ամսոյ կատարման նորին տարւոյ հանգստեան սրբոյն Սահակայ՝ վախճանեցաւ երանելին Մաշտոց ի Վաղարշապատ քաղաքի, զոր եւ Նոր քաղաք անուանեն, յերեքտասաներորդի աւուր ամսոյն մեհեկանի. զոր առեալ իշխանին Ամատունեաց Վահանայ զմարմին առաքինւոյն՝ տարաւ յիւր ի գեաւղն, որ անուանեալ կոչի Աւշական: Եւ յոյժ մեծարանաւք զդիր երանելւոյն կազմեալ՝ տաւն յիշատակի առնեն ամենափոյթ պատուով ամենայն բազմութիւնք ժողովրդոցն Այրարատոյ:

Զորոյ զհետ յաջորդեաց զաթոռ հայրապետութեան աշխարհիս Հայոց, հրամանաւ երանելւոյն Մաշտոցի՝ սուրբն Յովսէփ, որ էր ի գաւառէն Վայոց ձորոյ, ի գեղջէն որում անունն էր Խողոցիմք: Եւ ի բարեխաւսութենէ սուրբ հանգուցելոցն արանց՝ շնորհեցաւ աշխարհիս Հայոց պաշտաւն ուղղափառ հաւատոց, մինչեւ ցամն երկոտասաներորդ Յազկերտի արքային Պարսից որդւոյ Վռամայ:

Վերջ բանիս այս:

19. Six months after the repose of saint Sahak, the venerable Mashtoc' died in the city of Vagharshapat [also called *Nor Kaghak*].[14] This took place on the 13th day of the month of Mehekan.[15] Vahan, prince of the Amatunik', took the body of this virtuous man to his own village called Oshakan. The tomb of the venerable one was made with very great distinctions, and all the multitudes of the peoples of Ayrarat hold a feast in his honor with the most diligent respect.

By order of the venerable Mashtoc,' the blessed Yovsep' succeeded on the throne of the patriarchate of the land of Armenia. [Yovsep'] was from the village named Xoghoc 'imk ' in the district of Vayoc' Jor. Through the intercession of these departed men, the land of Armenia was graced with the worship of orthodox religion. This [situation] lasted until [A.D. 451] the 12th year of the reign of Yazkert[16] son of king Vahram of Iran.

End of this part.

---

14 *Nor Kaghak*: "New City".
15 *Mehekan:* February.
16 Yazkert II, 439-57.

ԴՐՈՒԱԳ Բ

20. Եւ էր Յազկերտի արքայի հազարապետ մի Միհրներսեհ անուն, այր չարահնար եւ դժնամիտ. որոյ արկեալ ի միտս ի շատ ամաց զխորհուրդս անաւրէնութեան, ի կործանումն եւ ի կորուստ թուլամիտ ազգաց. որում գտեալ աւժանդակ չար եւ սադրիչ անաւրէն թիւնաւոր բազմաժամանակեայ մտածութեան իւրում՝ այր մի ի տոհմէն Սիւնեաց, որոյ անունն էր Վարազվաղան. որով ըստ նմանութեան սատանայի, որ ի դրախտին աւձիւն խաբեաց զնախաստեղծին հաղորդն՝ նոյնպէս եւ նա նովաւ զիւրոյ դառն կամացն վճարել ջանայր զհաճոյսն: Եւ էր Վարազվաղանս այս փեսայացեալ իշխանին Սիւնեաց Վասակայ. որ եւ ըստ համբաւոյ ոմանց՝ ատելութեամբ մեծաւ ատէին զկեալսն ընդ միմեանս զՎարազվաղանայ եւ զդստեր իշխանին Սիւնեաց. յաղագս որոյ ծանր քինու հայէր հայր աղջկանն ընդ փեսային իւրում եւ հնարէր սպանմամբ խնդրել զվրէժս թըշնամանաց դստերն իւրոյ, մինչեւ հալածեալ հանէր զնա յաշխարհէս Հայոց:

Եւ չարիմացին Վարազվաղանայ գիտացեալ զանհընարին ոխութիւնն Վասակայ, եւ զի ոչ կարէր հանդուրժել սաստիկ բռնութեան աներոյն, յաղագս հզաւրապէս ճոխութեանն, որով վարէր ի ժամանակս իշխանութեան իւրոյ՝ փախուցեալ յերկիրն Պարսից առ Միհրներսեհ հազարապետն Արեաց անկանէր:

PART TWO

20. King Yazkert had a *hazarapet* named Mihrnerseh who was a malicious, malignant person. For many years he had been thinking about an impious plan, leading to the destruction and ruin of feeble souls. In this poisonous long-meditated scheme, [Mihrnerseh] had as a wicked assistant and impious supporter a man from the Siwnik' *tohm*, named Varazvaghan. Just as Satan in Paradise used a snake as an accomplice and deceived the First-Created, so [Mihrnerseh] attempted to satisfy his bitter will by means of him. This Varazvaghan was the son-in-law of Vasak, prince of Siwnik'. According to some, there was great hatred between Varazvaghan and the daughter of the prince of Siwnik'. Consequently the girl's father looked at his son-in-law with heavy resentment. He sought to avenge the insults shown to his daughter by plotting to kill [Varazvaghan] and thus persecuted him until he left the land of Armenia.

When the malicious Varazvaghan realized the incredible rancor of Vasak, and was unable to tolerate the severe violence of his father-in-law because of the mighty authority which he exercised in the period of his princedom, he fled to the country of Iran, to Mihrnerseh, *hazarapet* of the Aryans.

Եւ վաղվաղակի խորհուրդ դիւական ի միտս արկեալ՝ առաջնորդ կորստեան աշխարհիս լինէր, ճանաչելով ի նոյն խորհուրդ չարութեան յորդոր եւ զկամսն Միհրներսեհի. մտածութիւն անաւրէն ի միաբանութիւն բանսարկուին ի մէջ առեալ՝ ուրանայր զճշմարտութիւնն եւ տարերց հաստատելոց յԱրարչէն ի սպասաւորութիւն մարդկան, արեգական եւ լուսնի՝ երկիր պագանէր. եւ ճեղքեալ ինքնակամ յաւժարութեամբ ի սուրբ եւ յարդար քարոզութենէն կենաց, զոր նահատակն եւ առաքեալն Հայոց Գրիգորիոս բազում եւ մեծամեծ վիշտս կրելով՝ անձանձրոյթ աղաւթիւք եւ անզրաւ խնդրուածովք զցայգ եւ զցերեկ վարդապետեալ սերմանեալ յամենայն ոգի, արհամարհեալ մերժէր յինքենէ անաւրէնն Վարազվաղան: Եւ մտեալ ի տուն մոխրանոցին զկրակն ասաց գոլ աստուած, եւ ուրացեալ յանքակ եւ ի միասնական սուրբ Երրորդութենէն՝ եղեւ դեղագործ մահու եւ մատռուակ կորստեան ոգւոց, անաւրինաւն Միհրներսեհիւ, ամենայն տկարամիտ անձանց: Որում այնուհետեւ եղեալ վարդապետ՝ ուսուցանէր փութապէս ի տուէ եւ ի գիշերի դառն իշխանն Միհրներսեհ զպիղծ սեպուհն Սիւնեաց զՎարազվաղան, ասելով այսպէս, թէ «Հայեա՛ց մտաց աչաւքդ եւ տե՛ս թագաւորութիւն մի այսպիսի, որ ահաւոր է եւ ի վեր քան զամենայն թագաւորութիւնս, եւ սաստկութիւն առնեւձիոյ եւ հրահանգի եւ կամ կազմութիւն զինու, որ սարսեալ դողացուցանէ զամենայն տեսողս եւ զլսողս, զհնազանդս եւ զանհնազանդս. ընդ նմին եւ զաւրինացս յայտնապէս ըստ արժանի մեծ թագաւորութեանս զընտրողութիւն, զստոյգն եւ զվայելուչն: Քանզի ո՞վ ոք ոչ տեսանէ յամենայն տիեզերս զարեգականն զփառաւորութիւնն, որոյ ճառագայթիւք լուսաւորին ամենայն եղեալք խաւսնոց եւ անասնոց. եւ կամ զհրոյ աւգտակարութիւն, որով կերակրին եւ վայելեն ամենայն բանաւորքս. եւ կամ տարերքս եւ քաղցրախառն աւդոց շնչմունք, որով

He soon had the diabolical idea of becoming the director of the destruction of the land, and in this plan of wickedness he accepted the encouragement and will of Mihrnerseh. He had the impious idea of uniting with the devil, and, apostatizing the truth, he worshipped the sun and the moon—elements established by the Creator to serve humankind. The impious Varazvaghan voluntarily separated from and rejected the blessed and just preaching of Life which the martyr and apostle of Armenia, Gregorios (who bore many very great sorrows) with tireless prayers and perpetual requests day and night implanted as a seed and nurtured in every soul. He entered the fire-temple and stated that the fire was a god. Apostatizing the inseparable, united holy Trinity, he became the cup-bearer of poison for the ruination of souls and of all weak-minded individuals, by means of the impious Mihrnerseh. This bitter prince Mihrnerseh then became *vardapet* to the loathsome *sepuh* of Siwnik', Varazvaghan, who instructed the latter day and night, saying: "Look with your mind's eye, and behold such a kingdom as this one: mighty, and above all other kingdoms. [See] the power of the cavalry, the discipline and organization of the army which causes all observers and listeners, obedient and disobedient, to shiver with fear. [See] too the clearly choice, correct, and attractive faith which befits this great kingdom. For who in the entire world does not see the glory of the sun (whose rays illuminate all rational and irrational beings), or the usefulness of fire (with which all are fed, and which enjoy), or the elements or the breath of sweet air (by which

բոյսք եւ սերմունք առոքացեալք եւ հասեալք ի կատարեւ-լութիւն՝ մատուցանեն մարդկան զկեալն բարի եւ զուրա-խանալն: Արդ՝ թէպէտ եւ անհնազանդ են մեզ այնոքիկ, տեսանեն զայս ամենայն եւ ոչ իմանան, վասն զի ոչ ունին իբրեւ զմեզ մեծ իմաստս եւ խոհականութեան խրատս: Եւ վասն զի չկարացեալ ճանաչել այնպիսեացն զաստուածս եւ ոչ զաւգուտսն, որ յիւրաքանչիւր ումեքէ յաստուածոցն բաշխին ի մարդիկ՝ յայտնի է եւ ստուգապէս, թէ եւ աստ-ուածոցն ցասուցեալ՝ չկամեցան զիւրեանց բարութիւնսն, որ ի միոյ միոյ որոշողութեամբ պարգեւի յաշխարհս՝ ծանուցանել անմտացն: Իսկ որք ընդ մերով մեծ իշխա-նութեամբս հնազանդեալ են ազգք եւ ընդ ձեռամբ այսպի-սի ահեղ եւ սաստիկ կարգեալք են ընդ թագաւորութեամբ՝ կորնչին զյաւիտենական կորուստն, եւ մեք մեղադրեալք յաստուածոց՝ պատուհասիցիմք»:

Զորոյ անմիտ վարդապետութիւն զխորամանգ ուսուց-չին Միհրներսեհի լուեալ խելացնոր աշակերտ նորա Վարազվաղան՝ չկարաց զգալ յապշութենէ սատանայա-զէն պղտորեալ մտացն, եւ առնել անդրէն պատասխանի անզգայեալ վարդապետին, թէ «Աստուած, որ ինքն յինք-եան պակաս է եւ թերակատար, զիա՞րդ կարէ տալ այն-պիսին այլում զկատարելութեան խնդիրս: Քանզի զգոյսն իւր ոք կարէ տալ խնդրողին. իսկ որ ինչ իւր ոչ գոյ ու-րուք, այլ որպէս մասն ինչ ի բազում մասանց յումեքէ առեալ ունիցի յանձին՝ կարէ տալ յայնմ մասնէ զոր ինչ ունի. իսկ զոր ինքն ոչ ունի՝ յայտնի է թէ եւ այլում շնոր-հել զայն ոչ կարէ: Վասն զի թէ տապացեալ ոք կարաւ-տեսցի զովանալոյ, եւ մատուցեալ զայն խնդրեսցէ դարձ-եալ ի ջերմութենէ՝ չպատահէ խնդրոյն. այլ եւ խնդրողն յոյժ անմիտ ճանաչի յամենեցուն եւ արժանի ծաղու: Քանզի

plants and seeds sprout and reach maturity) which offer humankind the good life, and happiness. Now while those [people] who are not obedient to us see all of this, they do not comprehend it, for unlike us they lack our great wisdom and *xrad* of good sense. Such people are unable to recognize the gods and the benefits which are given to humankind by each god in every decision, and clearly the gods are angered when they cannot make the foolish realize the benevolence which they bestow on the land. But the peoples who have submitted to our great authority, yet adhere to such awesome and severe rules against the realm are eternally lost, while we will be punished for it, for sinning against the gods."

When this senseless doctrine of the wily teacher Mihrnerseh was heard by his crazed pupil, Varazvaghan, the latter (stupefied by Satan who polluted his mind) could not question the dull *vardapet* how a god who is himself lacking and incomplete could grant the requests of another. One can give what he has to the seeker of it, and one can give a part of what he has received from another, to the seeker. But clearly one cannot bestow on another what he himself does not have. For should someone who is hot and in need of cooling request it from the heat, he will not receive it. Rather, the seeker is regarded as extremely foolish by everyone and deserving of ridicule. For

եւ նոյն ինքն խնդրողն հաւաստեաւ գիտէ, թէ որ ինչ ինձս պիտի, յորմէ կամիմն խնդրել՝ նորա չիք, եւ ոչ տալ կարէ. եւ բազում թախանձանաւք եւ յերկար դեգերմամբ խնդրեսցէ յայնպիսւոյն՝ անմիտ է եւ լի է ապաշաւութեամբ. որպէս թէ ի ջրոց ոք խնդրիցէ ցամաքութիւն, եւ ի հրոյ հայցիցէ ոք գիճութիւն, եւ կամ զարեգակն աղաչեսցէ ոք յաղագս զովացուցանելոյ, եւ կամ ի գիշերոյ պահանջեսցէ ոք լոյս: Այլ զեղեալն ի նոսա յԱստուծոյ մասունս՝ կան եւ ունին, սահմանեալ զնոյն եւ մատակարարեալ ըստ իրաքանչիւր մասին, հարկաւորին անդադար հաստուցանել աշխարհի, ոչ իւրեանց կամաւ, այլ ըստ հրամանի Արարչին իւրեանց, որ էն Աստուած ճշմարիտ, արարիչ ամենայն լինելութեան ժամանակաց եւ տարերց, ջերմութեան եւ ցրտութեան, ցամաքութեան եւ խոնաւութեան, լուսոյ եւ խաւարի. եւ ունի յինքեան զամենայն բովանդակապէս. եւ որք խնդրեն ի նմանէ արժանաւորապէս՝ տայ եւ լնու զամենայն կատարելապէս ըստ իւրաքանչիւր ուրուք պիտոյից եւ կամաց»: Զոր եւ իւր իսկ ուսեալ զայս ամենայն ի մանկութենէ իւրմէ անաւրէնն Վարազվաղան՝ քաջ գիտէր. բայց ի նախանձ անաւրէնութեան ընկղմեալ ընդ անեւրոյն՝ խորհէր ի միտս իւր այրն աստուածուրաց, սադրելով նմա դիւին, որ միացեալ ներկեալ էր ի սրտի նորա, թէ

«Իմաստս այս իմ եւ ջանս եւ արարուած՝ երկուց իրաց առիթ է ինձ բարւոյ. կա՛մ հաւանի աշխարհին Հայոց

even the seeker knows that if he asks for something he needs from someone who does not have it, he is unable to give it. To request it from such a one, with many entreaties and protracted pleading, is senseless and full of mortification—as it would be to seek dryness from water, moisture from fire, coolness from the sun, or light from the night. While these [individual] parts indeed have power, it was given to them by God Who stipulated it, and they are obliged to ceaselessly give it to the world—not by their own will, but rather at the command of their Creator Who is the true God, creator of all fulfillment of time and of the elements—of heat, cold, dryness, dampness, light and darkness, and God contains all of them within Himself. To those who worthily request things from Him, He gives and totally accomplishes, according to each person's needs and wants." The impious Varazvaghan had learned all of this from childhood and knew it well. But submerged in the envy of impiety against his father-in-law, this denier of God, [Varazvaghan], urged on by the devil with whom he had allied, and who had stained his heart, had conceived of the following plan:

"This wisdom and the efforts I have undertaken may bring me one of two results. Either the land of Armenia will

VOLUME I

եւ ուրանայ՝ մեծաց պարգեւաց եւ պատուոյ արժանի լի-նիմ յԱրեւաց, որպէս հաւատարիմ նախագիտ եւ ազգա-ցոյց այսպիսի կարեւոր եւ մեծ իրաց. եւ կամ չհաւանին յանձն առնուլ եւ ընդդիմանան, չկարացեալ կալ առաջի այսպիսի մեծի ուժոյ՝ կորնչին ամենեւիմբ տամբք եւ կա-րասեաւ. կորնչի թերեւս եւ իմ թշնամին յիրիս յայսմիկ: Եւ ես թէպէտ եւ ոչ միոյ այլ իմիք չհանդիպիմ բարւոյ՝ սակայն շատ իսկ է ինձ եւ բաւական լուրն եւ տես կորստեան թշնամւոյ իմոյ քան զամենայն ազգուտս եւ մեծութիւնս որ են յաշխարհի»:

Եւ զայս ամենայն չար իմացմունս անձին իւրում եւ զաւակի, իմացեալ Սիւնւոյ սեպհին անաւրինի եւ տարեալ ի գլուխ՝ չմոռացաւ եւ աստուածային տեսչութիւնն. այլ աստէն իսկ նախ ընկալեալ յարդար դատաստանէն Աս-տուծոյ զվճիռ հատուցման ըստ արժանի գործոց իւրոց. քանզի տեսիլ նշաւակի եղեւ ամենայն տոհմին իւրոյ եւ գաւառին մարդկան: Վասն զի ի խորհրդակցէն, ի դիւէն իւրմէ, տանջեալ ամս բազումս առաջի ամենեցուն հանա-պազաւր նշաւակաւք, զգետնեալ փրփրէր անզգայու-թեամբ, եւ չկարացեալ ասել, թէ մեղայ: Վասն որոյ գտեալ դիւին ամենաթափուր զայրն ի խնամոց մարդասիրին՝ յետոյ ապա սաստիկ եւ անհնարին խայտառականաւք մինչ ի բազում ժամանակս չարալլուկ կտտանաւք զար-կուցեալ՝ հեղձոյց:

accept [Zoroastrianism] and apostatize, in which case I will merit great gifts and honor from the Aryans, as the loyal individual who first conceived of and facilitated such an important and great affair. Or, [failing that] should [the Armenians] reject and resist it, they will be unable to resist such a great [military] force [as Iran] and will be completely ruined, with their Houses and belongings, and perhaps my enemy will be lost in this situation. And even if I receive not a single benefit from it, it will be more than enough for me to hear of and witness the destruction of my enemy—even more [satisfying] than [achieving] all the benefits and greatness in the world."

Divine providence did not forget all of these wicked thoughts of the impious *sepuh* from Siwnik' and his son, [thoughts which Varazvaghan] had brought to a head. Indeed, from this time on God's righteous judgement requited him with a verdict befitting his deeds. For [Varazvaghan] became an object of ridicule to his entire *tohm*, and to the people of [his] district: for many years he was tormented by his adviser, his *dew*, in the presence of everyone, becoming a constant spectacle. He fell to the ground foaming in senselessness and was unable to say that he had sinned. Consequently, when the *dew* found that the man had been abandoned by the care of God, he afflicted him for a long time with severe, unbelievable torments and afflictions until [the *dew*] choked him.

Որ եւ զմնացորդս ժահահոտ չարահամ խորտկին իւրոյ եթող զաւակին իւրում, ըստ գրեցելումն ի վեշտասաներորդումն սաղմոսին. Ցագեցան կերակրաւք, ասէ, որ միւս եւս թարգման՝ խոզենեաւ ասէ, եւ թողին զմնացուածս տղայոց իւրեանց: Եւ այսպէս նորա աստէն ընկալեալ զհատուցումն մեղաց իւրոց՝ պահի եւ անշէջ գեհեննոյն ի տարտարոսին՝ մատնել յաւիտենից եւ անանց բոցոյն: Յորոց ձեռն սկիզբն առեալ զայր տակաւ յերեւումն՝ կանխաւ տեսութիւն մարգարէական սուրբ նահատակին Գրիգորի տեսլեանն, որ երեւեցաւ նմա յԱստուծոյ. աղբիւրն կենաց, յորում լուացեալ դասք սեւագոյն այծեացն, ի սպիտակակիզն գոյն աւդեաց դարձեալք՝ արեգականման լուսափայլեալք երեւէին. յորոց կէսք ի լուացելոցն յետս դարձեալք ընդ կրունկն՝ անցանէին ընդ ջուրն, եւ փոխեալք ի նմանութենէ սպիտակացեալ գառանցն ի գոյն սեւացեալ գայլոցն՝ յարձակէին ի վերայ գառանցն եւ արեան ճապաղիս հանէին: Որոց նախ եւ առաջին յառաջատեսութեանն սրբոյն, ի գառնութենէ ի գայլութիւն փոփոխման՝ այն այր ի տոհմէն Սիւնեաց եղեւ պատճառ կորստեան բազմաց եւ կոտորածի աշխարհիս Հայոց:

21. Եւ լուեալ զայս ամենայն բանս՝ անաւրինին Միհրներսեհի եւ խնդալից եղեալ, քանզի եգիտ սատար մահաթոյն եւ գրգռիչ անաւրէն իւրում մտածութեանն զայրն զդիւազգեաց զՎարազվաղան, մտեալ խնդալից առ թագաւորն Յազկերտ՝ սկսաւ խաւսել ընդ նմա առանձինն եւ ասէ.

He left to his son the remnants of his stinking, foul-tasting dish, as is written in the sixteenth psalm: "They were satiated with their meal—of pork, as another translation has it—and left the remnants to their children." In the next world he will receive recompense for his sins, in Tartaros he will be kept in the inextinguishable Gehenna, and betrayed to the eternal and unpassable flames. [This recalls] yet another apparition, the prophetic vision which appeared to the blessed champion Gregory from God. [In this vision], he saw the classes of black goats which, after washing in the fountain of Life, were turned to the glittering white color of ether and shone like the sun. Half of those who had so washed turned back and, crossing through the water, they changed from being like white sheep to being black wolves, attacked the lambs and made a carnage. Resembling those lambs which were transformed into wolves, that man from the *tohm* of Siwnik' was the cause of the loss of many people, and of the destruction of the land of Armenia.

21. When the impious Mihrnerseh heard all of these words, he was delighted since he had found in the demoniac Varazvaghan a support for his poison and an implementer of his own wicked scheme. [Mihrnerseh] delightedly went into the presence of Yazkert, and began speaking with him alone:

«Ոչ միայն զվայելչութենէ շահից, եթէ ո՛րպէս ի դէպ է տերանց աւգտել ի ծառայից, զայն եւեթ հոգալ պարտ է տերանց, այլ եւ յաղագս գիտի ոգւոց արժան է զմտաւ ածել, որով ոգիք ծառայից մի՛ կորիցեն: Վասն զի որպէս դու վասն քո շահիցն եւ հարկաց փոյթ յանձին ունիս զի աւգտեսցիս՝ նոյնպէս եւ աստուածք զոգւոցն գիտս ջերմագոյն եւս գրեն եւ կամին տեսանել: Եւ աստուածոցն արժանի առնել՝ չկարէ ոք ասել զպարգեւս եւ զպատիւս, որ անպխսոյն յաստուածոցն մթերեալ պահին. թող թէ որ ոք բազում ոգիս հնարի ի մոլորութենէ ի ճանապարհ ածել եւ զանէծս անցուցանել ընդ արդարս. փառք եւ շքեղութիւնք որ այնպիսեացն ոգւոցն ընձեռին յաստուածոցն՝ ոչ ոք կարէ բանիւ ասել զայն եւ պատմել եւ կամ ընդ գրով բովանդակել: Արդ՝ քանի՞ աշխարհք են, որում դուք իշխէք աստուածաբար, եւ զոր սպանանել կամիք իշխէք եւ զորս կեցուցանել: Եւ նախ առաջին՝ որպէս Հայոց մեծ աշխարհին պիտոյ է եւ աւգտակար, եւ առ նմին Վրաց եւ Աղուանիցն. եւ միայն աւգտիցն եւեթ հայիք, զոր ընդունիք յաշխարհացն. եւ որ մեծն է եւ կարեւոր՝ յաղագս այնչափ կորուսեալ ոգւոց գիտի՝ զայն բնաւ եւ զմտաւ իսկ չածէք եւ ոչ հոգայք. եւ զայս ոչ գիտէք, եթէ ընդ ամենայնի այնչափ անձինն համար տալոց էք աստուածոցն: Զի եթէ հոգայք ընդ այնչափ ոգւոյ փրկութեան՝ գիտացէ՛ք, զի աւելի քան զաստի թագաւորութեանդ մեծութիւնդ զոր ունիք, ոգւոցն բարի եւ մեծութիւն որ լինէր անդ՝ շատ աւգուտ էր ձեզ եւ պիտոյ:

"It is fitting that Lords who benefit from their servants think not only about the attractiveness of profits, but about the saving of souls, so that the souls of the servants not be lost. For just as you are concerned about your profits and taxes, so that you benefit therefrom, so the gods regard the saving of souls warmly and like to see it. To do something worthy of the gods—no one can say what gifts and honors the gods have stored up and hold for such a one—to say nothing about someone who plans to lead numerous souls from error to the road [ranking] among the just those [formerly] accursed. The glory and luxuries which the gods have prepared for such [evangelists] no one can describe in words, or write down. Now how many lands are there in which you rule as a god, where you can kill or spare whomever you chose? First and foremost there is the great land of Armenia which is useful, and with [Armenia] is Iberia and Aghuania. You see only the benefits which you receive from the lands, but the great and important [issue]—that such a host of souls are being lost—you never think or worry about. Nor do you realize how much this would recommend you to the gods. For, should you look to the salvation of so many people, be assured that it will increase and benefit the present greatness of your kingdom with the good folk and grandeur which is there.

«Ես առաւել այլ աւգուտս մեծամեծս եւ կարեւոր իրս տեսանեմ յիրս յայս Արեաց աշխարհիս: Վասն զի դուք ինքնին գիտէք եւ ամենայն Արիք՝ զաշխարհն Հայոց, թէ ո՛րպէս մեծ է եւ պիտանի, եւ մաւտ եւ սահմանակից է կայսեր իշխանութեանն, եւ զաւրէնս եւ պաշտաւն զնոյն ունի, զի կայսր զիշխանութիւն նոցա ունի: Եւ եթէ եւ մերոց աւրինաց ընտանեցուցանէք զնոսա, եւ ընդելնուն, եւ կարեն ճանաչել, եթէ ցայժմ մոլորեալք էին, եւ արդ ի ճանապարհ եկեսցեն՝ այնուհետեւ զձեզ սիրեն եւ զԱրեաց աշխարհս, եւ ի կայսերէ եւ յաւրինաց նորա եւ յաշխարհէն մերժին եւ հեռանան ի բաց: Եւ լինի այնուհետեւ աշխարհն ընդ մեր սերտ սիրով եւ միաբանութեամբ: Եւ յորժամ Հայք սերտիւ մեր լինին՝ Վիրք եւ Աղուանք այնուհետեւ մեր իսկ են: Եւ իմ թէպէտ եւ էր յառաջագոյն հոգացեալ զայսպիսի մեծ իրս եւ զմտաւ ածեալ ցուցանել ձեզ՝ առաւել եւս հաստատեալ յառնէն, որ ի Սիւնեաց տոհմէն՝ գիտաց հեռանալ ի մոլար աւրինացն զոր ցայժմն ունէր, եւ ընտրել զճշմարիտ եւ զհաստատուն աւրէնս մեր, զոր կամաւ եւ ախորժելով յանձն էառ. զոր ի նմանէ աւելագոյն ծանեայ եւ հաստատեցի զաւգուտ զհոգեւոր եւ զմարմնաւոր, որ յիրացս յայսցանէ լինելոց է ձերում թագաւորութեանդ եւ առ հասարակ ամենայն Արեաց աշխարհիս: Այլ եւ որ սերտ սիրով ետ զանձն իւր այրն եւ ընտրեաց զլաւն՝ արժան է դիպել երեւելի փառաց եւ առաւելապէս պատուոյ քան զամենայն ընկերակիցս իւր եւ տոհմակիցս, որպէս զի տեսեալ տոհմին նորա եւ ամենայն Հայոց աւագանւոյն զմեծամեծ բարիս եւ զշքեղութիւն, որ ի ձէնջ ի վերայ նորա յայտնի լինի, ի նախանձ գրգռեալ եւ նոքա այսպիսի կենաց եւ բարւոյ հանդիպել՝ յաւժարութեամբ յանձն առնուն զձեր հրաման, եւ մի զմիով ելեւելեալք փութան կատարել զկամս ձեր:

"I see very great benefits in this important matter for the Aryan world. For you yourself and all the Aryans know Armenia as a large and useful land. It is close to and borders the emperor's realm, and has the same faith and worship, since the emperor has authority over them. If you get them accustomed to our faith and they become familiar with it and able to acknowledge that until then they had been strayed but now had come onto the path—then they will love you and the land of the Aryans, and will reject and withdraw from the emperor, his faith, and land. Thereafter that land [of Armenia] will be firmly bound to us in affection and unity. When the hearts of the Armenians belong to us, [the hearts of] the Iberians and Aghuans will also be ours. Although I already was concerned about such a great matter and planned to point it out to you, I was made even more sure by a man from the *tohm* of Siwnik'. He knew enough to leave the errant faith he had held until then, and to adopt our true and firm faith which he did voluntarily and enthusiastically. From him I learned and confirmed yet more the spiritual and material benefits which would come from such a matter both to your kingdom and generally to the entire Aryan world. Now since this man, with firm affection, gave himself over [to Zoroastrianism] and chose the good, he is deserving of more prominent glory and even more honor than all of his comrades and members of his *tohm*, so that when his *tohm* and all the Armenian nobility observe the very great benefits and luxuries given by you and visible on him, motivated by envy to have such a life and such good things, the prominent [Armenians] will quickly try to surpass each other in implementing your will, and will enthusiastically obey your order(s).

«Եւ եթէ այս այսպէս լինի՝ միշտ ի խաղաղութեան եւ յանհոգութեան կայ թագաւորութիւն Արեաց աշխարհիս. ապա թէ ոչ լինիցի այս այսպէս՝ կասկածեմ յառաջիկայսն, մի՛ գուցէ որում աւրինացն են հաստատուն՝ նոցին եւ ծառայութիւն առնել ցանկան, եւ լինի ոչ փոքր կասկած Արեաց աշխարհիս յիրացն յայնցանէ»:

Եւ իբրեւ զայս ամենայն յարմարումն բանից լսէր Յազկերտ արքայն Պարսից ի չարախորհուրդ եւ ի դժնամիտ հազարապետէն իւրմէ Միհրներսեհէ, հաճեալ ընդ իմաստն եւ գովեալ՝ յայտնէր մոգուցն եւ այլ աւագանւոյն Արեաց զբանս ամենայն Միհրներսեհի: Եւ ամենայն Արեաց առ հասարակ զարմացեալ եւ գովեալ զխրատն՝ վաղվաղակի կոչէր զմոգսն, եւ գրեալ զաւրէնս մոգութեանն՝ տայր բերել ի Հայս: Եւ արարեալ հրովարտակս առ ամենայն Հայոց աւագանին եւ գրէր այսպէս.

22. «Թագաւորացն առաջնոց, որ նախ քան զիս իմ նախնիքն էին եւ զայս թագաւորական գահ ունէին, ոչ գիտեմ եթէ յաղագս այլ ինչ մեծ անպարապութեա՞նց, եւ թէ չխորհելով զայսպիսի ծանր եւ կարեւոր պէտս՝ չհոգացան իրացս: Իսկ իմ զմտաւ ածեալ, ի մոգուցն եւ յայլ իմաստուն եւ յաւագ մարդկանէ Արեաց աշխարհիս տեղեկացեալ, թէ որ միանգամ ընդ իշխանութեամբ մերոյ թագաւորութեանս են, որպէս աւգտիւք եւ այլ հպատակութեամբ վայելեմք ի նոցանէ՝ եւս առաւել պարտիմք ընդ փրկութիւն եւ ընդ գիտ ամենեցուն հոգւոց հոգալ եւ գտանել. եւ եթէ յանկարծ ծուլացեալ գտանիմք յայսպիսի մեծ հոգողութենէ՝ տեղեկացաք յաւրինաց մերոց, թէ ծանր պատուհաս կրելոց եմք յաստուածոցն:

"Should this come to pass, the kingdom of the land of the Aryans will always be at peace and ease; should this not come to pass, I suspect that in the future [the Armenians] who hold to [the Byzantines'] faith, perhaps will want to serve them [militarily] as well, and that no small amount of suspicion of the land of the Aryans will result."

When Yazkert, king of Iran, heard all of these agreeable words from his malicious, evil-minded *hazarapet* Mihrnerseh, he liked and praised them, and informed the mages and the other Aryan nobility of everything Mihrnerseh had said. All the Aryans generally were astonished at and lauded the counsel [and so Yazkert] quickly summoned the mage, had the principles of magianism written down and sent to Armenia. He sent a *hrovartak* to all the Armenian nobility, having the following import:

22. "Former kings, who were my ancestors and occupied this royal throne—either because they were not at leisure or, because they did not think about such weighty and important affairs, I know not which—did not concern themselves with these matters. But now, informed by the mages and other wise and senior men of the land of the Aryans, I am thinking that just as we enjoy the benefits and other service from those people under the authority of our kingdom we are therefore even more obliged to show concern for and find salvation for everyone's souls. Our faith informs us that we will suffer heavy punishment from the gods should we be found indifferent with regard to this great trust.

Արդ՝ եթէ մեք պատուհասիմք վասն չբողոքելոյ ումեք ի ձէնջ՝ ձեզ առաւել աւելի եւս արժանի է երկնչել, թէ հեղգայք ինչ յիւրաքանչիւր հոգւոյ աւգտէ, զի ի մէնջ պատուհասիք եւ յաստուածոց: Վասն որոյ եւ զաւրէնս մեր զատոյգ եւ զարդար գրեցաք եւ տուաք բերել առ ձեզ. եւ կամիմք, եթէ որպէս դուք աւգտակար աշխարհ էք եւ մեր սիրելի՝ զմեր արդեաւք զարդար եւ զկշիռ աւրէնս ուսանէիք եւ ունէիք, եւ չպաշտէիք զայնպիսի աւրէնս, որ ամենեցուն մեզ յայտնի են, թէ սուտ են եւ անաւգուտ: Արդ՝ լուեալ ձեր զմեր հրամանսդ՝ կամաւ եւ սիրով յանձն առէք, եւ բնաւ ամենեւիմբ զհետս ընդ այլ ինչ մի՛ տանիք: Այլ եւ այս կամ եղեւ մեզ, զի եւ զկարծեցեալ զձեր աւրէնսդ առ մեզ գրել հրամայեցաք ձեզ, եթէ ո՛րպէս կորուսեալ էիք մինչեւ ցայսաւր: Եւ յորժամ դուք իբրեւ զմեզ ճանաչողք ճշմարիտ մեր աւրինացս լինիք՝ Վիրք եւ Աղուանք ըստ մեր եւ ձեր կամս չիշխեն ելանել»:

23. Եւ ընկալեալ զայսպիսի հրովարտակ ամենայն Հայոց աւագանւոյն եւ ընթերցեալ զամենայն գրեալսն ի հրովարտակին, եւ զայն եւս իմացեալ, թէ զաւրէնս անաւրէնութեան իւրեանց գրով առաքէ առ նոսա, ծանուցեալ եւ զառ ի ծածուկ նետս թշնամւոյն, զոր ձգէր խորամանկութեամբ յանարատ հաւտն Քրիստոսի՝ տրտմեալ առողջախորհուրդ ժողովուրդք սուրբ հաւտին Քրիստոսի ի կոր կործանեցան, թէ ընդէ՞ր իսկ բնաւ այնպիսի դառն եւ լի թիւնաւք ծնեալ ի նոցանէ ճառեցան իրքս:

Now if we are to be punished for not demanding a certain thing from you, you should be even more frightened about laziness regarding the benefits to each person's soul, because [in that case] you will be punished both by us, and by the gods. Accordingly, we have had our correct and just faith written down, and brought to you. As you are a useful land and beloved by us, we want you to study our just and balanced faith and to hold it, and not to worship the faith which we all clearly know is false and without benefit. Now, having heard our command, implement it willingly and gladly and do not even think of doing otherwise. We also want and are ordering you to write us [the principles] of your so-called faith so that [we can see] how lost you have been till today. And when, as we, you become people who recognize our true faith, then the Iberians and Aghuans will not dare to stray from what we and you want."

23. When all the Armenian nobility had received this *hrovartak*, read everything contained in it and knew that [Yazkert] had also sent them the principles of their impious faith in a written form, they realized that this was the covert arrow of the enemy so bitter and full of poison which had come from them, cleverly shot at the unblemished flock of Christ. The rational assembly of the blessed flock of Christ was saddened and dismayed, and discussed matters.

«Մի՞ գուցէ, ասէն, աճեցեալ ի պակասամիտ եւ ի փառախնդիր անձինս թերահաւատ մարդոց, չարաչար ձգտեալ արմատս՝ կործիցին բազումք, վրիպեալք ի ճշմարիտ եւ յարդար հաւատոցն Քրիստոսի»:

Ժողովեցան այնուհետեւ ըստ հրամանի տանուտերացն Հայոց սուրբ եպիսկոպոսք ըստ գաւառաց աշխարհին Հայոց, եւ պատուական երիցունք եւ վանականք, որք են այսորիկ.

Եւ Յովսէփ, որ թէպէտ եւ երէց էր ըստ ձեռնադրութեան՝ այլ զկաթողիկոսութեան Հայոց զաթոռն ունէր ի ժամանակին.

տէր Անանիա՝ Սիւնեաց եպիսկոպոս,
տէր Մուշէ՝ Արծրունեաց եպիսկոպոս,
տէր Սահակ՝ Տարաւնոյ եպիսկոպոս,
սուրբն Սահակ՝ Ռշտունեաց եպիսկոպոս,
տէր Մելիտէ՝ Մանձկերտոյ եպիսկոպոս,
տէր Եզնիկ՝ Բագրեւանդեայ եպիսկոպոս,
տէր Սուրմակ՝ Բզնունեաց եպիսկոպոս,
տէր Թաթիկ՝ Բասենոյ եպիսկոպոս,
տէր Երեմիա՝ Մարդաստանի եպիսկոպոս,
տէր Գադ՝ Վանանդեայ եպիսկոպոս,
տէր Բասիլ՝ Մոկաց եպիսկոպոս,
տէր Եղբայր՝ Անձեւացեաց եպիսկոպոս,
տէր Տաճատ՝ Տայոց եպիսկոպոս,
տէր Քասուն՝ Տարբերունոյ եպիսկոպոս,
տէր Զաւէն՝ Մանանաղւոյ եպիսկոպոս,
տէր Եղիշէ՝ Ամատունեաց եպիսկոպոս,
տէր Երեմիա՝ Ապահունեաց եպիսկոպոս:

"Perhaps," they said, "furthered by weak-minded and glory-seeking individuals among the skeptical men, [the arrow[17]] will wickedly strike root and many will be ruined, having strayed from the correct and just faith of Christ."

Then, at the command of the *tanuter*s of Armenia, there assembled the holy bishops (according to the districts of the land of Armenia), the venerable priests and monks. [Their names] are as follows:

Yovsep'[18] (who, though [only] a priest by ordination, at the time held the throne of the Catholicosate of Armenia.

lord Anania, bishop of Siwnik'
lord Mushe, bishop of Arcrunik'
lord Sahak, bishop of Taron
the blessed Sahak, bishop of Rhshtunik'
lord Melite, bishop of Manjkert
lord Eznik, bishop of Bagrewand
lord Surmak, bishop of Bznunik'
lord T'at'ik, bishop of Basen
lord Eremia, bishop of Mardastan
lord Gad, bishop of Vanand
lord Basil, bishop of Mokk'
lord Eghbayr, bishop of Anjewac'ik'
lord Tachat, bishop of Tayk'
lord K'asun, bishop of Tarberun
lord Zawe'n, bishop of Mananaghik'
lord Eghishe, bishop of Amatunik'
lord Eremia, bishop of Apahunik'

---

17 *i.e.,* Zoroastrianism.
18 The text, asterisked by the editors, begins *Ew Yovsep'* "And Yovsep'," indicating, perhaps, that the list is incomplete.

Այսօրիկ ամենեքեան եպիսկոպոսք. եւ ի պատուական երիցանց՝ սուրբն Ղեւոնդ, եւ Խորէն ի Մրենեայ, եւ Դաւիթ, եւ այլ պատուական երիցունք, եւ աւագ վանականք բազումք, հանդերձ սքանչելի եւ հրեշտակակրաւն տերամբն Աղանաւ, որ էր յազգէն Արծրունեաց: Եւ որք ի նախարարացն էին ժողովեալք՝

տէրն Սիւնեաց Վասակ,
եւ տէրն Արծրունեաց Ներշապուհ,
Վրիմ Մաղխազ,
տէրն Մամիկոնէից եւ սպարապետն Հայոց Վարդանն,
տէրն Վահեւունեաց Գիւտ,
տէրն Մոկաց Արտակ,
տէրն Անձեւացեաց Շմաւոն,
տէրն Ապահունեաց Մանէճ,
տէրն Վանանդեայ Առաւան,
տէրն Արշարունեաց Արշաւիր,
տէրն Ամատունեաց Վահան,
տէրն Գնունեաց Ատոմ,
տէրն Պալունեաց Վարազշապուհ,
տէրն Աշոցայ Հրահատ,
տէրն Դիմաքսենից Հմայեակ,
տէրն Աբեղենից Գազրիկ,
տէրն Առաւեղենից Փափագ,
Վրէն Ձիւնական:

All of these men were bishops. Among the honorable priests were: the blessed Ghewond, and Xoren from Mren, and Dawit' and other honorable priests and many senior monks together with lord Aghan of the Arcrunid line, a marvelous man of angelic faith. Among those assembled from the *naxarar*s were:

Vasak, lord of Siwnik'
Nershapuh, lord of Arcrunik'
Vriw Maghxaz
Vardan, lord of the Mamikoneank' and the *sparapet* of Armenia
Giwt, lord of Vahewunik'
Artak, lord of Mokk'
Shmawon, lord of Anjewac'ik'
Manech, lord of Apahunik'
Arhawan, lord of Vanand
Arshawir, lord of Arsharunik'
Vahan, lord of Amatunik'
Atom, lord of Gnunik'
Varazshapuh, lord of Palu
Hrahat, lord of Ashoc'k'
Hmayeak, lord of Dimak'sean
Gazrik, lord of Abegheank'
P'ap'ag, lord of Arhawegheank'
Vren Jiwnakan.

Այսօրիկ ամենեքեան աւագ տանուտեարք, հանդերձ աւագ սեպհաւք եւ բարեպաշտ եպիսկոպոսաւք եւ աւագ քահանայիւք եւ վանականաւք, պատասխանի հրովարտակին գրէին առ թագաւորն Յազկերտ եւ առ ամենայն աւագանին դրանն այսպէս.

24. «Ի լուսաւոր եւ ի ճշմարիտ աւրէնս մեր գրեալ է, որ ձեր ընդունայնութիւն եւ բարբանջմունք թուին, թէ Ծառա՛յք, հնազանդ լերուք մարմնաւոր տերանց ձերոց՝ որպէս Աստուծոյ. եւ մեր ըստ կարի զաւրութեան մերոյ երկուցեալ նախ ի հրամանէ աւրինաց մերոց, եւ ապա ի ձեր ի մեծ թագաւորութենէդ, եղեալ ի մտի՝ ոչ միայն ըստ երկիւղի մարդկան, որպէս առ ականէ, ըստ աւրինի չար ծառայից ծառայել ձեզ, այլ կամաւ իսկ եւ յաւժարութեամբ՝ յամենայնի զձեր կամս եւ զհրաման կատարել. եւ ծառայել ձեզ ոչ միայն կարաւսոյ ծախիւք, այլ եւ զարիւն անձանց մերոց եւ որդւոց ի վերայ ձեր դնել: Բայց վասն հոգւոց մերոց գիտի եւ կամ կորստեան՝ զձեզ ինչ ամենեւին այդ հոգ մի՛ աշխատեսցէ: Եւ վասն պարգեւի եւ պատուհասի որ երկնչիքդ յաստուածոցդ յաղագս մերոյ ոգւոց, որպէս ասէքդ՝ ի մեր անձինս եւ յոգիս հասցէ յԱստուծոյ աւգուտն այն եւ կամ պատիժ: Բայց դուք զիրսդ եւեթ զայդ լռեալ ներեցէք մեզ. քանզի որպէս անհնար է մարդկային բնութեանց փոխել զերկնից տեսչութիւնն յայլ տեսութիւն՝ նոյնպէս եւ անհնար է՝ որ ի բնէ ուսեալ եմք եւ հաստատեալ յաւրէնս յայս՝ անսալ այդպիսի հրամանի եւ հաւանել. զոր եւ լոկ բանիւք անգամ լսել ոչ կարեմք, քանզի եւ կամիմք իսկ ոչ:

All of these senior *tanuter*s, with senior *sepuh*s, pious bishops, senior priests and monks wrote the following reply to the *hrovartak*, addressed to king Yazkert and to all the nobility at court:

24. "In the radiant and true precepts of our faith—which to you seems futile and nonsensical—it is written: 'Servants, obey your temporal lords as [you would obey] God.' We, exhorted first by the command of our faith, and then by your great kingdom, to the extent of our ability have it in mind to serve you not merely out of human fear, for appearances, after the example of evil servants. Rather [we wish] to implement your will and order fully, voluntarily and enthusiastically. [We wish] to serve you not only with material expenses. Rather we will shed our blood and the blood of our sons for your sake. But concerning the salvation or loss of our souls, do not in any way trouble yourselves. And should, as you fear, your gods reward or punish because of our souls—as you said—may God administer that benefit or punishment on us and on our souls. If we are quiet on that matter, forgive us. Because, just as it is impossible for human natures to alter one divine providence to another, similarly it is impossible for us who naturally have studied and grown firm in this faith, to obey such a command and accept it. We cannot hear even a single word about this, because we simply do not want to.

«Այլ վասն աւրինաց ձերոց, զոր գրեալ էր եւ տուեալ բերել առ մեզ՝ մեք ձեզ ոչ երբէք լսեմք: Մինչ որ այդր լինիմք ի դրանն, եւ կամ ի մոգուցդ, որ ձեր աւրէնս ուսոյցքդ իմն կոչին, այսպն արարեալ արհամարհեմք. թող թէ եւ գրոց եւս յաւժարեցուցանէք զմեզ կարդալ եւ լսել, որ ինչ ոչ է մեզ պիտոյ եւ խնդիր: Այլ յառաւել եւս պատուելոյ զթագաւորութիւնդ ձեր՝ եւ բանալ անգամ զգրեալսդ եւ կամ տեսանել ոչ կամեցաք. զի զաւրէնս, զոր ճանաչեմք եթէ սուտ են եւ անմիտ մարդոյ բարբանջմունք, զոր բազում անգամ մեր լուեալ է ի ձեր անուանեալ սուտ վարդապետացդ, եւ տեղեակ եմք իբրեւ զձեզ՝ զայն ոչ կարդալ պարտ է եւ ոչ լսել: Վասն զի ընդ կարդալն՝ հարկիմք եւ ծաղր առնել, ուստի աւրէնքն եւ աւրէնսդիրքն եւ որք պաշտեն զայդպիսի խաբէութիւնս՝ ի միասին թշնամանին: Յաղագս որոյ եւ ոչ զմեր աւրէնս գրել եւ տալ բերել առ ձեզ, ըստ հրամանիդ ձերոյ, ի դէպ եւ պատշաճ համարեցաք: Զի եթէ զձեր սուտ եւ զարժանի ծաղու աւրէնսդ չհամարեցաք արժանի կարդալոյ եւ մատուցանելոյ ի մեզ, զի մի՛ թշնամանեսցուք զձեզ, ծաղր առնելով զաւրինաւքդ, զոր ըստ ձերում իսկ մեծի խրատոյդ պարտ էր զմտաւ ածել ի գրելն եւ ի տալ բերելն առ մեզ, մեք զիա՞րդ զայսպիսի զաստուածասէր եւ զճշմարիտ աւրէնսն գրիցեմք առ ձեր անգիտութիւնդ յայպանումն եւ ի թշնամանս: Բայց այս եւեթ ձեզ ի հաւատոյս մերոյ յայտնի լիցի, զի տարերց ոչ ծառայեմք, արեգական եւ լուսնի, հողմոց եւ կրակի, որպէս դուքդ. եւ բազում աստուածոցդ, զոր անուանէքդ դուք ի յերկրի եւ ի յերկնի՝

"Now regarding the precepts of your faith which you had written down and brought to us, we shall never listen to you. When we are at court, [what we have heard about Zoroastrianism there] and/or from the mages (who are styled your "teachers of the faith") we have subjected to ridicule. [How much more we would ridicule] what you have written and are urging us to read and obey, something which we neither need nor want. Rather, to honor your kingdom even more, we have desired not even to open and read what you have written. We recognize those precepts as false and the nonsense of a stupid person. As we have heard them many times from your false, so-called *vardapet*s and are as well-informed about them as you are, there is no need for us to read or hear them. Indeed, were we to read them, we would be forced to ridicule them which would make us enemies of those precepts, their initiators as well as those who worship such falsehood. Consequently we did not deem it fitting and appropriate to write down the precepts of our faith and have them brought to you, as you ordered. For if we did not consider the precepts of your false religion (which merits ridicule), unworthy of being read—but which, in your great wisdom you thought to have written down and brought to us—since you would be alienated from us for laughing at them, why then should we write down the God-loving and correct precepts of our faith and send it to you to be ignorantly ridiculed and hated. Let this much only be clear to you about our beliefs: we do not serve the elements, the sun and moon, wind and fire as you do. Nor do we revere the many gods which you name on the earth and

պաշտաւն ոչ մատուցանեմք: Քանզի ուսաք եւ հաստատեալ ծառայեմք միումն միայնոյ ճշմարտին Աստուծոյ, որ արար զերկինս եւ զերկիր եւ զամենայն որ ինչ ի նոսա, եւ նա միայն է անուանելոցդ ի ձէնջ աստուածոցդ Աստուած եւ արարիչ, թագաւոր թագաւորաց եւ տէր տերանց. եւ նմա միայնոյ վայել է ամենայն բանաւորաց՝ մատուցանել երկրպագութիւն եւ պաշտաւն»:

25. Եւ գրեալ զայս ամենայն բանս ի նամակին սուրբ քահանայից ժողովոյն, եւ հանդերձ ամենայն նախարարաւքն Հայոց ետուն տանել առ թագաւորն Արեաց Յազկերտ: Եւ նորա հրամայեալ կոչել զմոգսն եւ զամենայն աւագսն դրանն՝ ետ բանալ զնամակն զոր առաքեցին Հայք, եւ կարդալ առաջի ամենեցուն: Եւ լուեալ զբանս նամակին թագաւորն հանդերձ մոգաւքն եւ ամենայն աւագանեաւ դրանն, եւ սրտմտութեամբ բարկութեան գրգռեալ՝ հարցանէր ցմոգսն եւ ցամենայն Արեաց աւագանին, թէ «Ձեզ զի՞րդ թուի, ծառայից այդպիսի աներկիւղ համարձակութեամբ գրել առ իւրեանց տէրն»: Իսկ դասք մոգուցն եւ ամենայն մեծամեծացն աւագանւոյն դրանն՝ յոտն կացեալ ասացին, թէ «Նոցա զկորուստն անձանց իւրեանց եւ աշխարհի գրեալ է առ ձեզ. բայց ձեզ թէ ո՛րպէս պարտ է ծանուցանել նոցա զձեր տէրութիւն եւ զնոցա ծառայութիւն՝ զայն դուք իշխէք»: Առաւել եւս գրգռեալ զթագաւորն եւ զամենայն աւագանին ասելով. «Եթէ ոչ ուստեք ունէին նոքա յայլ ուստ ազնականութեան յոյս՝ զայդպիսի բանդ ի միտս իսկ իւրեանց նկատել չիշխէին, թող թէ նամակաւ առ ձեր թագաւորութիւնդ առաքել»: Զայս չարախորհուրդն Միհրներսեհ ասէր:

in the sky. For we have learned about and firmly serve the one sole true God Who made heaven and earth and everything upon them. He alone is God whom you have called gods, the creator, king of kings and lord of lords. It is proper for all rational beings to worship and revere only Him."

25. The holy priests assembled there wrote all these words in the letter; then, together with all the *naxarar*s of Armenia they had it taken to Yazkert, king of the Aryans. He ordered the mages and all the senior personages of the court to be assembled, had the letter sent by the Armenians opened, and read in the presence of all. The king, the mages, and the entire nobility of the court heard the words of the letter. Seized with rage [Yazkert] asked the mages and the entire Aryan nobility: "What do you think of servants who write to their lord with such bold audacity?" The class of mages and all the grandee nobility of the court stood up and said: "They have written to us regarding the destruction of themselves and of their land. But now you must be bold to acquaint them with your lordship and their status as servants." The king and all the nobility became yet more aroused and the view was expressed that: "If they did not have hopes of expecting aid from some quarter, they would never have dared to consider this, let alone write it in a letter and send it to your kingdom." The malicious Mihrnerseh said this.

VOLUME I

Իբրեւ լուաւ զայս ամենայն ի մոգուցն եւ յամենայն դրան աւագանւոյն՝ սրտմտութեամբ զայրացեալ՝ հրաման ետ վաղվաղակի հրովարտակս առնել յաշխարհին Հայոց եւ Վրաց եւ Աղուանից: Եւ հրամայէր գրել յերեսին հրովարտակսն, զի ամենայն տանուտեարքն եւ աւագ սեպուհքն երեցունց աշխարհացն փութով եւ անխափան ի դուռն եկեսցեն. «եւ որ ոք, ասէ, ծուլասցի յապաղեսցէ՝ առանց ամենայն թողութեանց մահու պատուհաս կրեսցէ»: Եւ հասեալ հրովարտակս այս յերեսին յաշխարհսն, Հայոց, Վրաց եւ Աղուանից, եւ ընթերցեալ առաջի նոցա, իբրեւ լուան զայնպիսի ստիպով զկոչումն զամենեցունց՝ անդէն եւ անդ գիտացին զպատճառս իրացն, թէ չէ խաղաղութեամբ, այլ կորստեան ոգւոց է ստիպումն կոչմանս այսորիկ. տրտմեալք աղմկէին եւ յԱստուծոյ աւգնականութիւնն ապաստանեալ ապաւինէին:

Պատգամաւորութիւն այնուհետեւ երեքին աշխարհքըն առ միմեանս առնէին եւ ուխտադրութիւնս, եւ բազում երդմամբ Աւետարանին հաստատէին: Խորհէին՝ զչերթալն որպէս ապստամբութիւն կարծեցուցանել, եւ զերթալն խըռովեալք տարակուսէին. հաշուէին զերթալն լաւագոյն, եւ ելից իրացն զԱստուած կոչէին աւգնական: Բայց զիւրեանց զմիտս եւ զբանս եւ զխորհուրդս, միջնորդութեամբ սրբոյ Աւետարանին, անքակ եւ աներկեւան առ միմեանս հաստատէին, թէ Երթամք, այո՛, այլ ուրանալ զԱրարիչն երկնի եւ երկրի ոչ հաւանիմք:

When king Yazkert heard this from all the mages and all the court nobility, he became even more enraged and commanded that *hrovartak*s be written immediately to the land of Armenia, to Iberia and to Aghuania. And in the *hrovartak*s he commanded that it be written that all the *tanuter*s and senior *sepuh*s of the three lands should come to the court swiftly and without delay. And he said: "Should anyone lazily delay he will be put to death without any clemency." When the *hrovartak*s reached the three lands of Armenia, Iberia, and Aghuania and were read in the presence [of the nobility], as soon as they learned that all of them had been summoned with such urgency, they knew at once what was afoot, that the urgent summonses did not bode peace but the ruination of their souls. In despair they lamented and took refuge in God's assistance.

The three lands then sent delegations to one another, made a pact, and confirmed it with many vows sworn on the Gospels. They thought that if they did not go [to court] they would be considered to be in rebellion, but they were in agitated doubt about going. They considered it better to go, and called on God's help to find a way out for them. However, with the intercession of the holy Gospels, they confirmed with each other to unitedly and boldly hold to their thoughts, words, and plans, saying: "Yes, let us go, but let us not consent to apostatizing the Creator of heaven and earth.

Եւ այս կատարի մեզ յԱստուծոյ, յորժամ ցուցանեմք զմեզ Քրիստոսի մի մարմին եւ մի հոգի. յիշելով զսուրբ զառաքեալսն, զքարոզքն սուրբ եկեղեցւոյ, որոց էր սիրտ մի եւ ոգի մի. որոց բարեխաւսութեամբ ուղղեսցէ զմեր պատասխանիս առաջի ահեղ թագաւորին Փրկիչն մեր եւ Տէր Յիսուս Քրիստոս, եւ պահեսցէ զմեզ յարձակմանէ չար գազանին, որ դիմեալ գայ ի վերայ մեր. քանզի ոչ երբէք Աստուած զմիաբանեալսն ի բարի կամս՝ եթող ի ձեռաց: Իսկ եթէ ոք որոշեալ ճեղքեսցի յայս ուխտէս միաբանութեան՝ եւ Որդի մարդոյ, որպէս եւ ինքն իսկ ասէ, ուրացեալ ընկեսցէ զայնպիսին յերեսաց իւրոց առաջի Հաւր եւ հրեշտակաց երկնից:

Եւ երդմամբ երեքեան աշխարհքն, Հայք, Վիրք, Աղուանք, գնացին ի դուռն:

Եւ որք ի ժամուն ի մեծամեծ աւագանւոյն Հայոց յուղի անկեալ ճանապարհորդեցան՝ այսոքիկ են.

ի տոհմէն Սիւնեաց Վասակ Սիւնեաց տէրն, որ եւ ի ժամուն մարզպանն էր Հայոց.

ի տոհմէն Արծրունեաց Ներշապուհ.

ի տոհմէն Ռշտունեաց Արտակ.

ի տոհմէն Խորխոռունեաց Գադիշոյ.

ի տոհմէն Մամիկոնէից Վարդան, Հայոց ասպարապետ եւ տէրն Մամիկոնէից.

ի տոհմէն Մոկաց Արտակ.

ի տոհմէն Ապահունեաց Մանէճ.

ի տոհմէն Ամատունեաց Վահան.

ի տոհմէն Վահեւունեաց Գիւտ.

ի տոհմէն Անձեւացեաց Շմաւոն:

Եւ յաշխարհէն Վրաց՝ բդեշխն Աշուշայ եւ այլ տանուտեարք աշխարհին:

God will arrange this for us if we show ourselves as part of Christ's body and soul, recalling the blessed Apostles, the sermons of the holy Church which are of one heart and soul. May their intercession correct our answers before the awesome king, our Savior, Lord Jesus Christ, and protect us from the attack of the wicked beast which is coming against us. But should someone decide to violate this oath of unity and apostatize the Son of man, as [Christ] Himself said, that person will be rejected by Him before the Father and the angels of heaven."[19]

Thus united by oath and vow, [the nobility of] the three lands of Armenia, Iberia, and Aghuania went to court.

Members of the grandee nobility of Armenia who went on the journey at that time were as follows:

from the *tohm* of Siwnik', Vasak, lord of Siwnik' who, at the time was the *marzpan* of Armenia,

from the *tohm* of Arcrunik', Nershapuh,

from the *tohm* of Rshtunik', Artak,

from the *tohm* of Xorxorhunik', Gadishoy,

from the *tohm* of Mamikoneank', Vardan, *asparapet* of Armenia, and lord of the Mamikoneank',

from the *tohm* of Mokk', Artak,

from the *tohm* of Apahunik', Manech,

from the *tohm* of Amatunik', Vahan,

from the *tohm* of Vahewunik', Giwt,

from the *tohm* of Anjewac'ik', Shmawon,

and from the land of Iberia, the *bdeshx* Ashusha and other *tanuter*s of the land.

---

19 *cf.* Matthew 10:33; Luke 12:9.

26. Եւ հասեալք ամենեքեան սոքա ի դուռն՝ յանդիման եղեն նախ մեծամեծացն դրան արքունի եւ ապա թագաւորին Յազկերտի: Հրաման տուեալ արքային Պարսից Յազկերտի առ վաղիւն, որպէս զի ամենայն աւագանին դրանն հանդերձ երեւելի մոգաւքն առաջի նորա լիցին ի խորանին: Եւ ասացեալքն ի թագաւորէն կատարէին առ վաղիւն:

Ապա հրամայէր զուղեկեալսն ի Հայոց, ի Վրաց եւ յԱղուանից զառաջեաւ ածել: Եւ նախգոյն հարցեալ զՀայոց տանուտեարսն եւ զսեպուհսն՝ ասէր, եթէ «Նախ եւ առաջին կամիմ լսել ի ձէնջ, եթէ զի՛նչ համարեալ եմ ես ձեզ, եւ կամ թէ դուք ո՛րպէս կարծէք զձեր անձինս լինել մի»: Եւ նոցա պատասխանի արարեալ միաբան ասացին, եթէ «Այդ հրամանիդ տեսութիւն եւ գիտելութիւն՝ եւ առանց պատասխանի լսելոյ ի մէնջ՝ յայտնի է ամենայն Արեաց եւ անարեաց»: Եւ թագաւորն անդրէն երկրորդեալ ասաց, եթէ «Յայտնի եւ անծածուկ են այնոցիկ, որ ընդ իմով իշխանութեամբ են եւ հրամանի իմում ընդդիմանալ չիշխեն ամենեւին. բայց ես ի ձէնջ կամիմ լսել, եւ զձեր ճանաչողութիւնդ կամիմ գիտել, եթէ զի՞նչ հաշուեալ կարծէք զիս. ասացէ՛ք զիս»: Եւ նոցա պատասխանի արարեալ ասացին, եթէ «Մեք զձեզ թագաւոր գիտեմք, որպէս ամենեցունց՝ առաւել եւս մեր. իշխանութիւն ունիս նման Աստուծոյ ի վերայ մեր եւ ամենայն մարդոյ որ է ի թագաւորութեան քում՝ սպանանել եւ կեցուցանել»:

26. When they all reached the court they went first before the grandees of the royal court, and then before king Yazkert. Yazkert, king of Iran, ordered that all the court nobility with the prominent mages should come before him in the palace the next day. The next day those whom the king mentioned did as he said.

He then ordered that those who had come from Armenia, Iberia, and Aghuania be brought before him. First [Yazkert] made inquiry of the Armenian *tanuters* and *sepuhs*: "First and foremost I want to hear from you how you regard me, and how you perceive yourselves." [The *tanuters* and *sepuhs*] responded together: "The perception and view [of who you are] is clear to all the Aryans and non-Aryans without hearing from us a reply to your order." But the king repeated his question: "It is clear and evident that those people who are under my authority would never dare to resist my order. But I want to hear from you, I want to know your understanding of this. How do you regard me? Tell me." They replied: "We recognize you as king, [king] of all, and especially our king. Like God, you have authority over us and over everyone in your kingdom, [the authority] to kill or spare [whom you chose]."

VOLUME I

Եւ Յազկերտի արքայի լուեալ ի նոցանէ եւ ամենայն դրանն աւագանւոյն զայսպիսի պատասխանիս՝ ասէ ցնոսա թագաւորն Յազկերտ. «Այդ պատասխանիք ձեր ի նամակէն, զոր ետուք բերել առ իս՝ շատ հեռի են եւ աննմանք: Վասն զի ի նամակին յայտ արարեալ էր, եթէ է իւիք, որովք ծառայեմք քեզ եւ կամաց քոց եւ հրամանի չընդդիմացեալք հաւանիմք. եւ է ինչ, զոր ոչ քեզ պարտ է ասել եւ ո՛չ մեզ հնար է հնազանդել եւ յանձն առնուլ: Արդ՝ ի մեր թագաւորութենէս եւ ամենայն Արեաց՝ ի ձէնջ նախ եւ առաջին կարեւոր եւ պիտոյ խնդիր այդ է, եւ այդու ճանաչի մեր առ ձեզ տէրութիւն եւ խնամարկութիւն, եւ ձեր առ մեզ արդարամտութեամբ ծառայութիւն եւ հնազանդութիւն. զի զվաստակոյ եւ զաւգտէ, որ մինչեւ ցայսաւր ձեր առ մեզ թագաւորս եւ առ Արեաց աշխարհս ցուցեալ՝ գոհ եմք. եւ արդ կամիմ պատուով եւ մեծամեծ փառաւք արձակել զձեզ յաշխարհն ձեր. միայն եթէ զայդ եւս զիմ զկամս, որ վասն ձեր հոգւոյ փրկութեան հոգացաք՝ յանձն առնուք եւ դառնայք ի կորստեան ճանապարհէն, յորում ցայժմ իբրեւ զկոյր մի ի խաւարի շրջեալ էիք: Ապա եթէ այլազգագոյն ինչ խորհիք, եւ արդարեւ յորում միտս եւ մոլար աւրէնս ցայժմ կեցեալ էք եւ ի նմին յամառեալ պնդիք դուք, Հայք, Վիրք եւ Աղուանք՝ առ ոչինչ համարիմ զայնչափ ի ձէնջ աւգուտս եւ զվաստակս, այլ կնաւ եւ որդւովք եւ ազգաւ կորուսանեմ ի միջոյ»:

When king Yazkert and all the court nobility heard such a response from them, he said: "Your answers are quite unlike and distant from those in the letter you had brought to me. For it is clear from the letter that there are some things in which you will serve us and our wishes and agree not to resist [our] command; but that there is some matter which I ought not speak of and which you cannot and will not accept. Now in our kingdom and among all the Aryans it is precisely that matter regarding you which is first and foremost the important and pertinent one, by which our lordship and guardianship over you is recognized, and your judicious service and obedience to us is acknowledged. For we are satisfied with the work and benefit(s) which to the present you have displayed toward us, the king, and toward the Aryan land. We want to dispatch you to your land with honor and very great glory. Only accept my will and look to the salvation of your souls. Turn from the road of ruin which till now you have been traveling like a blind person in the darkness. But should you Armenians, Iberians and Aghuans think to do otherwise—as indeed, to the present you have held an erroneous faith—should you stubbornly persist, then I shall regard your great benefit and labor as nothing. Rather, I shall wipe you out, with your women, children, and *azg*."

Եւ լուեալ զայս ամենայն բանս, պատուոյ եւ խոստմանց եւ մահու սպառնալեաց, ի թագաւորէն Պարսից Յազկերտէ երեցունց աշխարհաց ազատանւոյն՝ լռեցին առ վայր մի այլքն. բայց յառաջ կացեալ աներկիւղ եւ քաջասիրտ մտաւք Վարդանայ Մամիկոնէից տեառն եւ Հայոց սպարապետի՝ պատասխանի ետ թագաւորին Յազկերտի առաջի ամենայն բազմութեանն եւ ասէ, եթէ «Բազումք են յայս երից աշխարհաց յազատորերոյ, որք են աւագ քան զիս եւ գահու եւ աւուրբք, եւ շատ են, որ ի խոնարհ են: Զվաստակ եւ զհպատակութիւն, զոր ծառայից պարտ է առ իւրեանց տեարսն եւ առ թագաւորսն առնել՝ զայն նախ դու, որ ամենեցուն տէրդ ես, եւ ապա ամենայն Արիք, զիմ եւ զիւրաքանչիւր ի նոցանէ մինչեւ ցայժմ՝ քաջ գիտէք, եւ ոչ ինչ պիտոյ է ինձ եւ կամ ումեք ի սոցանէ զիւր զվաստակ եւ զսպաս ծանուցանել ձեզ: Յայսմ հետէ եւ յառաջ ի մտի այսպէս եղեալ իմում անձինս, զի եթէ եւ գոյ հնար առնել զմի անձն իմ բազում անձինս, զոյժ եւ զյաւժարութիւն կամաց առաւել եւս քան զնոյնս, զկեանս եւ զկարասի, որ զամ մի յիմում տանս կայ, ձեր առնելով, եւ ի վերայ Արեաց տեառն եւ ի վերայ Արեաց աշխարհի եղեալ է ի մտի մաշել: Բայց զաւրէնս, զոր ուսայ յԱստուծոյ ի մանկութենէ իմմէ, թողուլ եւ ընդ երկիւղի մարդոյ փոխանակել՝ չէ հնար: Զի եթէ ի մարդոյ ընկալեալ էր զարդար վարդապետութիւնն, զոր հաստատեալ է ի միտս իմ, գիտէի թէ ճշմարիտ են, եւ ուրանայի՝ ողորմելի զանձն համարէի. թող թէ աւրէնս, զոր ընկալայ եւ ուսայ ի բերանոյ Աստուծոյ՝ վաճառել ընդ երկիւղի մարդոյ եւ սնոտի փառաց. քա՛ւ լիցի: Իմ պատասխանիք այդ են, յորում ցանկամ մեռանել, քան թէ կալուրացութեամբ առանց Աստուծոյ: Իսկ այլքս, որ կան առաջի ձեր ամենեքեան, որ են ի քրիստոնէական կարգէ՝ բաւական է իւրաքանչիւր ոք ընդ անձին իւրոյ տալ պատասխանի»:

When the *azatani* of the three lands heard all these words about honor, the promises, and the death-threats from Yazkert, king of Iran, the others were silent for a moment. But then Vardan, lord of the Mamikoneans and the *sparapet* of Armenia, stepped forward fearlessly with bold intent and responded to king Yazkert before the entire multitude and said: "There are many members of the nobility of these three lands [present] who are my seniors in *gah*[20] and in age; and there are many who are lower than I. You, who are the lord of all, as well as all the Aryans well know of the labor and submission which I and each of these [nobles] have demonstrated to the present—labor and submission which servants must show to their lords and kings. There is no need for me or any of the others to familiarize you with each one's labor and service. As it was before, so now and hereafter I have resolved that were it possible for me to transform myself into many individuals, with more strength and enthusiasm than I presently have, I would give you my life and the goods in my *tun*, and exhaust myself for the lord of the Aryans and the land of the Aryans. But it is impossible to alter the faith which I learned from God, from my childhood, out of the fear of man. For I would consider myself pitiful if I were to apostatize the just doctrine which is firm in my mind (and which I regard as correct), even though received from a man; let alone to betray the faith which I received and studied from the mouth of God because of the fear of man and [to seek] futile glory. May it not be so. My response is that I would rather die than live in apostasy, without God. As for the others who stand before you all, they are of the Christian order. It is enough for each one to answer that question for himself."

---

20 *Gah:* rank.

Եւ լուեալ այլ ազատանւոյն, որք էին յերից աշխարհաց, Հայոց, Վրաց եւ Աղուանից, զպատասխանիսն աներկիւղութեամբ զսպարապետին Հայոց Վարդանայ եւ զսաստիկ սրտմտութիւն զտեսլեան թագաւորին՝ ետուն պատասխանի եւ ասեն. «Ներեսցէ մեզ արքայ աւուրս ինչ խորհել ընդ միմեանս, եւ առնել ձեզ պատասխանիս հաստատապէս միաբանութեամբ. վասն զի յաղագս հօգւոց ընտրողութեան խնդրին ի մէնջ պատասխանիքդ, յորում կայ առաջի գիտեւ կամ կորուստ յաւիտենական: Եւ ոչ է պարտ. ստիպով եւ անքնին մտաւք առաջի ձեր առնել այդպիսի մեծի խնդրոյ դարձուած բանից. քանզի զնախնի եւ զսովորական հայրենի աւանդութեան մերոյ խնդրէք զքակտումն, եւ զյանձնառութիւն բռնադատէք աւրինաց՝ որոց ոչ եմք եղեալ մեք եւ կամ հարք մեր ընդունողք եւ սիրողք»: Եւ թագաւորին ամենայն աւագանեաւն յանձն առեալ հաւանեցան բանիցն, եւ շնորհեալ նոցա զժամակալութեան խնդիրն՝ արձակեցին զատեանն:

27. Յայնժամ ի մի վայր ժողովեալ նախարարացն ամենեցուն, որք էին յերեցունց աշխարհացն, Հայոց, Վրաց եւ Աղուանից, եւ տարակուսեալք յանձինս իւրեանց, խորհուրդ ի մէջ առեալ, թէ զի՛նչպիսի հնարիւք եւ մտածութեամբ ելս իրացն կարասցեն գտանել: Եւ յածեցուցեալ զմիտս ի բազում յուզմունս խնդրոց զակաւ աւուրս՝ յայս միտս առ վայր մի հաւանեցան եւ հաստատեցան, եթէ

When the *azatani* from the three lands of Armenia, Iberia, and Aghuania heard the fearless response of the *sparapet* of Armenia, Vardan, and observed the king's extreme rage, they replied as follows: "May the king excuse us for a few days to consult with each other and to make you an answer in firm unity. For replying to this matter concerning the salvation or ruination of souls is an eternal matter. It is not right to speak in your presence hastily or with uncritical minds about something which has become such a great issue. For what you seek is the destruction of our ancestral, patrimonial and familiar tradition and the forcible adoption of a faith which was accepted and liked neither by our fathers, nor by us." The king and all the nobility accepted these words, granted them time, and dissolved the *atean*.

27. Then all the *naxarars* who were from the three lands of Armenia, Iberia, and Aghuania assembled. They had doubts within themselves and took counsel to see by what stratagems and design they could find a way out of the situation. After a few days of much anguished thinking, for the moment they accepted and confirmed that

«Այլ ոչ ինչ գոյ մեզ հնար զերծանել յորոգայթէս, զոր ձգեալ չար որսորդին սատանայի պաշարեաց զմեզ՝ բայց եթէ առ ժամ մի յանձն առնումք պատճառանաւք զհրամայեալս նոցա. եւ երթեալ յիւրաքանչիւր յաշխարհ՝ այնուհետեւ կա՛մ կեամք, ծառայելով ճշմարիտ հաւատոյն Քրիստոսի, յոր ծնաք աւազանին նորոգութեամբ ի ձեռն ամենասուրբ վարդապետութեան նահատակին Գրիգորի եւ նորին զաւակի, եւ կամ թողեալ զաշխարհ՝ գնամք իւրաքանչիւր յաւտարութիւն կնաւ եւ որդւովք, ապաւինեալք եւ հաստատեալք ի բան կենարար Փրկչին, որ աւէ, թէ Յորժամ հալածեսցեն զձեզ ի քաղաքէս յայսմանէ՝ փախիջիք ի միւսն: Ապա եթէ զանձանց միայն զփրկութիւն եղեալք ի մտի, ընդդիմանամք անաւրէն հրամանաց իշխանին՝ անթիւ բազմութեան արանց եւ կանանց, ծերոց եւ տղայոց լինիմք պատճառ յաւիտենից կորստեանն. զորս խաղացուցեալ այսր՝ զբնաւս ծառայեցուցանեն անաւրէնութեանց պաշտամանց ազգաց յազգս»:

Արդ՝ թէպէտ եւ ածեալ ուրուք զմտաւ զայսպիսի որոշողութեամբ առանձինն, եւ զնոյնս դարձեալ խորհեալք միաբանութեամբ առ միմեանս զաւուրս սակաւս զցայգ եւ զցերեկ՝ սակայն ոչ իշխէին յայտնել զօրավարին Հայոց Վարդանայ տեառն Մամիկոնէից զմտածութիւն միաբանութեան իւրեանց. ճանաչելով ի միտս իւրեանց, թէ նմա ոչ է հնար յանձն առնուլ եւ հաւանել այսպիսի խորհրդոյ, ունելով անշարժ զհաւատ հոգւոյն իւրոյ ի վերայ հաստատնոյ վիմին Քրիստոսի:

"There is no way of getting free from the trap which Satan, the wicked hunter, has set for us unless temporarily, under pretext, we do what they have commanded. Then each of us shall go to his land and either live serving the true faith of Christ which the most blessed doctrine of the champion Gregory and his son acquainted us with through the renewed birth of baptism; or, leaving the land, each one may go to dwell in exile with wife and children convinced of and finding refuge in the word of the life-giving Savior Who said: 'When they persecute you in one city, flee to another.'[21] But were we to think solely of our own salvation and resist the prince's impious orders, we would cause the eternal ruination of a limitless multitude of men, women, old and young people. Those who would be brought here would be made to serve completely their impious religion, from generation to generation."

Now despite the fact that some had decided upon this independently, and that the same people had consulted together morning and evening for a few days, nonetheless they did not dare to reveal the plan of their alliance to the general of Armenia, Vardan, lord of the Mamikoneans. They realized that he would be unable to accept and consent to such a plan, since the faith founded upon the firm rock of Christ he held unshaken in his soul.

---

21 Matthew 10:23.

VOLUME I

Բայց սակայն զչյայտնելն նմա եւ չպատմել զայս ամենայն՝ չկարէին հանդուրժել. քանզի գիտէին, եթէ առանց նորա ամենայն խորհեալքն ի նոցանէ եւ պատճառադրութիւնք եւ արարուածք՝ թերիք են եւ անկատարք: Զի թէպէտ եւ կարծէին լինել կարող, ըստ պատճառախնդիր խորհելոցն, զերծանել խաբէութեամբ եւ գողանալ զմիտս թագաւորին եւ զամենայն Արեաց հրապարակին, եւ դառնալ յիւրաքանչիւր յերկիր՝ սակայն գիտէին, թէ թերակատար եւ ոչ լիապէս լինի նոցա գործ խորհրդոյն եւ իրացն առաջարկութիւն: Վասն զի տեսեալ էր ամենեցուն եւ լիով ի գրոց ճանաչէին, եթէ ամենայն իրք այնպիսի գործոյ ի բնէ յոլով Մամիկոնէիցն ազգաւ եւ նոցա միաբանութեամբ ելեալ էին ի գլուխ:

Որոց ածեալ զայս զմտաւ նախարարացն ամենեցուն եւ սեպհացն, որք էին ի դրանն ժողովեալք՝ միարան եկին առ տէրն Մամիկոնէից եւ Հայոց զօրավարն Վարդան, եւ յայտնել նմա զխորհուրդն՝ պատմեցին զիւրեանց զիմաստըս ամենայն եւ զոր խորհեալ էին առնել. յաւելեալ ի նոյնս թախանձումն եւ աղերս ամենեցունց՝ ասէին. «Հայեա՛ց, ասեն, ի մեզ անընդոստ մտաւք. հայեա՛ց, ասեն, եւ յառաջիկայ դիպ մունս բազմութեան բիւրոց մարդկան պատահելոց չարաչար աղետից. յիշեա՛ զհառաչանս մարց, զմտա՛ւ ած զտղայոց ողբումն, զծերոց ստիպով եւ զպառաւանց վարելոց յաւտարութիւն, եւ այլ ամենեցունց դիպելոց այսպիսի անհնարին եւ չար վշտաց: Թէ լոկ միայն մարմնոյ աշխատութեամբ եւ մահուամբ էր կրել զայս ամենայն՝ համայն ծանր էր եւ դառն եւ արժանի լալոյ. թող թէ առ հասարակ առաջի հոգւոյ եւ մարմնոյ գայթակղութիւն եւ կորուստ:

Yet they were unable to bear not revealing and relating to him all of this, for they knew that without him all of their plans and designs and deeds would be defective and impossible to fulfill. While they thought that they might be able to escape through deceit, as planned, and to win over the king and all the Aryans of the tribunal and that each one might return to his country, nonetheless they knew that their plan and proposal would be insufficient. For everyone observed and knew it fully from books that all matters of this sort had naturally been accomplished by the Mamikonean *azg* and with their participation.

Thinking these things over, all the *naxarar*s and *sepuh*s who were assembled at court went together to Vardan, lord of the Mamikoneans and general of Armenia. Revealing their stratagem to him they related all of the reasoning behind it, and what they proposed to do. All of them added to this their beseeching and entreaties, saying: "Do not look upon us with astonishment. See first the specter of the wicked calamities which will befall countless myriads of people. Bear in mind the sighs of mothers, the sobbing of children and the old men and women led into exile and the terrible miseries that all of them would endure. Although the physical labor and death that all would bear would be heavy, bitter and worthy of tears, such a fate is nothing compared to the physical and spiritual scandal and loss [they would face].

Եւ ոչ եթէ լոկ հարեւանցի լինի հասելոյ վտանգիս վախճան, այլ ցանկ մածեալ խաւար ամբարշտութեան՝ թանձրամածութեամբ ունելոց է զսուրբ եկեղեցիս մեր եւ զժողովուրդս, զկանայս եւ զծնունդս մինչեւ յաւիտեան: Եւ եթէ դու միաբանելով մերում խորհրդոյս, կարասցես առ վայր մի հաւանեցուցանել զքո միտսդ՝ գիտեմք զի ողորմութեան դիպիմք բազումքս, այլ եւ ոչ ընդհանուր եկեղեցիք երեցունց աշխարհացն մատնին յաւեր, եւ ոչ վարին ի գերութիւն բովանդակ աշխարհացն բնակիչք. զի ոչ շարժի սուրբ հաւատն ի հիմանէ, այլ թէ եւ առ վայր մի դղորդ հասանէ՝ կանգնէ հաստատ անդրէն եւ հաստատէ աջ Ամենակալին: Եւ այս լինի հաստատ այսպէս, եթէ կարասցես վայր մի հիւանդանալ վասն մեր, որպէս զի ողջացուսցէ զմեզ քեւ հանդերձ ամենագթածն բժիշկ Բանն Աստուած»:

Եւ լուեալ զայս ամենայն բանս զաւրավարին Հայոց Վարդանայ տեառն Մամիկոնէից ի նախարարացն Հայոց, Վրաց եւ Աղուանից՝ ամենեւին ոչ առնու յանձն լսել եւ հաւանել այսպիսի բանից եւ կամ բնաւ հաղորդ լինել այսպիսի խորհրդոյ. այլ յոյժ խռովեալ մեծաձայն գոչմամբ աւէր ցամենեսեան, թէ «Մի լիցի ինձ ստել Արարչին իմում՝ պատճառանաւք եւ կամ ճշմարտութեամբ, եւ մի՛ ուրանալ զայն առաջի անաւրէն եւ մահկանացու ազգի, որ ուրանայ զուրացողս իւր առաջի Հաւր եւ հրեշտակաց սրբոց: Քա՛ւ լիցի ինձ յաղագս զմտաւ ածելոյ զկարիս եւ զվիշտս զկնոջ եւ զորդւոց եւ զազգի՝ տալ ի մոռացումն զոր ասէն, թէ Որ սիրէ զկին եւ զորդիս առաւել քան զիս՝ չէ ինձ արժանի:

Nor is the impending danger of a transitory nature, for once plunged into the darkness of impiety, [the darkness] would thicken and adhere to our holy Church, people, women and offspring until eternity. Should you join in our stratagem, if you are but able to convince yourself for a moment, we know that many of us shall find mercy, that all the churches of the three lands will not be ruined and that the entire population of the three lands will not be led into captivity. For the holy faith [of Christianity] will not be shaken to its foundations. And should it receive a temporary shock, it will thereafter stand firm and be made secure by the aid of the Omnipotent. This will certainly be the case if you, for a moment, will become diseased for our sake, since the most merciful physician, the Lord God, will heal us with you."

When Vardan, general of Armenia and lord of the Mamikoneans, heard all of these words from the *naxarar*s of Armenia, Iberia, and Aghuania, in no way did he want to hear or accept them or in any way participate in the plan. On the contrary, greatly agitated, he cried out to all of them: "May I not deny my Creator, either on a pretext or in actual fact before that impious and deadly [Iranian] people, because [Christ] will deny those who have denied Him before the Father and the holy angels. God forbid that in thinking about the sorrows and grief of women, children, and *azg*, I should forget the precept that 'Whoever loves his wife and children more than me, is unworthy of me.'

Այլ դուք, որ այժմ յերեցունց աշխարհաց եկեալդ էք տանուտեարք եւ սեպուհք, շնորհիւ ողորմութեամբն Քրիստոսի լի էք ամենայն զաւրութեամբ եւ լաւութեամբ. զի ըստ ազատութեան արուեստի առաւելեալ էք ամենայն հրահանգիւ, եւ ճանաչիք երեւելի ի մէջ սպայիս եւ ի մէջ ամենայն ազգաց՝ ի մարտս եւ ի բոլոր կարգս քաջութեամբ. իսկ զճշմարիտ եւ զարդար հաւատն ուսեալ էք յԱստուծոյ ի ձեռն առաքելանման հովուին սրբոյ նահատակին Գրիգորի եւ նորին զաւակի. բաւական էք ընդ իւրաքանչիւր անձին տալ պատասխանի, եւ որպէս խորհիք՝ կարիցէք արդեաւք եւ առնել: Այլ ինձ ոք ի ձէնջ՝ զոր ինչ անհնար է ինձ լսել բանիւք, թող թէ եւ առնել արդեամբք՝ մի՛ ասէք»:

Եւ լուեալ զայս ամենայն զխօսս՝ բազմութեան նախարարացն աշխարհացն երեցունց ի զաւրավարէն Հայոց ի տեառնէն Մամիկոնէից Վարդանայ, թէպէտ եւ յանհնարին տրտմութիւն ընկղմեալք խռովէին՝ այլ սակայն ոչ ինչ թոյլ տուեալ լինէին ի բանիցն առաջարկելոցն, իմացեալ եւ առ կարիս վտանգին եւ այլ հնարս մաղթանաց: Եւ ժողովեալք ի մի վայր՝ կոչէին առ ինքեանս զիշխանն Մոկաց զԱրտակ եւ զնա առաւել փութացուցանէին՝ անձանձրոյթ խանդաղատանաւք նստել առանձինն եւ խաւսել ընդ սպարապետին իւրեանց տեառն Մամիկոնէից տոհմին:

Rather, you who have come from the three lands—*tanuter*s and *sepuh*s—are full of all strength and goodness because of Christ's mercy. For if, in the fine arts you excel in all knowledge and are recognized as prominent among the officers and among all peoples, in warfare and all types of bravery, you have learned the correct and just faith from God by means of the blessed champion Gregory—who was like an Apostle—and his son. Each of you must answer for himself and may do as you think. But as for me, one among you, do not ask me to actually do what I am unable to even hear of."

When the multitude of *naxarar*s from the three lands heard all these words from Vardan, the general of Armenia and lord of the Mamikoneans, although they were plunged into unbelievable despair and were agitated, nonetheless, they could not entertain what had been proposed; knowing the great danger, [they sought] other means of entreaty. Gathering together, they summoned Artak the prince of Mokk' and urged him yet more, with tireless entreaties to sit and speak in private with their *sparapet*, the lord of the Mamikonean *tohm*.

Եւ նա ինքն էր այր համեստ, մտացի եւ քաջ, եւ տէրն Մամիկոնէից Վարդան առաւելապէս պատուով սիրէր զԱրտակ: Որ եւ հաւանեալ հրամանի նախարարացն Հայոց՝ յանձն առնոյր ամենայորդոր փութով ջանալ ընդ նմա յարաժամ եւ աղաչել, զոր եւ առնէր իշխանն Մոկաց Արտակ, մերթ առանձինն եւ մերթ հանդերձ աւագանեաւն Հայոց, ըստ յանձնառութեանն իւրոյ. որք ոչ դադարէին զցայգ եւ զցերեկ խաւսել ընդ նմա զնոյն բանս եւ զաղերս ի բազում աւուրս: Զորս եւ ստիպագոյնս եւ անհանգիստս ի նոյն խորհուրդս ճեպեցուցանէր զամենեսեան բդեշխն Վրաց Աշուշայ, որ էր այր խելացի եւ խորհրդական եւ ունէր կին յազգէն Արծրունեաց, զքենի մեծի սեպհին Մամիկոնէից, եղբաւրն Վարդանայ. որ եւս առաւել յորդորէր յառաջագրեալն Աշուշայ զամենայն բազմութիւն նախարարացն Հայոց եւ զտէրն Մոկաց զԱրտակ, խաւսել ընդ զաւրավարին Հայոց Վարդանայ զայս ամենայն առանց յապաղելոյ: Եւ ինքն զնոյն խաւսել ընդ նմա ոչ կասէր, անձանձրոյթ բողոքելով եւ ստէպ հայեցուցանելով յիրսն, թէ ո՛րչափ յանհաւանելն քո՝ կորուստ երեցունց աշխարհացն լինի, եւ ի հաւանելն եւ յանձն առնուլն՝ գիտ բազմաց եւ անձին ապաշխարութեան ակնկալութիւն:

He was a modest, intelligent and brave man, and Vardan lord of the Mamikoneans, liked Artak [and treated him] with special honor. Having consented to the Armenian *naxarars'* orders—to attempt to plead with and persuade [Vardan] with the utmost speed—Artak the prince of Mokkʻ, did just that, [speaking with Vardan] as he was charged, sometimes alone, sometimes with the Armenian nobility. [The nobles] did not cease saying the same things and making the same entreaties to [Vardan], day and night for many days. Urging the other on most persistently and relentlessly was the *bidaxš* of Iberia, Ashusha, an intelligent and prudent man whose wife was of the Arcrunid *azg*. Her sister was the wife of Vardan's brother, the great *sepuh* of the Mamikoneans. The aforementioned Ashusha further exhorted the entire multitude of the *naxarars* of Armenia and Artak, lord of Mokkʻ to communicate all of this without delay to Vardan, general of Armenia. Nor did [Ashusha] himself desist saying the same things [to Vardan]. He argued tirelessly, constantly pointing out to him that his refusal would cause extensive ruin for the three lands; while his acceptance and cooperation would result in the salvation of many people and the expectation of personal repentance.

Եւ տեսեալ նախարարացն եւ սեպհացն երեցունց աշխարհացն զկամս սպարապետին Հայոց Վարդանայ այնպէս աշարժս եւ անհաւանս ի յորդորմունս խօսից նոցա եւ աղաչանաց՝ բերեալ հարկաւորէին այնուհետեւ մատուցանել նմա եւ ի սուրբ Գրոց առակս դիպողս, ըստ պատշաճի հանդիպելոյ ի ժամանակին, որք տեղեկագոյնք էին ի նոսա գրոց սուրբ եկեղեցւոյ, յիշեցուցանելով նմա, որպէս առն ուսելոյ եւ տեղեկի, քանզի յոյժ հմուտ էր եւ ընդել գրոց վարդապետութեան, ուսեալ եւ խրատեալ ի սուրբ հայրապետէն Սահակայ ի հաւոյն իւրմէ, զգըրեալսն սրբոյն Պաւղոսի յաղագս Արարչին, թէ «Որ ոչն գիտէր զմեղս՝ վասն մեր մեղս արար»: Եւ դարձեալ զինքեան իսկ Պաւղոսի զիջանելն եւ նզովս զանձն տենչացեալ լինել վասն ազգատոհմին փրկութեան, զոր գրեալ աւէր ի թղթի Հռոմայեցւոց, եթէ «Ա՛ռ յանձն, ասէն, եւ դու լինել վասն մեր առակաւորս, նզովս. չես մեծ եւ առաւելեալ ի հաւատս արդարութեան քան զսուրբ առաքեալն Քրիստոսի Պաւղոս. բայց ժողովուրդքն Հայոց, Վրաց եւ Աղուանից յոյժ շատ են եւ առաքինի քան զժողովուրդս խաչահանուացն Հրէից»:

Եւ յորժամ զայսպիսի բազում բանս եւ ստէպ թախանձանօք զաղաչանս դնէին առաջի զօրավարին Հայոց Վարդանայ երեցունց աշխարհաց աւագ տանուտեարքն եւ սեպուհքն՝ բերէին այնուհետեւ եւ զսուրբ Աւետարանն, եդեալ ամենեցունց առ հասարակ զձեռս ի վերայ՝ երդնուին ասելով.

When the *naxarar*s and *sepuh*s of the three lands realized that the will of Vardan, the *sparapet* of Armenia, was unmoved and that he did not accept their exhortations and entreaties, they were obliged to bring and present him with proverbs from the Bible, appropriate for the situation. This was done by those who were more learned in the Scriptures of the holy Church. Treating [Vardan] as a learned and informed man—he was extremely well acquainted with doctrinal writings, having been taught and advised by his grandfather, the holy patriarch Sahak—they reminded him what the blessed Paul had written about the Creator: "He who knows not his sin, sins against us." [They also cited] what Paul himself had written in the letter to the Romans. "Consent," they said, "and be the one who curses and makes proverbs about us. You are not greater and more just in faith than the blessed Apostle of Christ, Paul. But the Armenian, Iberian and Aghuan people are more numerous than the crucifying Jewish people."

When the senior *tanuter*s and *sepuh*s of the three lands aired so many words of this sort and made such fervent entreaties before Vardan, the general of Armenia, they then brought the holy Gospel and all of them placed their hands on it and swore:

«Եթէ դու եւեթ առ վայր մի կարաացես յանձն առնուլ պատճառանաւք զաասացեալս թագաւորին եւ զերծուցես զմեզ յորոգայթաղիր թշնամնոյն յարձակմանց՝ ամենայն ասացելոց ի քէն լուիցուք եւ արաացուք, դնելով զանձինս մեր ի վերայ ուխտին սրբութեան եւ հեղլով զարիւնս մեր ի վերայ ամենայն աշխարհին փրկութեան: Եւ եթէ դիպեսցի մեզ թողուլ զաշխարհ եւ զամենայն ստացուածս եւ փախչել յաւտարութիւն՝ ընտրեսցուք հանդերձ կանամբք եւ որդւովք, եւ սիրով յանձն առցուք զաղքատութիւն եւ զմուրողութիւն. միայն ի բարկութենէս եւեթ ապրեսցուք: Եւ որ ոք թուլացեալ ի բանիցս յայսցանէ ստեսցէ ուխտիս այսմ, եւ նենգութեամբ որոշեսցի յերդմանէ սուրբ Աւետարանին եւ ի միաբանութենէ բազմութեանս այսորիկ՝ որոշեալ ճեղքեսցի եւ նա նման Յուդայի, որ ճեղքեալ մեկնեցաւ ի գնդէն սուրբ առաքելոցն. եւ բաժին այնպիսւոյն առանց ապաշխարութեան եւ թողութեան ընդ նմին լիցի մատնեալ անշէջ բոցոյն, զոր պատրաստեաց Աստուած սատանայի եւ արբանեկաց նորա: Եւ որ ինչ վնասք եւ կամ գերութիւնք եւ դղրդմունք աշխարհաց երեցունց հասցեն՝ յանձնէ այնպիսւոյն եւ միաբանելոցն ընդ նմա խնդրեսցէ վրէժխնդիրն մինչեւ ցյաւիտեան: Իսկ զբարի եւ զաւգտակար պահպանութիւնն, զոր շնորհեալ Փրկչին Քրիստոսի պարգեւեսցէ բազում ոգւոց երեցունց աշխարհացս, վասն քո առ վայր մի հաւանելոյդ մեզ՝ եղիցի մնացեալ ժառանգութիւնն այն ի փրկութիւն թողութեան ոգւոյ քո եւ ազգի մինչեւ ցյաւիտեան»:

"If only on a pretext you will but temporarily consent to what the king has said, and free us from the attacks of the enemy who has set this trap for us, we shall hear and obey everything that you say, giving our lives for the blessed covenant, and shedding our blood for the salvation of the entire land. Should it happen that we choose to leave the land and all of our belongings and flee into exile with our women and children, we will gladly accept poverty and mendicancy. Let us only be spared this anger. Should someone out of weakness violate this oath and treacherously withdraw from the vow [made] on the holy Gospel, and withdraw from the alliance of this multitude—as did Judas, who quit the band of blessed Apostles—may he, without repentance and forgiveness, share [Judas'] fate, and be betrayed to the inextinguishable fires which God has readied for Satan and his accomplices. May everlasting vengeance be sought from such an individual and from those who ally with him for whatever damage, captivity and agitation befall the three lands. As for the good and useful steadfastness which the Savior Christ has endowed many souls of the three lands, may it be the remaining legacy for the eternal salvation and pardon of your soul and of your *azg*, for your temporary acceptance of us."

Եւ լուեալ զայս ամենայն բանս ի բերանոյ երից աշխարհանաց ազատանւոյն՝ զօրավարին Հայոց Վարդանայ տեառն Մամիկոնէից, տեսեալ եւ զինքեալ ամենեցուն ահաւորապէս երդմամբ զսուրբ Աւետարան ուխտին, որոյ առաջի ուխտեցին եւ աւանդեցին կնքով՝ յարտասուս հարեալ յանձն առ առ վայր մի զպատճառանաւք վիրաւորիլն վասն երեցունց աշխարհացն եւ բազմութեանց ի նոսա արանց եւ կանանց:

28. Եւ այնպէս միաբանեալք ամենեքեան յանձն առնուին կատարել խաբէութեամբ զհրաման թագաւորին, եւ երթեալք ի տուն մոխրանոցին՝ կէսքն ի նոցա ցուցանէին, այլ ոչ ամենեքեան, զպատճառանաւք եւ ոչ ճշմարտութեամբ զխոնարհումն գլխոց իւրեանց սնոտի պաշտամանն: Եւ ոմանք թէպէտ եւ գիտէին զանյարական գլորումն, այլ ցանկացեալք աշխարհիս փառաց՝ փոխանակէին զփառս անեղծին Աստուծոյ ընդ եղծանելի եւ անցաւոր կենաց աշխարհիս:

Եւ զայն տեսեալ թագաւորին Պարսից եւ ամենայն մեծամեծաց դրանն եւ մոգուցն՝ նուէրս ազգի ազգի բազում խնդութեամբ մատուցանէին աստուածոց իւրեանց: Խրախ մեծ ուրախութեան առնէին յաւուրն յայնմիկ, հաշուելով այն աւր լինել անշարժ հաստատութիւն թագաւորութեան իւրեանց, կեալ խաղաղութեամբ աներկիւղ այնուհետեւ յամենայն թշնամեաց: Եւ ազուցեալ զտանուտեարսն եւ զսեպուհսն զերեցունց աշխարհացն, զՀայոց, զՎրաց եւ զԱղուանից, ի հանդերձս թագաւորականս զարդարէին. այլ եւ բազում եւ այլ ազգի ազգի պարգեւաւք եւ պատուաւք, գիւղաւք եւ ագարակաւք, ըստ իւրաքանչիւր ուրուք պիտոյից, լցուցանէին զամենեսեան. զորս եւ ի հրաժեշտի կացուցեալ՝ փութացուցանէին հասանել յիւրաքանչիւր յաշխարհս:

When Vardan, the general of Armenia and the lord of the Mamikoneans, heard all these words from the mouths of the *azatani* of the three lands, and saw how all of them had sworn and sealed an awesome oath on the holy Gospel before them, with tears streaming down his face he agreed on a pretext to temporarily be wounded [in the faith] for the sake of the three lands and the multitudes of men and women inhabiting them.

28. Thus united, they all agreed to fallaciously implement the king's order. Going to the fire-temple, some of them—but not all—on pretexts and not sincerely, bowed their heads to that futile worship. Yet others, even though they knew about their eternal downfall, nonetheless, desirous of worldly glories, [willingly] exchanged the glory of incorruptible God for the corrupt and transitory life of this temporal world.

When the king of Iran and all the court grandees and mages saw this, they offered their gods diverse gifts with great delight. That day they held a great celebration of joy believing that an unshakable foundation had been laid for their kingdom, and that thereafter they would dwell in peace, without fear of all enemies. Then were the *tanuter*s and the *sepuh*s of the three lands of Armenia, Iberia, and Aghuania dressed and adorned in royal clothing. They were, moreover, all supplied with many and diverse sorts of gifts and honors, villages and fields in accordance with what suited each one. After saying farewell, each one hastened to his own land.

Տուեալ ընդ նոսա բազմութիւն սուտ վարդապետաց, զոր եւ մոգ անուանեն, յորդորէին ուսանել զուսմունս ծաղրելի շնչմանց եւ ընդունչսարկուքարթնջմանց խաւսսն, որպէս զաւձակոչսն եւ զորովայնախաւսս. պատուէր տային՝ յերեսին յաշխարհսն կարգել զխաբէութեան դպրոցս եւ ուսուցանել առ հասարակ զբնաւս, զարս եւ զկանայս, զուսմունս մոգուցն: Որոց առեալ ի յանձն՝ զբազմութիւն մոգուցն տանել ընդ ինքեանս յաւժարէին: Երթեալք այնուհետեւ հրաժարեալք ի թագաւորէն Յազկերտէ եւ ի մեծամեծ աւագանւոյն զբանն՝ գովութիւնս սուտս եւ շնորհակալութիւնս խաբէութեամբ իւրաքանչիւր ոք ի պատճառելոցն առ վայր մի ըստ իւրում զաւրելոյ իմաստից մատուցանէին թագաւորին եւ ամենայն աւագանւոյն Արեաց, մանաւանդ առաւելագոյն չարաթունին Միհրներսեհի: Եւ էր պատճառ շնորհակալութեանն յամենեցունց մտաց այս, եթէ «Ամենայն թագաւորք, որ յառաջ քան զձեզ էին ի գահուդ յայդմ, ձեր նախնիքն՝ սիրէին զմեզ, հոգալով զմեր շինութիւնս եւ զաւգուտս մարմնաւորս. բայց դուք առաւել ցուցիք զսէրն որ էր առ մեզ, զի զյաւիտենական կենդանութիւնն մեր զմտաւ ածիք ծանուցանել մեզ եւ պարգեւել: Եւ եթէ նախնեացն քոց ծառայեցաք յամենայնի յաւժարութեամբ եւ կամաւ յամենայն պէտս, յոր եւ հրամայէին մեզ. իսկ քեզ՝ ամենայն անձին պարտ է ոչ իբրեւ զմի անձն սպասս մատուցանել, այլ որպէս զբազում անձինս զմի անձն առնել եւ անձանձրոյթ հպատակել զցայգ եւ զցերեկ աւգտախնդիր թագաւորութեանդ. քանզի յաղագս գիւտի մոլորեալ ոգւոյս մերոյ փութալ հոգացար»:

They had been given a multitude of false *vardapet*s, called mages, and exhorted to study the ridiculous [Zoroastrian] teaching with its grumbled, mumbled words which resemble the rattling of snakes and the growling of stomachs. They were ordered to set up schools of deceit across the land, and to instruct everyone, men and women, in the teaching of the mages. Those who had [willingly] accepted [Zoroastrianism] were delighted to take the multitude of mages along with them. Then they went to bid farewell to king Yazkert and to the grandee nobility of the court, each [of the Caucasian nobles] offering false praise and deceitful thanks according to his mental capacity at the moment to the king and all the Aryan nobility, especially to the wickedly poisonous Mihrnerseh. The thrust of their thanksgiving was as follows: "All kings who sat on that throne before you, your ancestors, liked us and cared about our condition, that it be flourishing, and about material benefits. But you have demonstrated even more affection toward us, for you thought to acquaint and grant us eternal life. And if we served your ancestors with all enthusiasm and willingness, doing everything they ordered us, everyone should offer service to you not as though to one individual, but as though serving many individuals made into one, tirelessly serving your beneficial realm day and night, since you swiftly worried over the salvation of our erring souls."

Եւ սոքա իւրաքանչիւր անձին այսպիսի ինչ եւ եւս առաւել, ըստ իւրաքանչիւր կարի, ասացեալ գովութիւնս՝ լըռեալ դադարէին: Իսկ սպարապետն Հայոց Վար դան տէրն Մամիկոնէից կարգեալ զիւրն զառանց պատճառանաց զանսուտ բանս եւ զլինելոց իրս, որպէս ի դէմս գովութեան թագաւորին եւ ամենայն բազմութեան աւագանւոյն Արեաց՝ ասէր այսպէս, թէ «Զիմոց զնախնեացն զհպատակութիւն եւ զվաստակ, զոր յայս դուրս եւ առ ձեր թագաւորութիւնդ արարեալ է, ի ժամանակէ յորմէ հետէ կարգեալ եմք ի ձեր ծառայութիւնդ՝ դուք ամենեքեան քաջագոյն գիտէք, եւ ինձ ոչ է պիտոյ յաղագս այդպիսի իրաց մի ըստ միոջէ տեղեկացուցանել զձեզ, զոր ստուգագոյն առաւել ճանաչէք քան զիս: Իսկ թէպէտ եւ շատ նուազ եմ քան զիմ նախնիսն՝ սակայն որչափ կարն էր յիս՝ եղեալ էր ի մտի արդար վաստակաւք հաճել զմիտս ձեր. եւ ուր հասեալ էի ի գործ ի ձեր հրամանէ՝ տեսեալ էր զաւրագլխաց ձերոց եւ իմ ընկերաց ըստ իմ ուժոյ միամտութեամբ զիմ զգործն եւ զվաստակն: Բայց արդ յայսմ հետէ այսպէս կամք են, ջանամ, զի թէ ցայժմ գործեալ ինչ իցէ, եւ ոչ արժանի անուան կամ գովութեան՝ յայսմ հետէ հնարիմ ամենայն զաւրութեամբ եւ ուժով, աւգնականութեամբն Աստուծոյ, գործել գործ այնպիսի, զոր ոչ միայն առաջի ձեր Արեաց, այլ եւ ի կայսեր դրանն եւ յայլ ազգս պատմեսցի համբաւն այն մինչեւ ցյաւիտեան»:

Thus did each person give praise saying more or less the above, as he was able. Then they were silent. Now Vardan, the *sparapet* of Armenia and lord of the Mamikoneans, had chosen his words without recourse to pretexts and spoke the following words sincerely, as the king and the entire multitude of the Aryans were being praised: "All of you well know about the submission and labor shown to this court and to your realm by my ancestors, from the time we had been ranked in your service. Thus there is no need for me to acquaint you with the events one by one, since you know them better than I do. Despite the fact that I am much less than my ancestors, nonetheless, to the extent of my ability, I have resolved to satisfy you with upright labor. Wherever I have accomplished something at your order, your military commanders and my comrades have seen the work and labor I have performed by my strength. Though what I have accomplished has not been worthy of renown or praise, hereafter with God's help, I will endeavor to do a deed with such strength and power that its fame will be related not only before you Aryans, but at the emperor's court, and among other people forever."

Եւ զայս բանս որպէս ի շնորհէ Աստուծոյ սպարապետին Հայոց Վարդանայ տեառն Մամիկոնէից ասացեալ, զոր հոչակելոց էր զնահատակութիւնն որ առ Աստուած ի դարս յաւիտենից: Եւ զայսպիսի ասացմունս լուեալ թագաւորին Պարսից եւ ամենայն աւագանւոյ դրանն՝ մեծաւ շնորհակալութեամբ զարմացեալք գովեցին զնա եւ գոհացան. քանզի ծածկեաց Աստուած զբան խոստմանցն, զոր ասաց գործել սպարապետն Հայոց Վարդան՝ յաղագս մեծի անուան համբաւոյ, զոր պարգեւեաց նմա Աստուած զանուն նահատակութեան յազգս յաւիտենից:

Եւ հրաժարեալք այնուհետեւ յամենեցունց երեքեան աշխարհքն, Հայք, Վիրք եւ Աղուանք, առեալ ընդ ինքեանս զդասս բազմութեան մոգուց՝ դարձան յիւրաքանչիւր աշխարհս, հաստատեալ բազում անգամ եւ ի ճանապարհին զնոյն ուխտ երդման Աւետարանին սրբոյ: Հրաժարեալք եւ ի միմեանց՝ գնացին յիւրաքանչիւր յաշխարհս, ազդ առնել միմեանց ի ժամանակի ըստ Աստուծոյ հրամանատրութեանն՝ զպէտս գործոցն, զոր խորհեցան կատարել: Բայց զբդեշխն Վրաց զԱշուշայ եւ զերկու որդիս իշխանին Սիւնեաց Վասակայ, զԲաբիկ եւ զԱմիրներսեհ, ոչ արձակեաց թագաւորն Պարսից Յազկերտ ընդ այլ նախարարացն Հայոց. հայելով ի յառաջիկայ իրացն անյայտութիւն՝ կասկածեալ զգուշացաւ:

It was as though graced by God that Vardan, *sparapet* of Armenia and lord of the Mamikoneans, said these words which announced the championship of God for centuries until eternity. When the king of Iran and all the court nobility heard such thoughts being expressed, they were astonished, and thanked him, greatly praising him and expressing their satisfaction. For God concealed the promise which Vardan, *sparapet* of Armenia, pledged to achieve to acquire great renown, for which God bestowed upon him the reputation of a champion for eternity.

When all [the nobles] from the three lands of Armenia, Iberia, and Aghuania had said farewell, taking the divisions of the multitude of mages along, they returned to their lands. On the road they reaffirmed that same sworn oath made on the holy Gospel many times. Bidding one another farewell, each went to his own land in order to inform others in time, in accordance with God's permission, about requirements for the deeds they planned to implement. However, the king of Iran, Yazkert, had not released the *bdeshx* of Iberia, Ashusha, and the two sons of Vasak, prince of Siwnik', Babik and Amirnerseh along with the other Armenian *naxarar*s. [Yazkert] was suspicious and took this precaution because of the obscurity of earlier events.

29. Արդ՝ եկեալ հասանէին տանուտեարքն Հայոց հանդերձ սեպհաւքն որ ընդ ինքեանս՝ յաշխարհս Հայոց, ողջք եւ ոչ ողջք, կենդանի կիսամեռք. որք ոչն տեսանէին ըստ յառաջ լուսաւոր եկիցն ողջամբ յայնպիսի հեռաւոր ճանապարհէ: Եւ ելեալ ընդ առաջ նոցա դասք պաշտաւնէիցն Քրիստոսի, բերելով ընդ ինքեանս զնշան կենսատու խաչին եւ զնշխարս սրբոյ առաքելանման նահատակին Գրիգորի, զձայն սաղմոսաց, զորս երգեաց մարգարէն Դաւիթ սուրբ Հոգւոյն շնորհիւ, որում եւ ինքեանք երբեմն ձայնակից եղեալ՝ առաւելագոյն քան զպաշտաւնեայսն նուագէին զերգս երկնաւոր ցնծալից ուրախութեամբ: Այլ անդ էր լսել զձայնս լալոյ եւ զձայնս գուժի, գոչիւնս ողբոց եւ բարբառ ճչոյ. տղայք անձկոտք ի գրկաց հարց իւրեանց պակուցեալք փախչէին, կարծելով այլափոխեալս իմն, եւ ոչ զնոյնս նկատելով կերպարանս՝ զարհուրէին, ստէպ հայելով յերեսս մարցն, զորս տեսանէին կողկողագինս միշտ եւ արտաւսրաբուղխս. յաղագս որոյ եւ ինքեանք յարտասուս հարեալ տղայքն՝ ոչ ոք կարէր լռեցուցանել ի դայեկացն կամ ի դաստիարակացն: Ընդ որ հայեցեալ այնոցիկ, որք պատճառանաւք եւ ոչ ճշմարտութեամբ ուրացողքն էին՝ փութանակի եւ առ ժամայն կամէին յառնել եւ ընդ ինքեանց սուրն ելանել. որոց ոչ պիտէր եւ առ վայր մի կեալն, քան թէ զայնպիսի տեսանել զաղէտս, եւ ժուժկալել. որք զկերակուրս ուրախու թեան, ըստ բանի սաղմոսերգին, իբրեւ զմոխիր ուտէին, եւ զըմպելի իւրեանց արտասուաւք խառնէին. քանզի ոչ ոք հաւանէր ընդ նոսա կամակից լինել սեղանոյ, ոչ կին, ոչ որդի, ոչ ազատ, ոչ ծառայ ոք եւ ոչ սպասաւորք:

29. The Armenian *tanuter*s and the *sepuh*s with them reached the land of Armenia. Among them were those who were [spiritually] well and those who were ill, alive, but half-dead. Those who were not well could not see the radiant arrival [awaiting] those who traveled such a long journey yet were able to remain well. Divisions of Christ's clerics came before them, bringing along the symbol of the life-giving Cross and the relics of the blessed Gregory (who was like an Apostle), singing psalms which, thanks to the Holy Spirit, the prophet David had sung, and which they themselves[22] had at times sung, singing louder than the clerics with heavenly delight. But on this occasion one could hear the sounds of weeping and moaning, cries of lament and shrieking. Anxious children fled terrified from their fathers' arms, frightened that a transformation had occurred, not considering [their fathers'] appearance to be the same as before. They quickly looked at their mothers' faces which were constantly grieving and streaming with tears. As a result, the children also began to cry, and no one—*dayeak* or instructor—was able to quiet them. When those who had apostatized, on pretexts and not in reality, saw this, they immediately wanted to draw swords and put them to work. They preferred immediate death to seeing such disasters and enduring them. As the psalm says, the supper of joy which they were eating turned into ashes and their drink was mixed with tears.[23] For no one wanted to sit at table with them, neither woman, child, *azat*, servant, or attendants.

---

22 *i.e.,* the returning nobles.
23 Psalms 102:9.

Եւ էր այնուհետեւ տեսանել զամենեսեան քակտեալս ի միմեանց եւ պատառեալս. եւ զորոց քաղցր եւ ախորժակ բարբառ Փրկչին Քրիստոսի ասէր, թէ «Են եւ այլ ոչխարք, որ ոչ են յայսմ գաւթէ, պարտ է եւ զնոսա ածել այսր, զի եղիցին մի հաւտ միոյ հովուի» ճշմարտի, զոր Աստուած միացոյց, եւ կատարէր զասացեալսն՝ յանկարծակի աքցոտեալ թշնամւոյն՝ ցրուեաց վեր ի վայր եւ արար իբրեւ զհաւտ՝ որոյ ոչ գուցէ հովիւ: Վասն ամենայնի այսորիկ սուգ առեալ կոծէին կանայք աւագ ազատացն եւ այրիք ի հրապարակս, մանկամարդ առնականայք եւ աւրիորդք ի սրահս դըռնափակեալս, հարսունք ի սենեակս: Սուրբ եպիսկոպոսք, պատուական քահանայիւք եւ եկեղեցական ուխտիւ, ծերովք եւ տղայովք եւ ամենայն ժողովրդոցն բազմութեամբ՝ կառաչ բարձեալ լային ի տանն Աստուծոյ: Եւ էր տեսանել ծեփեալ արեանց հոսմամբք զամենայն դէմս ուղղափառ մարդոց:

Իսկ մոգուցն գունդք ստիպով բռնադատէին տանել զկրակս ի տաճար սրբութեանց Տեառն, եւ յայլ յականաւոր եւ ի գեղեցիկ տեղիս շինել ատրուշանս, եւ կարգել բեռնակիրս փայտակրաց ի պէտս կիզման չաստուածոյն անյագի. որոյ յուտելն յանզգայս՝ ոչ ինչ շնորհ ունի պաշտաւնէիցն, եւ ի կրել արտաքս զաւելորդ թրքածս մոխրոցացն՝ ձանձրացուցանէ զգազախադէմ զկրողսն պակշուտեալս:

Then one could see how all of them split away and separated from each other. As the sweet and agreeable word of the true Savior Christ said: "There are other sheep that are not of this fold. They too must be brought here so that there shall be one flock, one shepherd."[24] Indeed God did unite [the sheep] and fulfilled what had been said, but they were unexpectedly attacked by the enemy, dispersed thoroughly and became as a flock lacking a shepherd. For all of these reasons there was mourning and sobbing by the senior *azat*s' women and by widows in the squares, by young newly-married women and princesses in their locked halls and by nuptials in their chambers. The blessed bishops with the honorable priests and Church covenant, the old, the young, and the entire multitude of the people, cried out and wept in the house of God. And there were streams of blood caked on all the faces of the orthodox people.

Now the brigades of mages hurriedly compelled [people] to carry the fire into the temple of the Lord's holiness, to build *atrushan*s in other renowned and attractive places, and to appoint bearers of wood for the insatiable fuel needs of the false-god. [The fire], which devoured [the wood] without rationality, gave no favor to those serving it, and when the bearers [of wood] took out the spent charcoal, their licentious faces were tormented with ashes.

---

24 John 10:16.

VOLUME I

30. Եւ արդ՝ տեսեալ զայս ամենայն չարիս տեառն Մամիկոնէից եւ Հայոց սպարապետին Վարդանայ, կոչեալ առ ինքն զամենայն ընտանիս իւր, զեղբարս եւ զազատս եւ զծառայս եւ զամենայն միահամուռ զբազմութիւն դրանն իւրոյ՝ սկսաւ խաւսել ընդ նոսա եւ ասել. Ես ոչ ուրացայ զԱրարչին իմ եւ զտէր Յիսուս Քրիստոս՝ կամաւ եւ կամ առ երկիւղի. քա՛ւ լիցի. եւ ոչ զվարդապետութիւն եւ զհաւատս սրբոյ Աւետարանին, զոր ուսոյց եւ հաստատեաց յիս ճշմարիտ հաւն իմ տէր Սահակ, մերժեցի յինէն. այլ առ վայր մի մինչեւ ի ժամս յայս յաղագս ձեր ամենեցուն գիտի կորեայ պատճառանաւք, զի գտեալ զիս ձեաւք հանդերձ՝ ապաշխարեցից եւ կեցից: Վասն զի ուսեալ եմ եւ յիշեմ զքարոզութիւն սուրբ մարգարէիցն, թէ Ոչ կամիմ զմահ մեղաւորին, այլ զդառնալ նորա եւ զկեալն, եւ զոր ի միւսում վայրի սուրբ Հոգին ասէ, թէ Յորժամ դարձցիս եւ հեծեսցես՝ յայնժամ կեցցես: Արդ՝ փոխանակ զի թողի զնա պատճառանաւք առ վայր մի վասն ձեր՝ կամիմ ստուգութեամբ փոխանակ այնր թողուլ զամենայն ինչ իրս կենցաղոյս այսորիկ մինչեւ ի սպառ: Եւ որ ոք ի ձէնջ կամակից կարող էք լինել, արհամարհելով զամենայն սնոտի կեանս աշխարհիս, յանձն առեալ ձեաւք հանդերձ վասն անուան Քրիստոսի՝ ընտրեմ գնալ յաւտարութիւն»:

30. Now when Vardan, lord of the Mamikoneans and the *sparapet* of Armenia, saw all of this wickedness he summoned his entire family, brothers, *azat*s, servants and the entire multitude of his own court, and began speaking to them as follows: "I did not apostatize my Creator and lord Jesus Christ either voluntarily or out of fear. God forbid. Nor did I repudiate the doctrine and faith of the holy Gospel which my honest grandfather, lord Sahak, taught and inculcated in me. Rather I erred for a moment, making pretexts until the present hour, for the salvation of all of you, so that being with you I might repent and live. For I have learned and remember the preaching of the holy prophets, that: 'I do not desire the death of the sinner, but his conversion and life';[25] or as the Holy Spirit says in another passage: 'In returning and rest you shall be saved.'[26] Now in exchange for having abandoned Him temporarily, for your sake, I would abandon totally all of these worldly goods. Should any of you find it possible to share my intention, despising all the futile possessions of the land, then together with you for the name of Christ, I will choose to go into exile."

---

25 Ecclesiastes 18:23.
26 Isaiah 30:15.

Եւ նորա խաւսեցեալ զամենայն այսպէս ընդ ընտանիս տանն իւրոյ՝ պատասխանի ետ նմա երանելի եղբայրն Հմայեակ եւ ասէ. «Փութա՛ կատարել զոր խորհիսդ, եւ մի՛ յապաղեր. քանզի ոչ ոք կարէ լինել երաշխաւոր անձին իւրում եւ ոչ ժամ մի: Աստուծով եթէ կեցցուք՝ եւ առանց խղճի մտաց վախճանի աւուրն դիպեսցուք, զամ մի չկարացեալք վաղ եւ կամ անազան զերծանել ի մահուանէ. թէ՛ մուրողութեամբ իցէ եւ թէ աստարութեամբ՝ նովաւ եւեթ կեցցուք եւ անուամբ նորա պարծեսցուք զաւրհանապազ: Զուրացութեանն եւեթ զանունն ի բաց ընկեսցուք ի մէնջ, եւ խառնեալ ի հաւտն Քրիստոսի՝ կամաւ յանձն առցուք զամենայն վիշտս՝ որ եւ հասանէ ի վերայ մեր, եթէ սով, եթէ սուր, եւ կամ թէ յաւտարութեան՝ մուրողութիւն եւ վախճան»:

Եւ այսպէս միաբանութեամբ արհամարհեալ զամենայն սնոտի մեծութիւն կենցաղոյս այսորիկ՝ առ ոչինչ համարեցան. Այլ հանդերձ հաւանելովք ընդ ինքեանս դրամբ եւ ընտանեաւք դէմ եդեալ անցանել ի կողմանս իշխանութեանն Յունաց ճեպէին, ուր եւ թագուցանել միաբանութեամբ եւ կամ աստ անդր ցրուել զանձինս կարասեն: Եւ եկեալ հասանէին ի գիւղ մի, որոյ անունն էր Արամանայ, ի նահանգին Բագրաւանդայ, մերձակայ սահմանակից Բասենոյ եւ Տուարածատափոյ. ուր եւ սակաւ ինչ աւուրս կամեցեալ հանգչել, եւ զուշ եդեալ ճանապարհին գնալ պատրաստէին ստիպով:

When Vardan had said all of this to the family of his *tun* his venerable brother Hmayeak replied as follows: "Hurry and do as you planned, and do not delay, for no one can answer for himself for even an hour. If we live, it is because of God. So let us not dread the day of our death, since no one can escape it, whether it comes sooner or later. Should we dwell in poverty or exile, only let us be succored by Him and let us take pride in His name every day. Let us only cast off from ourselves the name of apostasy and mix with the flock of Christ, and we will bear willingly all the sorrows which we encounter—hunger, the sword, or in exile, mendicity and death."

Thus in unison did they scorn all the futile splendor of this world, considering it as nothing. Rather, together with those of their court and family who agreed with them, they hurriedly decided to go to the areas of Byzantine authority where they could live together in hiding, or could disperse here and there. They arrived at a village named Aramanay located in the state of Bagrawand, bordering Basen and Tuaracatap', where they wanted to rest for a few days and where they watchfully prepared to set off in haste.

Յանկարծակի իրազգած եղեալ այսպիսի խորհրդոյ եւ գնացից յաշխարհէս Հայոց՝ զմեծէ սպարապետէն Հայոց, զտեառնէն Մամիկոնէից Վարդանայ, հանդերձ եղ բարբք իւրովք, դրամբ եւ ամենայն ախիւ՝ իշխանին Սիւնեաց Վասակայ, որ եւ մարզպան էր Հայոց ի ժամանակին, եւ ամենայն տանուտերացն Հայոց եւ սեպհացն՝ խորտակեալ սրտիւ զարհուրէին. զմտաւ ածեալ ամենեցուն, որք ի փրկութիւն անձանց իւրեանց ի խնդիր էին, թէ արդ գիտեմք, զի կորեաք ի սպառ, եւ ոչ է հնար մեզ զերծանել ի չարէս յայսմանէ մինչեւ ի սպառ: Քանզի տեղեկացեալ ճանաչէին ամենեքեան, թէ առանց առաջնորդութեան ազգին այնորիկ եւ ոչ մի ինչ իրք եւ գործք աշխարհիս Հայոց երթեալ էին ի գլուխ: Խորհուրդ ի մէջ առեալ իշխանին Սիւնեաց Վասակայ հանդերձ ամենայն տանուտերամբք Հայոց եւ աւագ սեպհաւք, եւ զմիտս ամենեցուն յիւր կամսն հաւանեցուցանէր, ասելով թէ «Պարտ է փութով զհետ զաւրավարին Հայոց Վարդանայ Մամիկոնէի քահանայս առաքել ընտիրս եւ արս աւագս ի տանուտերացս Հայոց, եւ աղաչանաւք դարձուցանել զնա այսրէն. զի առանց նորա մեր այս ամենայն կամք եւ խորհուրդք եւ ոչ մի ինչ վճարին»:

Եւ արարեալ նամակ իշխանին Սիւնեաց Վասակայ իւրով մատանեաւ՝ հրամայէր նամականի առնել եւ այլ ամենայն աւագ տանուտերեացն Հայոց, եւ կնքեալ զնամականին իւրաքանչիւր ուրուք մատանեաւ՝ տայր բերել եւ զկնքեալ Աւետարանն ուխտին. եւ արս պատուականս յայտ արարեալ ի քահանայից.

Now suddenly Vasak, prince of Siwnik', who was the *marzpan* of Armenia at the time, and all of the *tanuter*s and *sepuh*s of Armenia became informed about the plan and departure from the land of Armenia of Vardan, the great *sparapet* of Armenia and lord of the Mamikoneans, together with his brothers, court and entire equipage. They were dismayed and frightened. All who were concerned with their personal salvation realized that they were completely lost and that it would be impossible to escape from the evil facing them. For all of them knew that without the leadership of that [Mamikonean] *azg*, no deed or work had been accomplished. Vasak, the prince of Siwnik', held counsel with all the *tanuter*s of Armenia and the senior *sepuh*s and persuaded all of them to his belief, that: "We must immediately send select priests and senior *tanuter*s of Armenia after Vardan Mamikonean, Armenia's general, to turn him back with their entreaties. For without him, all of our hopes and plans will come to naught."

Then Vasak, prince of Siwnik', wrote a letter, signed it with his seal-ring, and ordered all the senior *tanuter*s of Armenia to write letters and to seal them with their rings. He also had the sealed Gospel of the covenant brought forth. Then Vasak, prince of Siwnik', selected the following men, entrusted them with all the letters and the Gospel on which the oath had been sworn, and sent them as emissaries after [Vardan]. Among the venerable priests were:

զերանելին Ղեւոնդ երէց,
եւ զերանելի երէցն զԵրեմիա ի Նոր քաղաքէ,
եւ զերանելի երէցն Խորէն ի Մրենոյ,
եւ արս աւագս ի տանուտերացն Հայոց,
զիշխանն Արշարունեաց Արշաւիր,
զիշխանն Դիմաքսենից զՀմայեակ
եւ զիշխանն Աբեղենից զԳազրիկ.

Եւ տուեալ ցնոսա իշխանին Սիւնեաց Վասակայ զամենայն նամականին եւ զԱւետարանն երդման՝ դեսպանս արձակէր զկնի նորա: Որք հասեալ գտանէին զնա եւ որք ընդ նմայն էին՝ յառաջագրեալ գեաւղն Արամանայ:

Եւ ազդ արարեալ՝ մտանէին զառաջեաւ, երանելւոյն Վարդանայ տեառն Մամիկոնէից սպարապետին եւ առաջի եղբարցն իւրոց Հմայեակայ եւ Համազասպայ զպատճառս իւրեանց փութանակի հասանելոյն առ նոսա, զխորհուրդն եւ զխօսս հանդերձ երդմամբ որ եղեն ամենայն Հայոց՝ միաբանութեամբ իշխանին Սիւնեաց Վասակայ. յառաջ բերեալ եւ զԱւետարանն երդման՝ ունէին առաջի երանելւոյն Վարդանայ եւ եղբարց նորա: Տային ի ձեռս նորա եւ զնամակն Վասակայ զտեառն Սիւնեաց եւ զայլոց ազատացն Հայոց, եւ զեպիսկոպոսացն եւ զսեպհացն, եւ պատգամ կարճառաւտիւ ամենեցուն բան, եւ ասէին ցերանելին, թէ

the presbyter Ghewond and

the presbyter Eremia from Nor k'aghak' [Vagharshapat]

the presbyter Xoren from Mren;

among the senior *tanuter*s of Armenia were:

Arshawir, prince of Arsharunik'

Hmayeak, prince of Dimak'sean, and

Gazrik, prince of Abeghean.

They caught up with [Vardan] and those with him at the aforementioned village of Aramanay.

Giving notice, they entered and related to the venerable Vardan, lord of the Mamikoneans and *sparapet* of Armenia, and to his brothers Hmayeak and Hamazasp, the reason for their speedy pursuit of him, the counsel, words and vow which had occurred among all the Armenians with the concurrence of prince Vasak of Siwnik'. They brought that Gospel of the covenant before the venerable Vardan and his brothers. They also presented him with the letters of Vasak, lord of Siwnik', and of the other Armenian *azat*s, bishops and *sepuh*s, as well as with a summarized message of all of their words:

«Դու աւադիկ հանդերձ եղբարբքդ եւ հաւանեալ ընտանեաւքդ, որք հոգացեալ են ապրեցուցանել ընդ քեզ զինքեանս՝ անձնապուրք լինիք. բայց մեք ամենեքեան կորնչիմք զանվախճան կորուստն: Վասն զի ոչ է հնար մեզ առանց ձեր, եւ ոչ զաւակի մերում՝ երբէք պատահել փրկութեան եւ կեալ: Բայց որպէս հոգացեալ խնամ տարէք ձեզ՝ նոյնպէս եւ զայսչափ զբազմութեան ոգիս մի՛ թողուք կորնչել. քանզի եմք աստ բազումք, որք եւ ազգախառն եւ արիւն ձեր եմք. պսակեցարո՛ւք եւ ընդ մեզ ի Քրիստոսէ, որպէս ցանկացեալ ջանայք ընդ ձեր միայն պսակիլն»:

Եւ զայս ամենայն բանս լուեալ ի քահանայիցն եւ ի նախարար պատգամաւորացն եկելոց՝ սուրբ սպարապետին Հայոց տեառն Մամիկոնէից Վարդանայ հանդերձ երանելի եղբարքն իւրովք, եւ զսուրբ Աւետարան ուխտին տեսեալ, եւ զնամականին կարդացեալ զիշխանին Սիւնեաց Վասակայ զմարզպանին Հայոց եւ զայլոց զիւրաքանչիւր ուրուք զընկերակցացն՝ պատասխանի ետ միաբանութեամբ ամենեցուն եւ ասէ. «Ես եւ եղբարք իմ եւ ընտանիք կարեւոր ընտրելագոյն քան զամենայն ինչ որ է յաշխարհի՝ հաստատեալ եմք ընտրել եւ գտանել զոգւոցն փրկութեան զհետ, եւ ուսեալ եմք հաստատուն եւ զանշարժ բանն, որ ասէ,—յոր եւ հաւատացեալ եմք անշարժութեամբ,—թէ Զի՞նչ աւգուտ է մարդոյ, թէ զաշխարհ ամենայն շահեսցի, եւ զանձն իւր կորուսցէ. եւ կամ զի՞նչ տացէ մարդ փրկանս ընդ անձին իւրոյ: Եւ ոչ զմեր եւեթ զոգւոց խնդրեմք զաւգուտն, այլ եւ ընդ այլոցն խնդամք ընդ փրկութիւն:

"You, chief, together with your brothers and believing family who have thought to save themselves with you, have escaped. But all of us will be ruined with eternal destruction. For without you neither we nor our sons shall ever find salvation and life. But as you have taken care to protect your own, do not abandon such a multitude of souls to be destroyed. For there are many of us who are of your blood and mingled with your *azg*. Let us, too, be crowned by Christ, just as you are striving that only your own folk be crowned."

Now when the blessed *sparapet* of Armenia and lord of the Mamikoneans, Vardan, and his venerable brothers heard all of these words from the delegation of priests and *naxarar*s which had arrived, and when they saw the holy Gospel of the covenant, and read the letters of Vasak, prince of Siwnik', the *marzpan* of Armenia, and each of their comrades, [Vardan] replied with the sentiments shared by all of them: "My brothers, family and I consider it the most important thing in the world that we choose and find salvation for our souls. We have learned and firmly hold to that unshakable belief that 'What does it benefit man if he gains the whole world but loses his soul; and what can a man give in place of his soul[27]?' We do not merely seek benefit for our own souls, but would rejoice in the salvation of others' as well.

---

27 Mark 8:36-37.

Եւ ոչ` որ փախուցեալս եմք` յերկիւղէ ոք ինչ սրոյ կարծիցէ զայս զմէնջ, յորմէ ոչ ոք երբէք զանգիտեալ յազգիս մերում, եւ ոչ երբէք. եւ թէ ո՛րպէս ի վերայ ընկերի բարւոյ առաւել քան յանձին միշտ հոգալով զանձն եդեալ է այսմ տոհմի` զայն եւ ամենայն դուք, Հայք, գիտէք ստուգութեամբ ի պատմութենէ գրոց եւ ի լսելոյ ձեր յաւագաց: Բայց ի նենգաւոր խաբէութենէ ձերմէ, զոր արարեալ է ձեր ընդ նախնիսն մեր հանապազ` զայն ամենայն յիշելով գնացեալ եմք լինել անձնապուրծք. որպէս ցանկ ձեր մղեալ է զմեզ ի նեղ, եւ զձեր անձինս ի բաց ունելով` մեր միայն ազգս պատահեալ է վշտաց մեծաց եւ մահուց: Բայց սուրբ եւ երկնաւոր հրաւիրակիդ Աւետարանի ոչ կացեալ ոք է ընդդէմ ի մեր ազգէս, եւ ոչ մեք կամք. քա՛ւ լիցի: Դուք թէ միամտութեամբ վարիք եւ կամ երկմտութեամբ` դուք գիտէք եւ սուրբ Աւետարանդ, որ ճանաչէ զամենայն եւ դատի ըստ իւրաքանչիւր գործոցն»:

31. Եւ զայս ասացեալ սրբոյ առնն Վարդանայ տեառն Մամիկոնէից եւ Հայոց սպարապետի` կամակցութեամբ եղանելի եղբարցն իւրոց եւ սիրելեաց դարձան անդրէն առ ընկերսն իւրեանց ի բանակն Հայոց:

Nor is it that we are fleeing out of fear of the sword. Anyone familiar with our *azg* would know that this could never be the case. All of you Armenians accurately know from historical writings and from listening to your seniors, that this *tohm* has always fought with its life more for the well-being of our comrades than for ourselves. However, recalling all of your treacherous duplicity which you always displayed toward our ancestors, we have departed to escape. As you have always placed us in straits and yet held yourselves aloof, it has been our *azg* alone which has faced great sorrows and death. But no one of our *azg* has stood opposed to the blessed and heavenly call of the Gospel, nor do we wish to. God forbid. You who stand behind it, as well as you who are of two minds must realize that the holy Gospel knows everyone and judges each one according to his deeds."

31. When the blessed Vardan, lord of the Mamikoneans and *sparapet* of Armenia, had said this, with the support of his venerable brothers and dear ones, the Mamikoneans returned to their comrades in the Armenian army.

Եւ եկեալք ի միաբանութիւն բազմութեանն՝ ոչ առնէին դուլ եւ դադար խորհուրդք սրբոյ սպարապետին Հայոց Վարդանայ՝ լոկ միայն առտնին կատարել քահանայիւք եւ այլ բազմութեանն պաշտաւնէիւք դրանն իւրոյ զպաշտաւն կարգեալ ժամուցն, զոր զցայգ եւ զցերեկ բազում փութով վճարէին անյապաղ. այլ միաբանութեամբ ամենայն Հայովք երթալ յեկեղեցի ցանկայր: Բայց թէպէտ եւ նեղէր չերթալով, այլ եւ կամաւ արգելեալ՝ առ վայր մի համբերէր իրացն, հոգալով եւ զպէտս ընկերացն, որպէս իւրոյ տանն եւ անձին. մանաւանդ յաղագս Աշուշայի Վրաց բդեշխի եւ որդւոց իշխանին Սիւնեաց Վասակայ, զորս արգելեալ պահեաց անդրէն ի դրան թագաւորն Պարսից Յազկերտ: Եւ զայս խորհէր սուրբն Վարդան, իբրեւ ոչ առ ի պէտս ինչ ագնականութեան իւրում առաջադրեալ գործոյն, քանզի չխորհէր զյաղթութեան ինչ անուն գտանել, այլ զհեղումն արեան անձինն ի վերայ շինութեան ուխտի եկեղեցւոյ մնչէր ըմբռնել. բայց հոգայր իբրեւ զքարեսէր, թէ մի՛ գուցէ դժուար ինչ արանցն ի թագաւորէն դիպիցի, եւ վնասիցին:

Բայց իշխանն Ամատունեաց Վահան ոչ տայր դուլ դադար զօրավարին Հայոց Վարդանայ. այլ մերթ ինքեանբ եւ մերթ այլովք ստիպէր՝ վաղվաղակի յայտնել գիրս ապստամբութեանն, կարծեցուցանելով որպէս հոգւոյ եւեթ հոգալ զգիւտ փրկութեան. բայց ոչ հոգալով ինչ կարի յայն միտս՝ ըստ խաւսիցն փութացուցանէր զյայտնել իրացն, այլ վասն մթերից առաջին ոխութեանն, զոր ունէին առ միմեանս իշխանն Սիւնեաց Վասակ եւ տէրն Ամատունեաց Վահան:

Having achieved unity, a multitude of them did not desist from the counsel of the blessed *sparapet* of Armenia, Vardan, but celebrated [mass] with priests in their homes. Others celebrated mass with a host of clerics at his court. Many hastened there, day and night. [Vardan], sharing the sentiments of all the Armenians, longed to go to Church. But although he was bothered by not going, nonetheless he willingly abstained, enduring the situation for a while concerning himself with the needs of his comrades, the needs of his House and himself. He was especially concerned about Ashusha, the Iberian *bdeshx*, and the sons of Vasak, the prince of Siwnik', whom the Iranian king, Yazkert, had kept at court. The holy Vardan regarded the situation not with a view to advancing his cause, for he was not thinking about achieving a reputation for victory. He longed to shed his own blood for the flourishing covenant of the Church. But as a virtuous person, he was aware that as a result of [untimely provocations, the hostages] might be subjected to wretched acts by the king, and be injured.

However Vahan, prince of the Amatunik', would not leave Vardan, the general of Armenia, alone. Rather, he was always urging that the condition of rebellion be made known, sometimes doing this urging himself, other times by means of other people. He made it appear that he was concerned only about the salvation of souls, though in fact, he was not much concerned with this. Although he spoke about quickly proclaiming [the rebellion], he was actually thinking about a previous grudge that he, Vahan, lord of Amatunik', and Vasak, prince of Siwnik' had against each other.

Բայց ըստ ծանր խոհականութեանն իւրոյ հայեցեալ նկատէր, թէ կա՛մ չհաւանեալ ապստամբել իշխանն Սիւնեաց Վասակ՝ մեռանի յիւրոցն ընկերաց անարժան մահուամբ, կամ թէ հաւանեալ առ վտանգին ապստամբել՝ արգելեալ անդրէն ի դրանն որդիքն երկոքեան չարաչար կենաւք վտանգեալ պատահեն մահու եւ կամ բազմաժամանակեայ կարեւոր կապանաց եւ բանդից դիպեալք՝ տանջին անխնայ: Իսկ սուրբ այրն Աստուծոյ Վարդան տէրն Մամիկոնէից եւ Հայոց զաւրավարն ոչ ի բանս ինչ ուրուք հայէր, այլ զհոգ ընկերացն հոգայր եւ ի նահատակութիւնն ցանկացեալ ընթանայր: Եւ այնպէս ձգեալ բռնի զաւուրս գարնանոյն յերկար, մինչեւ յաւուրս տաւթոյն մաւտելոյ. եւ հասեալ ամիսք տաւթոյն ջերմութեան՝ չու արարեալ ամենայն բազմութիւնն Հայոց ի տեղիս հովոց՝ գային հասանէին ի գաւառն որ կոչի Ծաղկուտն, մերձ ի բերդն ամուր, զոր Անգղն անուանեն. զայն տեղեաւք արարեալ բանակետեղս արանց՝ դադարէին անդ զաւուրս տաւթոյն:

32. Իսկ մոգքն, որ ի դրանէն նախարարքն Հայոց ուսուցիչս ածեալ էին ընդ ինքեանս, իբրեւ տեսին, թէ արհամարհեալ են յաչս նոցա ինքեանք եւ աւրէնք նոցա,—քանզի կանայք նախարարացն, զորս կարծէին մոգքն աշակերտել՝ այնք եւ տեսանել անգամ գարշէին զնոսա, այլ զորդիս իւրեանց եւ զդստերս՝ պատուիրէին ստէպ դաստիարակացն՝ չանցուցանել երբէք առ նոքաւք մաւտ. իսկ արքն, որք պատճառանաւք կարծեցուցանէին զինքեանս ուրացողս՝ սուտ վարդապետացն եւ հաց ուտել առաջի իւրեանց չտային թոյլ, եւշրջէին ողորմելի սովամահք.—գլնալ ի բաց եւ փախչել չիշխէին, եւ կալն առ նոսա՝ զմահ ծանուցանէր նոցա եւ զկորուստ. եւ տակաւին գրել գաղտ ի դուռն զիրս ապստամբութեանն փութանային:

According to his heavy calculations, he reasoned that either Vasak, prince of Siwnik', would not agree to rebel, and would [therefore] be killed by his own comrades, dying an unworthy death; or, if he agreed to rebel because of the danger, his two sons who were detained at court, might evilly be put to death, or else, after living through heavy fetters and long imprisonment, be mercilessly tortured. But that holy man of God, Vardan, lord of the Mamikoneans and the general of Armenia, did not put confidence in words, but rather, was concerned about his comrades, and wanted to display heroism. Thus did the springtime pass, until the heat of summer approached. When the warm months arrived, the entire multitude of Armenians went to the cool places, to the district of Caghkotn close to the secure stronghold which is called Anggh. They made these places their camping grounds and remained there during the hot weather.

32. Now when the mages (whom the Armenian *naxarar*s had brought with them from court to be teachers) saw that they and their faith were despised, they hurried to secretly write to the court about the rebellion. For the *naxarar*s' wives, whom the mages thought to instruct, were repulsed at their very sight. Furthermore, [the parents] constantly ordered the instructors of their sons and daughters not to send them [to the mages]. The men who had pretended [conversion to Zoroastrianism], to let it appear that they had apostatized, did not allow these false *vardapet*s to even eat bread in their presence, and as a result [the mages] circulated around hungry. They did not dare to flee outright, yet remaining there [they were] risking death and destruction.

Ապա իմացեալ սպարապետին Հայոց Վարդանայ, թէ կարի հռչակին իրք ապստամբութեանն, եւ ի կարի հեղգալոյն մեծամեծ գործէին վնասք, խորհուրդ ի մէջ առեալ զաւուրս բազումս եւ ժողովեալ զպատուական եպիսկոպոսս եւ զականաւոր երիցունս եւ զաւագ տանուտեարսն Հայոց եւ զսեպուհսն առանձինն,—չեւ դեռ եւս յայնմ ժամու կամեցեալ յայտնել զբանսն իւրեանց մարզպանին Հայոց Վասակայ, գիտելով ոչ միայն լոկ վասն որդւոցն եւեթ զկասումն առն ի փրկութեան դարձէն, այլ զառաւել փառասէր աստուածատեաց խորհրդոց նորա ճանաչեալ զորոճմունս՝—ասէր ցամենեսեան այնուհետեւ յայտնապէս այրն երանելին Վարդան, թէ «Մինչեւ ցե՞րբ հանդուրժեմք թագուցանել զճշմարտութիւնն եւ կորնչիմք. եւ այս համբաւ ելեալ տարածեալ ելից զամենայն տեղիս. այլ յայտնի լուսով գնասցուք իբրեւ ի տուընջեան եւ որդիս լուսոյ կոչեսցուք»:

Մի ոմն յՌստանեայ տանէն, որում անուն Զանդաղան, սերմն ժանդ, որդի անօրէնութեան, որ բազում եւ անապաշխար չար գործեալ էր ի կեանս իւրում՝ լսէր յոմանց զխորհեալսն Հայոց եւ երթեալ վաղվաղակի գուշակէր նմանւոյն իւրում Վասակայ: Որոյ բանից իրազգած եղեալ նենգաւոր քուին աւագ նախարարքն Հայոց՝ կալեալ զնա ի գեաւղն որ կոչի Արծակ՝ տարեալ կապեցին ի միւսում եւս ի գեաւղ յանուանեալ Բերդկունս, ի նմին Բագրեւանդ գաւառի. զոր եւ ոչ յետ բազում աւուրց ըստ արժանի գործոց իւրոց անաւրէնութեանց քարկոծեալ սատակեցին:

Now when Vardan, the *sparapet* of Armenia, learned that the matter of the rebellion had been greatly noised about and that very great harm was being done by indifference, he held counsel for many days. He assembled the honorable bishops, notable priests and senior *tanuter*s of Armenia, and the *sepuh*s. But to that time they did not want to reveal their words to Vasak, Armenia's *marzpan*. They realized that it was not only [a question of] the man's sons which had halted his turn to salvation, but his very intentions, those of a glory-loving denier of God. The venerable Vardan then said openly to all of them: "How long shall we countenance hiding the truth and suffering ruin? News [of the intended rebellion], has spread about everywhere. Rather, let us go about in the full light of day, and be known as the sons of light."

Now a certain individual named Zandaghan from the *Ostan*[28] house, a putrid seed, who had done numerous unrepentant wicked things in his lifetime, heard from some people what the Armenians were planning. He immediately went and informed Vasak, whom he resembled. When the senior *naxarar*s of Armenia were informed of his treacherous words they denounced him, seized him in the village called Arcak, took and bound him at yet another village named Berdkunk' in the same district of Bagrewand. Not many days later they slayed him by lapidation, [a deed] befitting his impious acts.

---

28 *Ostan:* royal.

Եւ ապա յայտնապէս ժողովեալ միաբանութեամբ ամենայն տանուտեարքն Հայոց եւ սեպուհք, եպիսկոպոսօքն եւ բազմութեամբ ամենայն քահանայիւք եւ ժողովրդովք, առ երանելի սպարապետն Հայոց տէրն Մամիկոնէից Վարդան, եւ հանդերձ նովաւ մտին թափ ըստ գրոց հրամանին բոլորեքեան առ իշխանն Սիւնեաց Վասակ, առ մարզպանն Հայոց. եւ յայտնեալ նմա միաբան ամենեցուն զխորհուրդն, թէպէտ ջանայր յապաղել նա, մի՝ վասն որդւոցն իւրոց, որք ի դրանն էին, եւ դարձեալ՝ զի եւ կեանքն իւր իսկ ի խնամս չարին միտէին հանապազ՝ ոչ ինչ այնուհետեւ թոյլ տային սայթաքել խորհրդոց նորա այսր անդր. այլ թէպէտ եւ ոչ կամաւ, սակայն ի հարկէ յանձն առեալ միաբանէր ընդ նոսա: Բերել դարձեալ հրամայէին նախարարքն Հայոց սուրբ եպիսկոպոսացն եւ երիցանցն՝ զԱւետարան ուխտին սրբոյ. եւ երդուեալ ամենայն բազմութիւն զաւրացն ազատաց եւ անազատաց, հանդերձ իշխանաւն Սիւնեաց Վասակաւ եւ ամենայն տանուտերամբքն եւ սեպհաւք՝ հաստատէին զերդումն. եւ որոց մատանեաւ չեւ եւս էր կնքեալ զԱւետարանն՝ կնքէին. եւ համբարձեալ առ հասարակ զձեռս ընդ երկինս՝ բարբառելով աւէին այսպէս ամենայն բազմութիւնն, այր եւ կին միաբան խնդալից.

Then all the Armenian *tanuter*s, *sepuh*s, bishops, the entire multitude of priests and laity openly and unitedly assembled by the venerable *sparapet* of Armenia, Vardan, lord of the Mamikoneans. All of them, in accordance with the Biblical injunction, hurried with Vardan to see Vasak, prince of Siwnik', the *marzpan* of Armenia. They revealed their unanimous counsel to him. Although [Vasak] tried to dissuade them, first because of his sons who were [hostages] at court; and secondly because his entire life was always inclined toward evil concerns, nonetheless [the rebels] did not permit his thoughts to wander to and fro. And, although he did not want it, despite this, he was forced to agree to unite with them. Then the *naxarar*s of Armenia commanded the holy bishops and priests to bring forth the Gospel of their blessed covenant. The entire multitude of *azat* and non-*azat* troops, with Vasak, prince of Siwnik', and all the *tanuter*s and *sepuh*s swore [on the Gospel] and reconfirmed their oath. Those who had not sealed the oath with their rings previously, did so then. Then all of them, men and women united, the entire multitude, lifted their hands to Heaven and cried out in joy:

VOLUME I

«Զքեզ սուրբ Հայր, արարիչ երկնի եւ երկրի, եւ Որդիդ քո միածին զտէր մեր Յիսուս Քրիստոս, եւ զսուրբ Հոգիդ կենդանարար, զանորիշ եւ զանքակ Երրորդութեանդ միութիւն, խոստովանիմք արարիչ երկնի եւ երկրի, տեսակաց եւ անտեսից. որ միայնդ ես Աստուած, եւ չիք այլ ոք բաց ի քէն: Որ եւ ըստ մարդասիրութեան յաղագս փրկութեան տիեզերաց՝ ի վախճան աւուրցս մի ի սրբոյ Երրորդութենէդ ծնար ի սուրբ կուսէն Մարիամայ, եւ զամենայն կարիս բարձեալ քոյին մարմնովդ, զոր ի սուրբ եւ յաստուածածին կուսէն առեր՝ տարեալ բեւեռեցեր ի խաչին փայտի. յորում հեղեալ զսուրբ արիւնդ քո՝ ազատեցեր զաշխարհս ի ծառայութենէ մեղաց անիծից. մեռար, թաղեցար եւ յարեար, եւ վերացեալ յերկինս՝ ետուր աւետիս խոստման՝ տանել առ քեզ զամենեսեան, որ խոստովանին առ քեզ, Աստուած ճշմարիտ, թագաւոր թագաւորաց եւ տէր տէրանց: Եւ մեք վկայեմք եւ խոստովանիմք զքեզ Աստուած աստուծոց եւ տէր տէրանց, Աստուած քաւիչ մեղաց մերոց. ուրացեալքս՝ եւ զղջացեալքս, յանցուցեալքս՝ եւ յողորմութիւնդ ապաւինեալքս, գլորեալքս՝ եւ կանգնեալքս: Ընկալ զմեզ որպէս զորդին ուրացող, որ ծախեալ աղտեղեցաք զհանդերձ սուրբ մկրտութեանն, զոր զգեցուցեր մեզ աւազանին լուացմամբ, անառակ անաւրէնութեամբ թաւալեցաք ի տղմի ուրացութեանց իբրեւ զդասական խոզաց:

"We confess our belief in You, holy Father, creator of Heaven and earth, of the visible and invisible, and in Your Only-Begotten Son, our Lord Jesus Christ, and in the life-giving Holy Spirit and in the unity of the inseparable and indivisible Trinity. You are the sole God and there is none but You. Because of Your love of humankind, for the salvation of the world, in the last days, You bore one of the holy Trinity through the blessed virgin Mary and enduring all torments with Your body which You created from a holy and divine virgin, You were taken and affixed to a wooden cross. By shedding Your holy blood, You freed the world from serving accursed sins. You died, were buried, arose, and went to Heaven. You gave a joyous promise that all who confessed You as the true God, king of kings, and lord of lords would be taken to You. And we testify to and confess You as God of gods, lord of lords, God the atoner of our sins—we who have apostatized and regretted it, we who are guilty, and sought your mercy, we who have fallen and [now] stand erect. Accept us as the apostate son who sold and soiled the garment of holy baptism with which you clothed us when we washed in the baptismal font—[as people], who with dissolute impiety have fallen into the mud of apostasy, like a herd of pigs.

«Եւ արդ՝ դարձեալ առ ճշմարիտ Հայրդ երկնաւոր աղաղակեմք ասելով. Մեղաք յերկինս եւ առաջի քո. շնորհեա՛ մեզ բարեխաւսութեամբ լուսաւորիչ առաքելոցն եւ վաստակովք սուրբ նահատակին Գրիգորի նոցին նմանոյն եւ գործակցի՝ զթողութիւն մեղաց մերոց. եւ զգեցո՛ մեզ զառաջին պատմուճանն եւ մաքրեա զոտս զմեր ի խոչիցն չարեաց, որով ծակոտեալ թշնամնոյն կաղացոյց զմեզ: Եւ ագո՛ մեզ կաւշիկս պահպանութեան՝ Աւետարանին սրբոյ. եւ դի՛ր զմատանին, զգծած խաչի քո, ի մատին աջոյ ձեռին մերոյ, որով կնքեալք զբոլոր անդամս մեր՝ սարսեալ բանսարկուն փախիցէ ի մէնջ: Եւ որպէս հեղեր դու զարիւնդ քո սուրբ ի վերայ մեղաւորաց, ի փրկութիւն յանցաւորաց՝ պարգեւեա՛ եւ մեզ հեղուլ զարիւնս մեր ի վերայ խոստովանութեանս այսորիկ եւ իւրաքանչիւր թողութեան մեղաց: Եւ որ ոք հեռացեալ յուխտէ երդմանցս այսոցիկ ցուցցի ուխտազանց եւ ի միաբանութենէս մերմէ որոշեսցի՝ ելցէ նա արտաքս ընդ Յուդայի, որ մերժեալ ընկեցաւ ի գնդէ սուրբ առաքելոցն, եւ առանց ամենայն թողութեան կացեալ ի ձախու կողմանն՝ լուիցէ ի քէն զահագին բարբառն, զոր ասես յաւուրն հատուց ման, թէ Երթա՛յք յինէն, անիծեալք, ի հուրն յաւիտենից, որ պատրաստեալ է սատանայի եւ արբանեկաց նորա»:

"And now, again, we beseech Your true heavenly Father, saying 'We have sinned against Heaven and against You.' Grant us forgiveness for our sins through the intercession of the illuminator Apostles and the labors of the blessed champion Gregory who resembled [the Apostles] and was their co-worker. Clothe us in our former robe, clear our feet of the impediments of evil with which the enemy has pierced us and made us lame. Put on our feet shoes of preservation, of the holy Gospel. Place on the finger of our right hands the ring engraved with Your Cross, by which all of our limbs are sealed and which causes Satan to flee from us in terror. Just as You shed Your holy blood for sinners, to save the guilty, grant that we may shed our blood for this confession and for the pardon of each of our sins. And should anyone stray from the oath of this covenant, may he be seen as an oath-breaker, and having quit our alliance, may he go outside with Judas, who was spurned and expelled from the band of holy Apostles, and may he stand on the left, without any pardon. And may a frightful roar be heard from You on the day of requiting, saying: 'Go from me, ye accursed, into the eternal fire which is readied for Satan and his satellites.'"

Եւ աասացեալ զամենայն խոստովանութիւն զաւրհնութեանն եւ զանիծիցն միաբանութեամբ ամենայն բազմութեանն ի ձայն մեծ արանց եւ կանանց՝ հնչեաց երկիրն ամենայն ի բարբառոյ զաւրացն բազմութեան: Եւ գրեալ զայս ամենայն բանս հաւատոյ ուխտին, եւ կնքեալ նախ մատանեաւ իշխանին Սիւնեաց Վասակայ եւ ապա մատանեաւք ամենայն տանուտերացն Հայոց եւ աւագ սեպհացն, եւ եդեալ ի սուրբ Աւետարանի երդմանն՝ ետուն ցպատուական եպիսկոպոսն եւ ցաւագ քահանայութիւնն որ էին անդ: Եւ կատարեալ զայս ամենայն այսպէս՝ դիմեցին մեծաւ ցնծութեամբ եւ հոգեւոր երգովք ի տուն Տեառն, եւ երկրպագեալ միոյն միայնոյ ճշմարտին Աստուծոյ՝ լի անձկով եւ յերկար եւ անձանձրոյթ ծունրդրութեամբ կատարեցին զաղաւթսն:

Եւ արձակեալք յաղաւթիցն՝ ռամիկ զաւրացն բազմութիւնն դիմեցին ի տուն մոխրանոցին, չմնալով բնաւ աւագացն հրամանի, եւ առեալ զկրակարանն՝ վարեցին ի ջուրսն զկրակսն, որպէս ի գիրկս եղբաւր, ըստ ասելոյ սուտ վարդապետացն Պարսից. զոր ըմբռնեալ ջրոցն թշնամաբար եւ ոչ եղբայրաբար՝ ծախեցին: Բայց զմոգուցն բազմութիւն պահել առ աւրն հրամայեցին զգուշութեամբ. եւ ի վաղիւն ընդ ծագել արեւուն արս ի նոցանէ թուով սպանին սրով ի գիւղն, որ կոչի Զարեհաւան:

33. Եւ կատարեալ զայս ամենայն գործս ըստ ասելոցս կարգաւ՝ դաղարեցին անդէն զաւուրս տաւթոյն: Եւ ապա փութացան իջանել յԱյրարատ գաւառ. քանզի լուան, թէ Միհրներսեհ Արեւաց հազարապետ եկեալ ի Փայտակարան քաղաք՝ գունդ կազմէ եւ ընդ Աղուանս արձակէ ի Հայս. զոր եւ Աղուանից ազատքն, որ ուխտակիցք էին Հայոց՝ ստէպ փութացուցանէին հասանել առ ինքեանս եւ անդէն յԱղուանս ի դիմի հարկանել նոցա պատերազմաւ:

When the entire united multitude of men and women recited this complete confession of blessing and curses in a loud voice, the whole land shook from the cry of the troops of the multitude. All the words of faith of the covenant were written down and sealed, first with the ring of Vasak, prince of Siwnik', and then with the rings of all the *tanuter*s of Armenia and the senior *sepuh*s. Taking an oath on the holy Gospel, they gave it to the venerable bishops and [members of] the senior priesthood who were present. Doing all this as described, with great delight and singing spiritual songs, they went to the house of the Lord where they worshipped the one and only true God. Full of emotion and with long, tireless genuflections they prayed.

When they were finished praying, the multitude of *rhamik* [plebeian] troops headed to the fire-temple, not awaiting the command of [their] seniors. Taking the receptacle of the fire, they extinguished it with water. According to the false *vardapet*s of the Iranians, fire and water are brothers; but the embrace was more inimical than brotherly. They ordered that the multitude of mages should be carefully held for a day. The next day, at sunrise, in the village called Zarehawan, [the rebels] put some of them to the sword.

33. When all this had been done in the order I have described, [the Armenian rebels] remained there for the hot weather season. Then they hastened to descend to the district of Ayrarat, for they had heard that Mihrnerseh, the *hazarapet* of the Aryans, had arrived at the city of P'aytakaran where he formed a brigade and dispatched it to Armenia via Aghuania. The Aghuanian *azat*s who shared the covenant with the Armenians had to quickly rush to them and then back to Aghuania to fight [the Iranians] in battle.

VOLUME I

Եւ արդ եկեալք յԱյրարատ գաւառ, եւ զայս համբաւ լուեալ ի կողմանցն Աղուանից՝ ստիպէր զերանելի սպարապետն Հայոց Վարդան զտէրն Մամիկոնէից իշխանն Սիւնեաց Վասակ՝ գնալ պատահել նոցա գնդաւ. եւ զինքն մնացուցանէր անդէն պատճառանաւք, ասելով, թէ «Ես աստէնպատրաստիմ. գուցէ, ասէր, այլ ինչ իմացեալ չարախորհուրդն Միհրներսեհ՝ գործիցէ ընդ մեզ»: Այլ ինքն Վասակ զխաբէութեան ճանապարհն կազմեալ նիւթէր ի սրտի իւրում, ունելով կամակիցս եւ այլ աստուածանենգ արս խորհրդոցն իւրոց՝ յազատացն Հայոց: Իսկ երանելի սպարապետն Հայոց, տէրն Մամիկոնէից Վարդան, ասէր ցիշխանն Սիւնեաց Վասակ, թէ «Որպէս ածաք զմտաւ՝ պարտ է մեզ նախ զորս առաքեմքն առ կայսր՝ արձակել, եւ ապա զոր ինչ հրամայեսցես ինձ՝ առնեմ անխափան»: Եւ նորա յաղագս ճեպով զիւր առաջի եդեալ զխորհուրդն կատարելոյ՝ յանձն իւր առնոյր զասացեալսն յերանելի սպարապետէն ի Վարդանայ կատարել:

Եւ վաղվաղակի նամականի արարեալ առ կայսր եւ առ ամենայն աւագանի դրանն Յունաց եւ առ այլ իշխանս եւ կողմնակալս, առ բդեշխն Աղձնեաց եւ առ իշխանն Անգեղ տան, ի Ծոփս եւ ի Հաշտեանս եւ յԵկեղեաց եւ այլ իշխանաց իւրաքանչիւր տեղեաց, եւ առ մեծ սպարապետն Անտիոքայ: Եւ զայս ամենայն թղթեան կնքէր նախ ինքն իշխանն Սիւնեաց Վասակ իւրով մատանեաւ, եւ ապա ամենայն տանուտեարքն Հայոց:

When [the Armenians] had come to the district of Ayrarat and heard this news from the region of Aghuania, Vasak, the prince of Siwnik', compelled the venerable *sparapet* of Armenia, Vardan, lord of the Mamikoneans, to go and engage them with a brigade. On pretexts [Vasak] himself managed to stay where he was. He said: "I will remain ready here. Perhaps the malicious Mihrnerseh has something else in mind to inflict on us." Now Vasak was creating a path of deceit in his heart, and had as associates other God-betraying men who shared his beliefs, from the *azat*s of Armenia. But the venerable *sparapet* of Armenia and lord of the Mamikoneans, Vardan, said to Vasak, the prince of Siwnik': "Let us now do as we planned to, and dispatch to the emperor those men we want to send. After that, I will do as you command, without delay." In order to quickly achieve his ends, [Vasak] agreed to implement the words of Vardan, the venerable *sparapet* of Armenia.

Then immediately, letters were written to the emperor, to all the nobility at the Byzantine court, to other princes and lieutenants, to the *bdeshx* of Aghjnik', and to the prince of Angegh *tun*, to Cop'k', Hashteank', Ekegheac', and other princes of every place, as well as to the great *sparapet* of Antioch. All of this correspondence was sealed first by the ring of Vasak, prince of Siwnik', followed by [the seals of] all the *tanuter*s of Armenia.

Եւ պատրաստեալ ճանապարհին Յունաց կազմէին զիշխանն տանն Ամատունեաց Վահան, որպէս զայր մըտացի եւ խորհրդական, եւ զսուրբ սեպուհն զՀմայեակ, զեղբայրն երանելի զաւրավարին Հայոց Վարդանայ ի Մամիկոնէից տոհմէն, եւ զերանելին Մերհուժան զեղբայր սրբոյն Աղանայ՝ ի տոհմէն Արծրունեաց: Յորոց ձեռն տուեալ զնամականին իշխանին Սիւնեաց Վասակայ եւ ամենայն նախարարաց աշխարհին Հայոց՝ յուղարկէին առ կայսր եւ առ այլ ամենայն յառաջագրեալսն աւագանին Հայոց:

34. Եւ սպարապետն Հայոց տէրն Մամիկոնէից երանելին Վարդան, առեալ ընդ իւր ի տանուտերացն Հայոց, որք ջերմեռանդն սիրով ճեպէին մարտիրոսութեան ժամուն պատահել, որք էին այսոքիկ.

Խորէն Խորխոռունի,

Արշաւիր Կամսարական,

եւ Թաթուլ Դիմաքսեան,

եւ Արտակ Պալունի,

եւ Գիւտն Վահեւունեաց,

եւ Հմայեակ Դիմաքսեան,

[The group] readied to travel to Byzantium consisted of Vahan, the prince of the *tun* of Amatunik', a learned and sagacious man, the blessed *sepuh* Hmayeak, brother of the venerable general of Armenia, Vardan, from the Mamikonean *tohm*, and the venerable Merhuzhan, brother of the blessed Aghan, from the Arcrunik' *tohm*. The correspondence was entrusted to them by Vasak, prince of Siwnik', and all the *naxarar*s of the land of Armenia. They traveled to the emperor and all the nobility of Armenia mentioned above.

34. The venerable Vardan, the *sparapet* of Armenia and the lord of the Mamikoneans, took along with him the following *tanuter*s of Armenia who hastened to meet the hour of martyrdom with fervent love:

Xorhen Xorxorhuni,
Arshawir Kamsarakan,
T'at'ul Dimak'sean,
Artak Paluni,
Giwt Vahewuni,
Hmayeak Dimak'sean,

եւ այլ տանուտեարք եւ սեպուհք, եւ բազումք ի զաւրացն Հայոց, որք ինքնայաւժար փութով փափագէին լինել վրէժխնդիր ուխտի սուրբ եկեղեցւոյ, եւ տալ զանձինս ի մահ ի վերայ սուրբ եւ ճշմարիտ հաւատոյն Քրիստոսի. եւ այլ գունդք ի զաւրացն Մարդպետական այրուձիոյ, փոյթք ի գործ պատերազմին առաքինութեան. զորս եւ չարախորհուրդ իշխանին Սիւնեաց Վասակայ ծանուցեալ ոչ հաւանս իւրոյ չար մտածութեանն՝ կազմեալս առաքէր ընդ նմա. եւ զորոց գիտէր զհոլովումն ի վատթար կողմն, եւ ոչ ուղղակի ի խորհուրդ ուխտապահութեանն՝ ի տանուտերացն Հայոց եւ ի սեպհացն, որք էին երեւելագոյնք, եւ յայլ ռամիկ բազմութենէն՝ զայնս արգելեալ առ իւր պահէր:

Եւ հրաժարեալ երանելի զաւրավարն Հայոց տէրն Մամիկոնէից Վարդան, հանդերձ ընկերակցաւքն իւրովք եւ այլզաւրուն արամբք որ էին ընդ նմա, յիշխանէն Սիւնեաց Վասակայ եւ յայլ մնացելոցն ընդ նմա աւագանւոյն՝ ողջախորհուրդ մտաւք գնային ի գործ պատերազմի: Եւ մտեալ ի տուն Տեառն, որ է սուրբ եկեղեցի, երկիր պագանել տեառն Աստուծոյ ամենակալի, առեալ զսուրբ Աւետարանն եւ զնշան կենսատու խաչին՝ ողջունէր, դնելով անյագ ի վերայ բբաց աչացն եւ ճակատու: Զնոյն առնէին ջերմեռանդն սիրով եւ որք ընդ նմայն էին ամենեքեան. եւ ողջամբ գնային ամենեքեան յորդորմամբ սիրոյ: Եւ չեւ եւս հեռացեալ[ք, տեսանէր] աւթեւանս ոչ բազումս յԱյրարատոյ երանելի սպարապետն Հայոց Վարդան՝ եւ իշխանն Սիւնեաց Վասակ փաղփաղակի գաղտ դեսպանս առնէր առ Միհրներսեհ հազարապետն Արեաց եւ զիր նենգաւոր խորհուրդն նամակաւ ծանուցանէր նմա:

as well as other *tanuter*s and *sepuh*s and many of the troops of Armenia (who willingly and quickly wanted to avenge the covenant of the holy Church, and give their lives for the blessed and correct belief in Christ), and other brigades from the troops of the *Mardpet*akan cavalry, who were eager for a war of virtue. [These were people] whom Vasak, the malicious prince of Siwnik', recognized as not sharing his own intentions, and so organized them and sent them along with [Vardan]. But many of the most prominent *tanuter*s of Armenia and the *sepuh*s, as well as [people] from the *rhamik*[29] [plebeian] multitude in whom he recognized evil tendencies, and who were not directly [participants] in the plan of the sworn alliance, [Vasak] kept there with him.

Then the venerable general of Armenia, Vardan, lord of the Mamikoneans, together with his comrades and the other force of men with him, said farewell to Vasak, the prince of Siwnik', and to the remaining nobles with him, and went to battle in sincerity. [Vardan] entered a holy church, the house of the Lord, and worshipped the omnipotent lord God. [He] took the holy Gospel and the symbol of the vivifying Cross, and saluted them, insatiably placing them over his eyes and forehead. All of the people who were with him did the same thing with fervent love. Inspired with love, they all departed. Now the venerable *sparapet* of Armenia, Vardan, had not passed many lodging-places in [the district of] Ayrarat when Vasak, the prince of Siwnik', quickly sent secret emissaries to Mihrnerseh, the *hazarapet* of the Aryans, informing him in a letter of his treacherous plan.

---

29 *rhamik:* plebeian.

Նոյնպէս արար նամակ եւ առ Նիխորական Սեբուխտ եւ առ այլ աւագս, զորս արարեալ էր Միհրներսեհի ի վերայ Հայոց,—եւ զՎեհշապուհ հաւատարիմ վերակացու արար, որ էր ի ժամուն սեննեկապան արքունի, յետ այնորիկ ապա եւ դպրապետ եղեւ Արեաց,—յորում գրեալ եցոյց նոցա նենգաւոր իշխանն Սիւնեաց Վասակ զիւր խաբէութեանն կամս. «Դուք, ասէ, անհոգ լերուք յեկեղոցդ ընդ Վարդանայ ի վերայ ձեր, եւ մի՛ ինչ զարհուրիք. վասն զի շատք այն են՝ զորս ես աստէն պահեցի առ իս. եւ զայլս բազումս ընդ այսր ընդ այնր ցրուեցի. եւ դա յոյժ սակաւուք է եւ ոչ բազմաւք»: Եւ զայն ոչ յիշէր անաւրէնն, թէ սիրտք իշխանաց ի ձեռս Աստուծոյ են. քանզի որով կարծէր չարախորհուրդն շնորհ ինչ առնել նոցա՝ առաւել եւս զաւրութիւնն Աստուծոյ ի բարկութիւն սրտմտութեան փոխէր, եւ այնու գրգռէր զնոսա ի վերայ նորա. որ եւ ի ժամուն կատարեալ՝ կուտեցաւ ի գլուխ նորա ցուցակութեամբ:

35. Եւ հասեալ յԱղուանս երանելոյ զաւրավարին Հայոց Վարդանայ տեառն Մամիկոնէից՝ ազդ եղեւ զաւրագլխացն Պարսից եկք Հայոց. որոց լուեալ՝ փութացան անցանել ընդ գետն մեծ, զոր Կուր գետն կոչեն, եւ ընդ առաջ եկին նոցա մինչեւ ի գեաւղն որ կոչի Խաղխաղ, յերկրին Աղուանից: Եւ տեսեալ սրբոյ սպարապետին Հայոց Վարդանայ զանթիւ բազմութիւն գնդին Պարսից, եւ յինքեանս հայեցեալ, թէ յոյժ սակաւք են՝ սկսաւ խաւսել ընդ զաւրն Հայոց եւ յիշեցուցանել զբան սուրբ Հոգւոյն, զոր մայրն մարգարէին Սամուէլի ցնծութեամբ քաջալեր-եալ ի Քրիստոս՝ երգելով ասէր, թէ

He also wrote to Nixorakan Sebuxt and to other seniors whom Mihrnerseh had sent against Armenia—and to Vehshapuh whom he had made his loyal overseer (who was then the royal chamberlain, but subsequently became head of the Aryan *dibheran*[30]). Vasak, the duplicitous prince of Siwnik', wrote to demonstrate his treacherous will to them: "Be at ease regarding Vardan's advance upon you, and have no fear. For there are many [warriors] whom I have kept here with me, and I have dispersed many others here and there. Their numbers are not many, but few." But this impious one did not remember the fact that the hearts of princes rest in God's hands. For, as will be shown, the malicious [Vasak] who hoped by his actions to gain favor from [the Iranians], had even more roused the power of God's anger and [God] turned [the Iranians] against him. And at the final moment [Vasak's actions] collapsed on his own head.

35. When the venerable general of Armenia, Vardan, lord of the Mamikoneans, reached Aghuania, the Iranian military commanders were informed about the arrival of the Armenians. Upon hearing the news, [the Iranians] quickly crossed the great river, called the Kur, and advanced before them as far as the village named Xaghxagh in the country of Aghuania. The blessed *sparapet* of Armenia, Vardan, saw the limitless multitude of the Iranian brigade, and then saw how very few his own men were. He began to speak with [his men], joyously encouraging them in Christ and recalling for them the words of the holy Spirit which were sung by the prophet Samuel's mother:

---

30 *Dibheran:* scribes.

Մի՛ պարծեսցի հզաւրն ի զաւրութեան իւրում, եւ մի՛ պարծեսցի մեծն ի մեծութեան իւրում. այլ որ պարծելոցն իցէ՝ յԱստուած պարծեսցի: Քանզի ոչ ինչ է ի նուազս եւ ի բազումս յաղթութիւն եւ պարտումն, այլ յԱստուծոյ ակնարկութեանն հրամանի»: Եւ զայս ասացեալ երանելւոյ զաւրապետին Հայոց տեառնն Մամիկոնէից Վարդանայ, հայեցեալ եւ ի կամս ընկերակցաց իւրոց եւ ամենայն գնդին որ ընդ նոսա, թէ ո՛րպէս ջերմեռանդն սիրով զաւրացեալք էին եւ քաջալերեալք՝ խրախալից մտաւք փառաւորէր զՓրկիչն ամենեցուն զտէր Յիսուս Քրիստոս:

Եւ հասեալք ի ժամ մարտին՝ հայեցեալ տեսանէին ըստ աւրինի կարգման նկատելոյ զգունդսն Պարսից: Կարգէր եւ զիւր գունդն երանելի զաւրավարն Հայոց Վարդան, ըստ բաւականին այրուձիոյն իւրոյ, ընդդէմ նոցա. յերիս առաջս բաժանեալ՝ տայր ի ձեռս իւրաքանչիւր զաւրագլխի. որում աջոյ կողմանն կացուցանէր զաւրագլուխ զիշխանն Արշարունեաց զԱրշաւիր Կամսարականն, որ էր եւ փեսայ զաւրավարին Հայոց սրբոյն Վարդանայ տեառնն Մամիկոնէից, ունելով զդուստր նորա ի կնութեան. եւ նիզակակից տայր նմա զՄուշ զաւագ սեպուհ՝ յազգէն Դիմաքսենից. եւ զահեակ կողմն տայր ի ձեռն Խորենայ Խորխոռունւոյ, եւ զաւրավիգն ընդ նմա կացուցանէր զՀմայեակ Դիմաքսեանն. եւ ինքն սուրբ զաւրավարն Հայոց Վարդան պատրաստէր զինքն միջոյ տեղւոյն յարձակման: Եւ այսպէս յաւրինեալ զճակատն եւ յԱստուծոյ խնամսն ապաւինեալք՝ յարձակեցան ի վերայ թշնամեացն:

"'Let the mighty boast not of their might; nor the great one in his greatness, but let them glory in God.'[31] For the matter of victory and defeat rests not in having few or many [soldiers] but with God's will." When the venerable general of Armenia, Vardan, lord of the Mamikoneans, had said this he looked to see the will of his comrades and of all in the brigade with them. [When he saw] how much they had been strengthened and encouraged by fervent love, he joyfully glorified the lord Jesus Christ, the Savior of all.

Before the battle began, [the Armenians] had observed the formation of the Iranian brigades. The venerable general of Armenia, Vardan, arranged his own brigade with competent cavalry, opposite them. He divided [the brigade] into three fronts, entrusting each [front] to a military commander. As military commander of the right front, he appointed the prince of Arsharunik', Arshawir Kamsarakan (who was also the son-in-law of the blessed Vardan, general of Armenia and lord of the Mamikoneans, being married to his daughter). As a comrade-in-arms [Vardan] gave [Arshawir] the senior *sepuh*, Mush, from the Dimak'sean *azg*. [Vardan] entrusted the left front to Xorhen Xorxorhuni and appointed Hmayeak Dimak'sean to support him. Vardan, the blessed general of Armenia, prepared to lead the central front in the attack. With the fronts thus deployed, and depending on God's care, they attacked the enemy.

---

31 *cf.* 1 Samuel 2:9; see also Jeremiah 9:23-24, 1 Corinthians 1:31.

VOLUME I

Յորս նախագոյն յառաջեալ ի տեղի մարտին՝ Կամարականն Արշաւիր եւ Մուշ սեպուհին Դիմաքսենից, որք յանգիտութենէ տեղեացն՝ դիպեցան թանձրախոր սաստիկ մօրից. Կամսարականն Արշաւիր եւ Մուշ ի յառաւելապէս դիմեցմանէն երիվարացն՝ անկեալք ի տիղմն հանդերձ երիվարաւքն խրէին. անդ կատարեալ պսակէր երանելի սեպուհին Դիմաքսենից Մուշ ի Նիխորականայ: Իսկ Կամսարականն Արշաւիր իջեալ յերիվարէն՝ ի հետւիոտս սպանանէր զՎուրկն, զեղբայր Լփնաց թագաւորին, եւ իւր ի բաց ձգեալ զերիվարն ի սաստիկ խոր տղմոյն, ուր եւ մոյկ մի զերծեալ յոտանէն թաղեալ մնայր անդէն ի մաւրին. եւ ինքն Կամսարականն միամոյկ, տղմաթաթաւ, հանդերձ ամենայն զինուն, հանեալ զերիվարն ի ցամաք՝ անվեհեր քաջաբար նման թռչնոյ յերիվարն հեծանէր, եւ զարհուրեցուցեալ զթեւ իւրոյ կողման թշնամեացն՝ փախստական առնէր: Եւ հայեցեալ տեսանէր զերանելի սպարապետն Հայոց զտէրն Մամիկոնէից Վարդան՝ հանդերձ ընկերակցաւքն իւրովք եւ ամենայն Հայոց գնդաւն, զի աբարեալ փախստականս եւ նոցա՝ ածէին առաջի իւրեանց զբազմութիւն զաւրացն Պարսից. յորոց զկէսն սրովք իւրեանց դիաթաւալս յերկիր կործանէին եւ զկէսն գետավէժս արարեալ հեղձամղձուկս առնէին. եւ զայլսն ի նոցանէ դաշտացն եւ անտառախիտ մայրեացն ցրուեալս վարէին:

Arshawir Kamsarakan and Mush, the Dimak'sean *sepuh*, were the first to reach the site of the battle. However, through unfamiliarity with the place, they fell into an extremely thick marsh. Because of the great rushing of their horses, Arshawir Kamsarakan and Mush fell into the mud together with the horses, and began to sink. The venerable Dimak'sean *sepuh*, Mush, was martyred there by Nixorakan. But as for Arshawir Kamsarakan, he got down from his horse which was in deep mud, and on foot he slew Vurk, brother of the Lp'nac' king. One of [Arshawir's] boots had come off his foot and was in the marsh. Then Kamsarakan, with only one boot on, and covered with mud, together with all [his] troops, removed the horse. Fearlessly, boldly, like a bird he mounted the horse, and put to flight the terrified enemies who were around him. Looking around, [Arshawir] saw the venerable *sparapet* of Armenia, the lord of the Mamikoneans, Vardan, with his comrades and all of the Armenian brigade. They also were chasing a multitude of Iranian troops before them, as fugitives. Some [of the Iranians] fell to the ground, killed by the sword, while others fell into the river and drowned. Others yet scattered into the fields and dense forests.

Իսկ ոմանք յաւագորերոյ Պարսիցն ելեալք ի նաւս՝ յայնկոյս գետոյն մեծի փախստեայք լինել ճեպէին։ Որ եւ զԿամսարականն Արշաւիր զիշխանն Արշարունեաց ստիպով փութացուցանէր երանելի զաւրավարն Հայոց Վարդան՝ զկնի փախստէից նաւացն նետաձիգ լինել, ի հաստատաձգութիւն եւ յանվրէպ դիպողութիւն առնն վստահեալ։ Իսկ Կամսարականն Արշաւիր, որպէս եւ միշտ կամակատար էր բանի սրբոյ զաւրավարին, վաղվաղակի հաւանեալ առ ի նմանէ հրամանին՝ զկնի նաւավարացն եւ փախստէիցն նետաձիգ լինէր։ Եւ խոցեալ զնաւավարսն եւ զայլս բազումս ի նաւսն՝ կարէվէրս առնէր. որոց ընդ տապալել վիրաւորացն կործանէին նաւքն. եւ բազումք ի նաւավարացն եւ ի գլխաւորացն Պարսից գետասոյզ եղեալ կորնչէին։ Եւ այսպէս շնորհեալ նոցա զյաղթութիւն վերին աւգնութեանն՝ դառնային ի բանակս իւրեանց, գոհանալով եւ աւրհնելով զԱստուած։

Եւ դարձեալք անդէն ի տեղւոջն զօրն՝ ի վաղիւն չուեալք անցանէին ընդ գետն մեծ, անուանեալն Կուր գետ, եւ հասանէին ի պահակ որմոյն, որ է ընդ մէջ իշխանութեանն Աղուանից եւ Հոնաց. եւ գտեալ անդ զպահապանս պահակին եւ այլ զօրականս պարսիկն բազումս, յորոց սուր ի վերայ եդեալ կոտորէին. Եւ զպահակն յանձն առնէին թագաւորազնի միում Աղուանի, որում անուն էր Վահան, եւ զնոյն արձակէին դեսպան ի Հոնս եւ առ այլ ամրականս տեղեացն, զորս հաւանեցուցէ միաբանել նոցա գնդաւ. որոց կամաւ եւ յաւժարութեամբ զաւգնելն յանձն առեալ՝ հաստատէին երդմամբ։

Now some of the Iranian nobility had gotten into boats and were hurrying to flee to the other shore of the great [Kur] river. But the venerable general of Armenia, Vardan, urgently urged Arshawir Kamsarakan, prince of Arsharunik', to shoot arrows after the fleeing boats, since [Vardan] was confident of [Arshawir's] firm and unswerving aim. Arshawir the Kamsarakan (as he always implemented the words of the blessed general) immediately accepted the command from him, and began shooting at the navigators and the fugitives. He mortally wounded the navigators and many other people on board. As the wounded fell, the ships were destroyed. Many of the navigators and the principal Iranians drowned in the river. So, aid from On High favored them with victory, and [Vardan's men] returned to their camps thanking and blessing God.

[Vardan's troops] remained there that day, and the next day crossed the great Kur River. They reached a guard wall, located between the principality of Aghuania and the Huns. There they found sentry guards and many other Iranian troops, which they put to the sword. Then they entrusted the pass to a royal Aghuan named Vahan and sent this same man as an emissary to the Huns and to other strongholds to convince them to ally with them by sending a brigade, [These peoples] willingly and enthusiastically agreed to help, and confirmed it with an oath.

36. Եւ մինչդեռ այս ամենայն կատարէր այսպէս յաջողութեամբն Աստուծոյ ըստ կամաց նոցա՝ յանկարծակի դեսպան հասանէր առ երանելի զաւրավարն Հայոց Վարդան եւ առ ամենայն գունդն որ ընդ նմա էին. գոյժ տրտմութեան եւ համբաւ չարաչար տայր նոցա, ասելով, թէ «Ստեաց անաւրէնն Վասակ ուխտին Աստուծոյ եւ նենգեալ դրժեաց Աւետարանին երդմանն, եւ ի յետս կացեալ ապստամբեաց ի միաբանութենէ ճշմարտութեանն. նոյնպէս եւ մնացեալքն անդէն առ նմա աւագանին Հայոց յետս կացեալ՝ ընդ նմա ապստամբեցին, եւ դարձուցեալ զերեսս իւրեանց ի ճանապարհէն արդարութեան՝ մոլորեցան զկնի սատանայի. դեսպան արձակեցին ի Պարսս եւ նամակաւք ուխտադրեցին ընդ նոսա. եւ զբերդեան ամրոցացն Հայոց ի բաց կալան, եւ զիւրեանցն բերդակալս արարեալ՝ զգուշացուցին: Եւ զորդիս տոհմին Մամիկոնէից եւ Կամսարականաց եւ զայլոց տանուտերացն ժողովեալ յիւրաքանչիւր դայեկաց՝ յամուրս բերդից իշխանութեանն Սիւնեաց ետ անցուցանել, եւ հրամայեաց պահել զամուրսն զգուշութեամբ. եւ ապա նենգաւորն Վասակ տայ տանել զտղայսն առ թագաւորն Պարսից: Եւ որք խոտորեցան զկնի սատանայի ընդ ուխտանենգին Վասակայ՝ են այսոքիկ.

իշխանն Բագրատունեաց՝ Տիրոց,
իշխանն Խորխոռունեաց՝ Գադիշոյ,
իշխանն Ապահունեաց՝ Մանէճ,
իշխանն Վահեւունեաց՝ Գիւտ,
իշխանն Պալունեաց՝ Վարազշապուհն,
իշխանն Աբեղենից՝ Արտէն,
իշխանն Ուրծայ՝ Ներսէհ,

եւ այլք յոստանկաց եւ սեպուհք ոմանք յիւրաքանչիւր տոհմէ»:

36. With God's aid, as all of this was occurring as they wanted, suddenly an emissary reached the venerable general of Armenia, Vardan, and the entire brigade with him. He gave them gloomy and wicked news: "The impious Vasak has betrayed the covenant of God and duplicitously broken the oath on the Gospel. He has rebelled from the alliance of truth. The Armenian nobles who are with him have also rebelled and, turning their faces from the path of justice, they have erred after Satan. They sent an emissary to Iran and made vows to them in letters. They took the fortified strongholds of Armenia, placed their fortress-commanders in them and told them to keep watch. [Vasak] had the children of the Mamikonean *tohm*, of the Kamsarakans, and of other *tanuter*s gathered from each of [their] *dayeak*s and taken to secure fortresses in the principality of Siwnik', which he ordered carefully held. Furthermore, the treacherous Vasak had the boys sent to the Iranian king. The following people abandoned themselves to Satan with the oath-breaking Vasak:

> the prince of the Bagratunik', Tiroc',
> the prince of Xorxorhunik', Gadishoy,
> the prince of Apahunik', Manech,
> the prince of Vahewunik', Giwt,
> the prince of Palunik', Varazshapuh,
> the prince of Abeleank', Arten,
> the prince of Urc, Nerseh,
> and other nobles and some *sepuh*s from every *tohm*."

VOLUME I

Եւ լուեալ զայս ամենայն գործ աղէտից, զոր էր գործեալ նենգաւոր իշխանն Սիւնեաց Վասակ եւ այլ նախարարացն որ ընդ նմա, երանելւոյ սպարապետին Հայոց տեառն Մամիկոնէից Վարդանայ, հանդերձ նախարարաւքն եւ զաւրուն որ ընդ նմայն էին՝ չտրտմել ոչ կարէին. եւ զանձինս եւ զգերեալ տղայսն ի պահպանութիւն ամենահինար աջոյն յանձն արարեալ նուիրէին, ասելով այսպէս. «Ահա առեալ հեծանոց ի ձեռն Փրկիչն ամենեցուն Քրիստոս՝ սրբել զկալ իւր եւ ընտրել զցորենահատն, ժողովել յերկնից ի շտեմարանսն, եւ զյարդն մատնել անշէջ բոցոյն կիզուց անխնայ: Եւ եղիցուք մեք սրբեալք ցորենահատ, եւ ցանկութեամբ սպասեսցուք աւուր նահատակութեան մերոյ, յորում թէ արժանի եղեալ դիպեսցուք մասին սրբոցն՝ վախճան մեր բարի զմեզ պսակէ, եւ զտղայս պահպանեալ սնուցանէ եւ ի տեղիս իւրաքանչիւր եւ յիշխանութիւն ածեալ հասուցանէ, եւ զարբանեակսն սատանայի բազում զղջմամբք ամաչեցուցեալ նշաւակէ աստ եւ ի հանդերձելումն»:

Եւ ասացեալ զայս երանելւոյն՝ չուեցին միաբան ամենեքեան յաշխարհէն Աղուանից յերկրն Հայոց ի գաւառն Այրարատոյ. եւ աընդ զաւուրս դառնաշունչ օդոյ ձմերայնւոյն ըստ սովորութեան իւրեանց դադարեալք` փութային առ հասարակ անձկով զաւուրս գարնանային ամսոյն տեսանել եւ յաւր իւրեանց նահատակութեան պսակին հասանել: Քանզի ոչ եւս ինչ այլ բնաւ ածէր զմտաւ ոք զյաղթութիւն եւ կամ զպարտումն, այլ ցանկացեալք, որպէս ծարաւիք, բաժակին փրկութեան` իւրեանց կատարմանն պատահել եւ ընդունել մնային:

Hearing about all of these disastrous deeds wrought by the duplicitous prince of Siwnik', Vasak, and by the other *naxarar*s with him, the venerable *sparapet* of Armenia, Vardan, lord of the Mamikoneans, and the troops with him could not but be dismayed. They vowed to do everything possible to preserve themselves and their captive boys, saying: "Lo, the Savior of all, Christ, has taken the hay rake in hand and is winnowing and grading the grain placing it in the heavenly granary, but throwing the straw to the merciless burning of inextinguishable fires. Let us be like the cleaned grain, and let us await the day of our martyrdom with desire. Should we be worthy of attaining the fate of the saints, our good deaths will crown us. [Should we live], our boys will be preserved and grow up each in his own place and attain princehood, while the satellites of Satan with great remorse will be shamed and ridiculed in this world and in the next."

After the blessed people had said this, they all went together to the land of Aghuania from the district of Ayrarat in the country of Armenia. There, in accordance with their custom, they remained and passed the bitterly cold days of winter, all of them anxiously waiting for springtime and the day when they would attain the crown of martyrdom. For no one thought of victory or defeat, rather, like a thirsty person they longed for the cup of their final salvation and wanted to drink.

Իսկ նենգաւոր իշխանն Սիւնեաց Վասակ ոչ երբէք դադարէր գրել նամականի առ իշխանս եւ շինականս եւ քահանայս աշխարհիս Հայոց. ցուցանէր իմն բերեալս ի դրանէ ուխտս սուտս ի վկայութիւնս ընդունայնս, թէ «Արքայից արքայ զքրիստոնէութիւն շնորհեաց աշխարհի, եւ զվնաս կոտորածի մոգուցն չխնդրէ. եւ զապստամբութենէն ասէ, թէ «բնաւ եւ յիշեմ իսկ ոչ, միայն թէ ի բաց դառնայք ի խրատուէ եւ ի բանից Վարդանայ, եւ մի՛ կորնչիք ընդ դմա»: Եւ զինքենէ գրէ ուխտանենգն Վասակ, թէ «ես լինիմ միջնորդ այսմ ամենայնի, եւ անվնաս պահեմ զաշխարհս Հայոց»: Եւ տուեալ ի ձեռս սուտ քահանայից զգրեալսն՝ նենգաւորին Վասակայ, որոց անուանքն են չքահանայիցն այս.

Զանգակ մի ոմն,
Սահակ Զայնող,
եւ միւս ոմն Պետրոս Երկաթի:

Եւ էին Սահակն եւ Պետրոսն ի գաւառէն Սիւնեաց. յորոց ձեռս տայր զաղտ յերանելի սպարապետէն Վարդանայ նենգաւորն Վասակ զգրեալսն շրջեցուցանել ընդ աշխարհս Հայոց. զոր լուեալ թուլացելոցն ի հաւատս եւ անյուսիցն, հաւատացեալ բանից նենգաւորին՝ կորնչէին: Իսկ պինդքն եւ մարտիրոսութեան տենչողքն իբրեւ լսէին զայս ամենայն բանս ցնորից՝ եւս առաւել պնդեալք զաւրանային, եւ աւուր աւետաբեր փրկութեան իւրեանց սպասէին յուսով:

Now Vasak, the treacherous prince of Siwnik', did not stop writing letters to the princes, *shinakans*,[32] and priests of the land of Armenia. He [tried to] show that the oaths and testimonies brought from court were false and futile, saying: "The king of kings has sanctioned Christianity for [this] land, and does not seek a harmful destruction of the mages." About the rebellion, he said: "I shall completely forget about [recriminations], only let people turn from the counsel and word of Vardan, and not be lost with him." Regarding himself, the oath-breaking Vasak wrote: "I will be the intermediary in all of this and keep the land of Armenia unharmed." Then the duplicitous Vasak entrusted the correspondence to some false priests—non-priests—having the following names:

a certain Zangak,
Sahak Jaynogh,
and another one, a certain Petros Erkat'i.

Sahak and Petros were from the district of Siwnik'. The treacherous Vasak entrusted the correspondence about the venerable *sparapet* Vardan to these men and had them circulate it throughout the land of Armenia. Those people who were weakening in the faith and were without hope, listened to the words of the treacherous man, and believed them. But when the crazed words were heard by those who held firm, and those who longed for martyrdom, they became strengthened, and even more convinced, and they hopefully awaited the day which would bring them the good news of their salvation.

---

32 *Shinakans:* peasants.

37. Եւ կատարեալ զաւուրս ձմեռնային ցրտաշունչ աւդոցն եւ հասեալ ի տաւն մեծ զատկին բովանդակ ուխտապահքն, եւ ամենայն աշխարհի եղեւ խնդութիւն, հրեշտակաց եւ մարդկան. քանզի խառնուրդք խաղաղութեան եղեն ընդ միմեանս աւետաւոր յարութեամբ կենարարին. զոր տաւնեալ ուրախութեամբ զուարճանային:

Եւ յետ սակաւ ինչ աւուրց անցելոց լուան, եթէ զաւր եհաս բազում ի Հեր եւ ի Զարեւանդ գաւառ: Եւ երանելի սպարապետն Հայոց տէրն Մամիկոնէից Վարդան ազդ առնէր ուխտապահացն, որք յաղագս տաւնի աւուրցն երթեալք էին ի տունս իւրեանց՝ կատարել զտաւնն զատկի առ ընտանիս իւրեանց, եթէ «Գունդ բազում հասեալ գայ, բերելով աստուածասիրացն պսակս երկնաւորս. արդ՝ որ ոք ցանկայ առնուլ՝ աճապարեցէ՛ք, զի մի՛ վրիպեցի ոք եւ զղջանայցէ: Եւ եթէ ոք խորհի այլազգ ինչ, որպէս եւ այլքն, որք խոտորեցան զկնի սատանայի՝ դադարեալ հանգիցէ՝ ուր եւ թուեցի հաճոյ ումեք: Քանզի ոչ ոք պսակի ընդ ընկերաց իւրոց՝ թէ ոչ տանջի. այլ իւրաքանչիւր ոք անձին իւրում գանձէ զհողեղէնսս եւ զյաւիտենականսն»:

Եւ զայս լուեալ ճշմարտասիրացն եւ զանմահութիւն սիրողացն՝ դղրդեցան, ելեւելս առնելով զմիմեամբք, որպէս հաւտք, որ ի ձայն աղի փութայցեն զկնի հովուացն: Թուի ինձ, ոչ այնպէս ընթացեալ երագունս Աբրահամայ ի տանել զորթն հրեշտակացն, որք խոստացան տալ նմա զորդին՝ որպէս ճեպեալ ընթանային զաւրքն Հայոց զհետ երանելւոյն Վարդանայ սպարապետին Հայոց, երթալ յընթրիսն Քրիստոսի եւ ուտել զհաց հրեշտակաց:

37. When the bitter days of winter were passed and the great feast of Easter arrived, the oath-keepers and the entire world—angels and men—experienced joy. For there were engagements of peace among them at the good news of the Savior's resurrection, and with joyful happiness, they celebrated this.

After a few days had passed, they heard that many troops had come to the districts of Her and Zarewand. The venerable *sparapet* of Armenia, Vardan, lord of the Mamikoneans, sent the following message to the oath-keepers who had gone to their own homes to celebrate the Easter holiday with their families: "Many brigades [of Iranians] have arrived, bringing along divine crowns for the lovers of God. Now let whoever wants to participate make haste so that he does not miss out and regret it. Should anyone have other plans, as do those who abandoned themselves to Satan, let him stay and relax wherever it pleases him. For none will be crowned with his comrades, if he does not suffer. Let each one range himself now, with the mortals, or with the immortals."

Those who loved truth, and longed for immortality were moved, and urged each other on, resembling a flock which hurries after the shepherd's call. It seems to me that Abraham did not go as quickly bearing a calf to the angels who had promised him a son, as the Armenian troops hastened after the venerable Vardan, *sparapet* of Armenia. They were going to Christ's supper, to eat the bread of the angels.

Եւ այսպէս եղեալք ըստ նմանութեան սուրբ առաքելոցն ամենեքեան մի սիրտ եւ մի հոգի՝ առաքեր երանելի սպարապետն Հայոց Վարդան, միաբանութեամբ աւագանւոյն որ ընդ նմայն էին, սեպուհ մի յազգէն Ամատունեաց, որում անուն էր Առանձար, իբրեւ երեք հարիւր հեծելով՝ երթալ լրտեսել զբազմութիւն զօրացն Պարսից, եւ տալ գրգիռս, եթէ հնար իցէ, առ ի փութապէս, ասէ, գալ բերել մեզ զպսակս արքայութեան, զոր ի ձեռն նոցա պարգեւէ մեզ Փրկիչն Քրիստոս, յաւիտենից բարութեանցն տուիչ: Եւ երթեալ Առանձար եւ գունդն որ ընդ նմա՝ այնպէս շնորհեցաւ նմա յԱստուծոյ, որպէս զի տեսին զբանակն Պարսից. եւ զհզաւր վերջապահ թեւով միով անկեալ՝ զբազումս հանէին ընդ սուր, եւ զայլս փախստականս արարեալ արկանէին ի զաւրն Պարսից. եւ ինքեանք դարձեալ ողջանդամք հասանէին ուրախութեամբ ի գունդն Հայոց եւ պատմէին նոցա զԱստուծոյ զաւրութիւնն, զոր յաջողեաց նոցա Փրկիչն:

Եւ լուեալ երանելւոյ սպարապետին Վարդանայ հանդերձ միահամուռ զաւրաւքն՝ գոհանային եւ աւրհնէին զամենահզաւրն Աստուած: Պատմէին եւ վասն զաւրագլխացն, թէ Մուշկանն Նիւսալաւուրտ եւ Դողվճն են. տային գիտել եւ զայն եւս սթափութեամբ հասանել ի միջոյ կողման աշխարհիս:

Thus they resembled the blessed Apostles, all of one heart and of one soul. The venerable *sparapet* of Armenia, Vardan, sent a *sepuh* named Arhanjar of the Amatunik' *azg* together with the nobility with him—some 300 cavalry—to go and spy on the multitude of Iranian troops and to harass them, so that if possible, Vardan said, they might quickly come and bring us our crowns of the Kingdom which the Savior Christ, the giver of eternal goodness, will bestow upon us through them. Arhanjar and the brigade with him departed and was so favored by God that they saw the Iranian army and fell on one wing of the mighty rear-guard, putting many to the sword, and sending others fleeing back to the Iranian army. [The Armenian troops] returned unharmed in joy to the Armenian brigade and spoke of God's strength which the Savior had aided them with.

When the venerable *sparapet* Vardan and the masses of the troops heard the news, they glorified and blessed omnipotent God, [Arhanjar's men] also said that the military commanders were the Mushkan Niwsalawurt and Doghvch, and that [the Iranians] were [trying] to come into the center of the land quickly.

Զոր լուեալ երանելւոյ սպարապետին Հայոց եւ որ ընդ նմայն էին՝ եւս առաւել ճեպէին երթալ ընդդէմ նոցա. նախ՝ վասն վաղվաղակի պատահելոյ նոցա ժամու մարտիրոսութեան. քանզի անձանձրոյթ աղաւթէին հանապազ ի տուէ եւ ի գիշերի, լինել արժանի այնպիսի մասին երկնաւորի. եւ երկրորդ՝ աւէին, թերեւս անդէն ի տեղւոջն ի Հեր եւ ի Զարեւանդ գաւառին վճարին ելք գործոյն պատերազմին, եւ ոչ ոք լինէր արգել զաւրուն Պարսից հասանել յաշխարհն Հայոց սպանութեամբ եւ գերելով յարձակել եւ վնասել: Եւ սոցա թէպէտ եւ ածեալ զայսպիսի ինչ զմտաւ կամէին փութալ՝ սակայն եւս առաւել ստիպով եկեալ հասանէին գունդն Պարսից ի գաւառն Արտազ, հուպ ի գեաւղն որ կոչի Աւարայր, ի շրջափակ տեղի Տղմուտ դաշտին, զոր ընտրեաց յաղագս երկիւղի զաւրացն Հայոց. ամուր ապաստանի անձանց համարէին պատշաճ, եւ ի միջի նորա ածեալ դակիշ բանակէին:

38. Իսկ ի յաւուր ուրբաթու մեծի տաւնին պենդէկոստէին դիմեալ հասանէին մերձ ի նոյն տեղիս զաւրքն Հայոց, զտեալ անպատրաստագոյն զզաւրսն Պարսից. որոց թէ կամեցեալ էին՝ կարող էին մանաւորապէս վնասել երամակարձակ ծուլացելոցն. բայց թոյլ տուեալ դադարեցին յայնմ աւուր. քանզի ոչ էր եղեալ ի մտի նահատակութեան փափաքողաց՝ այնուհետեւ յաղթել, վասն տեսանելոյ հանապազաւր զհոգեկորուսացն զապականումն, այլ միշտ եւ հանապազ ի կէտ կոչման եւ տենչալի մարտիրոսութեանն փութանային հասանել:

When the venerable *sparapet* of Armenia and those with him heard this, they strove yet more to go against them. First, they wanted to quickly meet with the hour of their martyrdom (since they had been incessantly praying day and night that they be worthy to have this share of the divine); second, they said, if warfare does not take place in the districts of Her and Zarewand, and if no one stops the Iranian army, they will come into the land of Armenia bringing death, taking captives, and causing harm. Thinking these things, [the Armenian army] wanted to hurry, but before that, the Iranian brigade came more quickly [than expected] to the district of Artaz, close to the village called Awarayr. They came to an enclosed place in the Tghmut plain which was chosen out of fear of the Armenian troops. Considering it a proper refuge for themselves, they pitched camp in its midst.

38. Now on Friday of the great feast of Pentecost, the Armenian troops arrived near the same site and found the Iranian troops unprepared. Had they wanted, they could have inflicted unusually great harm [on the Iranians] who were like a flock that had lazily dispersed. But they permitted them to rest that day. For those who longed and yearned for martyrdom did not want to see it sullied by a soul-losing pollution; rather, at a moment's call, they hastened to attain that longed-for martyrdom.

Եւ ժողովեալք այնուհետեւ մօտ առ զօրսն Պարսից բանակէին, մինչ եղեալ սահմանն ընթացից տուրնջեանն կատարէր: Եւ հասեալք ի ժամ երեկոյին եւ զկանոն պաշտաման ժամու աղաւթիցն ըստ սովորութեանն լցեալ՝ զըղարձանային չափաւոր ուրախութեամբ կերակրովքն: Եւ կատարեալ զամենայն՝ առնուին հրաման ի սուրբ քահանայիցն՝ արթուն խնդրուածովք կատարել զգիշերն յաղաւթս: Եւ զցայգն ամենայն դասք քահանայիցն, մերթ սաղմոսարանին գորքղայիւք, մերթ վարդապետական բանիւք, քաջալերէին զբազմութիւն զաւրացն՝ վայր մի քաջանալ, եւ անսպառ բարեացն լինել ժառանգաւոր: Իսկ սուրբ եւրէցն Յովսէփ, որ եւ զկաթողիկոսութեանն Հայոց ունէր զաթոռ, հրաման տայր երանելոյն առն Աստուծոյ Ղեւոնդի խրատել զժողովուրդն եւ քաջալերել: Եւ սուրբ երէցն Ղեւոնդ զամենայն զգիշերն անձանձրոյթ առաքելական վարդապետութեամբ զաւրացուցեալ ուսուցանէր զամենեսեան յորդաբուղխ իմաստութեամբ, առակաց մեկնութեամբք, հոգէշնորհ վարդապետութեամբ. որոյ բանքն նըման քաղցրութեան մեղու բղխէին ի բերանոյ արդարոյն, որ էր լսողացն ցնծութիւն. եւ ախորժաբար զնա ծանուցանէր վերին ազդեցութեամբ լուսաճաճանչ պայծառութիւնն ի նմա ներքին մարդոյն եւ տեսակութիւն հրեշտականման երեսացն կերպարանի: Զոր եւ յառաջագոյն ժամանակի, կալով ի քուն սրբոյն, այրն Աստուծոյ Մաշտոց վարդապետն նորին՝ հանդերձ եւ այլ աշակերտաւք իւրովք,

Then [the Armenians] gathered and encamped near the Iranian troops. The day drew to a close. Evening approached, and as usual they held worship and were filled with prayers. They modestly rejoiced in their food. Having done all of this they accepted a command of the holy priests to say the evening prayers with wakeful entreaties. Until morning all the ranks of priests encouraged the multitude of troops (sometimes with laments from the psalm-book, sometimes with words of doctrine) to take heart for a moment, and then to inherit inexhaustible goodness. The holy priest Yovsep', who held the throne of the Catholicosate of Armenia, commanded Ghewond, that venerable man of God, to advise and encourage the people. The holy priest Ghewond fortified and taught everyone the entire night through with tireless Apostolic doctrine, and copious wisdom, with interpretations of the proverbs and illuminating doctrine. The words which flowed like sweet honey from the mouth of this just man brought delight to the listeners. A luminous clarity revealed itself in him by heavenly influence, and he appeared to have the face of an angel. (At an earlier time [in his life] his *vardapet* the man of God, Mashtoc', had chanced upon [Ghewond] while the blessed man was sleeping. Together with others of his students,

երանելեաւն Կորեամբ եւ Արձանաւ, տեսանէին արթնութեամբ ճառագայթեալ շուրջ զնովաւ լոյս սաստիկ. որք անդէն եւ անդ ծանեան երանելի արքն սուրբ Հոգւով զվախճան սրբոյն, թէ նախատակութեամբ կատարի. զոր թէպէտ եւ նմա ոչ յայտնեցին զսքանչելագործութեան զտեսութիւնն, սակայն ի բազում շշնջելն՝ պատմեալ հռչակեցաւ բան երեւմանս այսորիկ: Որ յուսուցանելն իւրում բազում բանս հոգեւորս՝ յիշեցուցանէր ամենեցուն զվարս եւ զժուժկալութիւն առաջնոցն, եւ նախ զանպատումն զհամբերութիւն սրբոյն Գրիգորի, ապա զայլոցն ամենեցուն. «Որոց գիտացեալ, ասէ, զվաղ եւ զանազան կենցաղոյս զվախճան՝ ընտրեցին ըմբռնել զյաւիտենից կեանսն: Ոմանք տանջանաւք եւ մահուամբ, ոմանք պահաւք եւ զետնատարած անկողնաւք, այլք աղքատսիրութեամբք եւ աւտարասիրութեամբք յանգէտս ընդունել զհրեշտակս արժանի եղեն. եւ կէսք աշխարհաշինութեամբք եւ արդար դատողութեամբ երեւեալ՝ ընտիր գտան Աստուծոյ: Քանզի ոչ բոլորեցունց դիպի մարտիրոսութեան վիճակն, այլ ըստ ժամանակի որպէս եւ բաշխէ վերին տեսչութիւն: Եւ պար տին առողքն՝ արդար վաճառականութեամբ գնել ընդ անցաւորիս զանանցն, ընդ ապականացուիս զանանց բարութիւնսն: Իսկ պահեալքդ այժմ մեծի եւ պատուական բաժակի՝ փութացուք լինել արժանի հասանել ի մասն ժառանգութեան սրբոցն ի լոյս. զորոց զպատուականութիւնն սաղմոսերգուն գոչէ ասելով. Պատուական է առաջի Տեառն մահ սրբոց իւրոց: Ահա եւ ճգնաւորն Գրիգորիոս վարդապետն ձեր կոչէ զձեզ յերկնային քաղաքն Երուսաղէմ, յամենատենչ եւ յանուշահոտ ընթրիսն Քրիստոսի, ուստի մերժեալ են ցաւք եւ տրտմութիւնք եւ հեծութիւնք»:

the venerable Koriwn and Arjan, [Mashtoc'] saw in waking how a brilliant light radiated forth around him. Then and there, through the holy Spirit, these venerable men realized that the blessed man [Ghewond] would die a martyr's death. Although they did not reveal this miraculous occurrence to him, nonetheless word of this vision spread about through many rumors). [Ghewond] recalled for all who depended on him many spiritual things, [such as] the lives and forbearance of earlier people. [He spoke] first of the dishonoring and patience of saint Gregory, and then about all the others. He said: "Those who experience a premature and slow death, have chosen eternal life. Some people were unknowingly worthy of receiving the Good News—people who [experienced] torments and death, some keeping fasts, on pallets, others because of their love for the poor and for strangers. Others were chosen by God for their judicious judgements and for making the country bloom. But the fate of a martyr is not shared by all, rather it is given from time to time by heavenly Providence. Those who receive it should purchase through just business the eternal rather than the transitory, eternal goodness rather than pollution. And now those of us who have been kept for the great and honorable Cup will hasten to be worthy of attaining a portion of the inheritance of the luminous saints. The psalmist sang of their respectability: 'The death of His saints before the Lord is respectable.'[33] Behold the ascetic Gregory, your *vardapet* calls you to the heavenly city of Jerusalem, to the most desired and fragrant supper of Christ, where pain and sorrow and lamentations do not exist".

---

33 Psalm 116:15.

Բազում եւ այլ բանիւք հոգեղինաւք եւ շնորհաւք վարդապետութեամբք քաջալերէր զիւրաքանչիւր ոք ի մեծամեծ աւագանւոյն Հայոց սուրբն Ղեւոնդ, հանդերձ երանելեաւն Յովսէփաւ. որ թէպէտ եւ զձեռնադրութիւն երիցութեան ունէր՝ սակայն յաթոռ կաթողիկոսութեանն էր վիճակեալ արժանաւորապէս: Որոց խրատեալ եւ զաւրացուցեալ հոգեւոր բանիւք զամենայն գիշերն՝ լինէր ամենայն մարդ ի կամաւոր լսողացն վառեալ, որպէս աներկիւղ ամրութեամբ, սուրբ Հոգւոյն զինու: Որք զաւրինադրեալ ժամս գիշերոյն կարծէին երկայնագոյն քան զայլ գիշերացն, եւ տեսանել զառաւաւտ փրկութեանն բաղձային, որպէս զի հասեալք արբցեն զբաժակ արքայութեանն երկնից:

Որոց աստուածաշնորհ բանից եւ մարտիրոսայորդոր վարդապետութեան հրեշտականման տեառն Յովսէփայ եւ Ղեւոնդի մտադիւրութեամբ լուեալ երանելւոյն Վարդանայ տեառն Մամիկոնէից՝ տայր պատասխանի, թէ «Սուր քահանայից եկեղեցւոյ պատիւ ձեռնադրութեան ոչ է ի մարդկանէ, այլ ի սուրբ Հոգւոյն յաջորդեալ շնորհէ. նոյնպէս եւ բանք սոցա զամենայն առողջ խորհուրդս լսողացն ի յերկինս հայեցուցանէ. որպէս եւ այժմ իսկ զամենայն գիշերս անհանգիստ ձայնիւ յորդորէին զամենեեան յերկնաւոր ընթրիսն, յիշեցուցանելով մեզ զչարչարանսն սրբոյն Գրիգորի. յորոց բազումք որ աստ կամք, ոչ միայն աշակերտք, այլ ազգախառնութեամբ եմք հաղորդեալք:

The blessed Ghewond encouraged each member of the grandee nobility of Armenia with many other words of spiritual and inspired doctrine. He was aided by the venerable Yovsep', who, although ordained as a presbyter, nonetheless had the fortune to be worthy of the Catholicosal throne. They counseled and fortified them with spiritual words all night, until each of the willing listeners became, as it were, armed with fearless strength by the holy Spirit. These were people to whom the decreed hours of the night seemed longer than on other nights, and they longed to see the dawn of salvation, to be able to drink the Cup of the Kingdom of Heaven.

When the venerable Vardan, lord of the Mamikoneans, heard the divinely-inspired words and the doctrine exhorting martyrdom from the angelic lord Yovsep' and the diligent Ghewond, he replied: "The dignity of ordination of blessed priests of the Church comes not from mankind, but is bestowed by the holy Spirit. Their words cause all rational listeners to look toward Heaven, just as this very night long they have been ceaselessly urging everyone to the Heavenly banquet, recalling for us the torments of saint Gregory. Many here are not only [Gregory's] pupils, but are blood-relations.

Փութացո՛ւք ժամանել ի հարսանիսն Քրիստոսի եւ ի հրաւիրակսն, ի գունդ սուրբ առաքելոցն, եւ յընթրատուն Քրիստոս, որ բացեալ զդուռն արքայութեանն՝ սպասէ ընդունել զամենեսեան եւ ուրախ առնել. որոյ ուրախութիւնն մշտնջենաւոր է եւ անանց եւ անվախճան: Փութացո՛ւք առանց յապաղելոյ, եւ մի՛ ոք նման Յուդայի, որ յառաքելական դասուէն քակտեցաւ՝ նման նմա գտցի. որպէս եւ յայսմ գիշերի տեսէք, որք մեղկեալ զկնի սատանայի ընթացան: Այլ ես բաժակին, որում վաղնջուցն ցանկացեալն էի՝ փափաքանաւք ընդունիմ, եւ ըստ գրեցելումն գոչեմ. Զբաժակ փրկութեան ընկալայց եւ զանուն Տեառն կարդացից:

Եւ զայս ամենայն այսպէս խաւսեցեալ սրբոյ զաւրավարին՝ ի ժամ հաւուն ասելոյ հրաման տային սուրբն Յովսէփ եւ Ղեւոնդ, հանդերձ ամենայն քահանայիւքն, զպաշտաւն կանոնին կատարել, որով նպարակեալ վառեալ զինու Հոգւոյն յուղարկէին յասպառածատունն վայելչութեան դրախտն: Եւ հաղորդեալ զաւրացն Հայոց ի պատուական խորհրդոյն մարմնոյ եւ արեան՝ ի գործ առաջիկայ երկնաւոր իրացն փութային:

39. Վասն զի մերձեալ էր այնուհետեւ ժամ ելից արեգական, եւ գունդն Պարսից ճակատել ի պատերազմն պատրաստէին եւ վառէին, եւ սուրբն Վարդան տէրն Մամիկոնէից բաժանեալ զիւր գունդն յերիս առաջս՝ միջոցի գնդին կարգէր գլխաւոր զտէրն Արծրունեաց, եւ զմարդպետոն Միհրշապուհ՝ հանդերձ իշխանաւն Արշարունեաց

Let us hasten to the wedding of Christ, to join the guests, the brigade of holy Apostles, in Christ's dining hall where [Christ] has opened the door of the Kingdom and waits to receive everyone and make them happy with an eternal, endless and immortal happiness. Let us make haste without delay. And let none resemble Judas who was torn from the ranks of the Apostles. As you have seen tonight, those who weaken trail after Satan. But I will take that cup which I have long desired and drink of it with eagerness, crying out the Biblical prescription: 'I take the cup of salvation and call upon the name of the Lord.'"[34]

After the blessed general had said all of this, at cock's crow the holy Yovsep' and Ghewond commanded all the priests to perform mass, so that armed with the holy Spirit [the troops] would be accompanied to God's beautiful Paradise. After the Armenian troops had communed in the body and blood [of Christ], they hastened to work on this divine matter before them.

39. It was close to the hour of sunrise, and the Iranian brigade was arming and preparing to form into military fronts. The blessed Vardan, lord of the Mamikoneans, divided his brigade into three fronts. As head of the center wing he appointed the lord of Arcrunik' and the *mardpet* Mihrshapuh together

---
34 Psalm 116:13.

Արշաւրաւ եւ երանելի արամբն Արտակաւ, իշխանաւն Մոկաց, եւ այլ աւագ նախարարաւքն. եւ կողմանն աջոյ կարգէր աւագ՝ զերանելին Մախազ Խորէն, հանդերձ երանելեաւն Թաթլաւ, տեառն Վանանդայ, եւ սուրբ արամբն Ներսեհիւ Քաջբերունոյ եւ այլ աւագ նախարարաւքն. եւ ընդ ահեկէն կողմանէ պատրաստէր զինքն իւրով գնդովն եւ իշխանաւն Առաւեղենից Փափագաւ եւ այլ իշխան նախարարաւքն Հայոց. քանզի յայն կողմանէ առաւելապէս երեւէր ղակիշ գնդին Սիւնի զաւրուն եւ այլ զաւրաւոր արանց նշանք դրաւշիցն: Եւ զՀամազասպեան զիւր եղբայրն թողոյր վերջապահ, եւ պատուիրէր նմա՝ մի՛ զոք բռնադատել, այլ յորդորել միայն բանիւք՝ յաղագս իւրեանց փրկութեան:

Եւ այսպէս բաժանել յերիս առաջս զզօրսն Հայոց սրբոյն Վարդանայ, եւ օրհնեալք ի բերանոյ սուրբ քահանայիցն, օրհնաբանելով զԱստուած՝ յարձակէին ի վերայ միմեանց երկոքին կողմանքն, Հայոց եւ Պարսից: Եւ ելեւելս արարեալ այնուհետեւ՝ յառաջէին արք ցանկացաւղք մարտիրոսութեան պսակին, եւ զզաւրսն Պարսից ի փախուստ դարձուցանէին զառաջինսն: Իսկ այլ բազմութիւն զաւրացն Հայոց, որք առ հարկի եւ ոչ կամաւ, մանաւանդ զի եւ զայլս յերկուանալոյ եւ դարձուցանելոյ յետս, որք երկնից բարութեանց ցանկացեալք էին՝ անդէն ի փախուստ դարձեալ կորնչէին զյաւիտենից կորուստն: Եւ տեսեալ զաւրացն Պարսից զգունդն Հայոց լքեալս եւ պարտասեալս առ ի կոտորել զազգն իւրեանց, հայեցեալ եւ յայն եւս, զի փախուցեալ երթային զաւրքն Հայոց՝ ի մէջ առեալ շուրջ զնաւքաւք պատեալ ծովանային. ուր եւ ցանկալի խնդրոյն դիպեալք՝ կատարէին այնոքիկ:

with the prince of Arsharunik', Arshawir, and the venerable men of Artak, prince of Mokk', and other senior *naxarar*s. As chief of the right wing he appointed the venerable Maxaz Xoren, with the venerable T'at'ul, lord of Vanand, the blessed Nerseh K'ajberunik', and other senior *naxarar*s. He readied the left wing himself, with his own brigade and with the prince of Arhawegheank', P'ap'ag, and other princely *naxarar*s of Armenia, for it was on that side that the encampment of the brigade of Siwnik' troops, and the banners of other military men could be most clearly discerned. He left his own brother, Hamazaspean, as the rear guard and ordered him not to force anyone [to fight], but rather only to exhort them with words, for their own salvation.

Thus once the blessed Vardan had divided the Armenian troops into three fronts, and they were blessed by the holy priests, the two sides, Armenian and Iranian, attacked each other, the Armenians blessing God as they attacked. Vying with one another, those who sought the crown of martyrdom advanced and turned the first Iranian troops to flight. But another multitude of Armenian troops, which had come under obligation and not voluntarily, though they had strived for goodness, nonetheless wavered and turned back, and suffered eternal loss in their flight. When the Iranian troops saw how the Armenian brigade was abandoned and fatigued from killing their own people, and how they were fleeing, they went into their midst and surrounded them like a sea. Those [Armenians] who had been hoping to achieve [martyrdom] attained it there.

VOLUME I

Ստիպով այնուհետեւ զհետ փախստէիցն Հայոց անցանէին զաւրքն Պարսից. որոց հասեալ՝ զոմանս կոտորէին, եւ զայլ ոմանս արգելեալ ի տեղի ինչ ամրոց արգելուին. որոց ոմանք հատեալ զնիզակափակ գիշերոյն պահապանացն եւ զբազումս ի նոցանէ կոտորեալ՝ գնացին ողջանդամք: Եւ այգոյն ի փախստէիցն Հայոց ձերբակալ առարեալ ածին ի բանակն եւ կոտորեցին սրով, եւ զայլս բազումս արկեալ զփղաւք սպանանէին. եւ մնացորդք փախստէիցն յայլ եւ այլ տեղիս Հայաստան աշխարհիս ցրուեցան:

Բայց որ ի ժամուն երանելի եւ երկնաւոր կոչմանն եղեն արժանաւորք ընդ սրբոյն Վարդանայ եւ նահատակեցան՝ են այսոքիկ.

յազգէն Խորխոռունեաց՝ երանելին Խորէն.
յազգէն Պալունեաց՝ երանելի սեպուհն Արտակ.
յազգէն Գնդունեաց՝ երանելին Տաճատ.
յազգէն Դիմաքսենից՝ երանելին Հմայեակ.
յազգէն Քաջբերունեաց՝ երանելին Ներսէհ.
յազգէն Գնունեաց՝ երանելին Վահան.
յազգէն Ընծայնոյ՝ երանելին Արսէն.
յազգէն Սրուանձտայ՝ երանելին Գարեգին:

Եւ որպէս շատ խուզիւ եւ բազում քննութեամբ հարցեալ եւ ուսաք զնահատակելոցն թիւ, որք ի տեղւոջ պատերազմին պսակեցան ընդ աւագ նախարարսն՝ երկերիւր եաւթանասուն եւ վեց այր:

But then the Iranian troops quickly went after the Armenian fugitives. They killed some of those [Armenians] whom they caught up with; others they restricted in some secure place (but some [of the fugitives] at night attacked and killed many of the armed guards, and got away unharmed). In the morning [the Iranians] took the arrested fugitive Armenians to camp. Some they put to the sword, many others they trampled under elephants. The remainder of the fugitives were dispersed to one or another place in the land of Armenia.

Those who were worthy of the blessed, heavenly summons and were martyred there with the holy Vardan were as follows:

from the Xorxorhunik' *azg*, the blessed Xoren,

from the Palunik' *azg*, the blessed *sepuh* Artak,

from the Gndunik' *azg*, the blessed Tachat,

from the Dimak'sean *azg*, the blessed Hmayeak,

from the K'ajberunik' *azg*, the blessed Nerseh,

from the Gnunik' *azg*, the blessed Vahan,

from the Encaynik' *azg*, the blessed Arsen,

and from the Sruanjteayk' *azg*, the blessed Garegin.

As we discovered through much investigation and inquiry, the number of those martyred with the senior *naxarar*s at the site of the battle was two-hundred and seventy-six.

Եւ զորս յամրոցացն իջուցեալ սպանին սրով եւ կամ փղաւք կոխեցին՝ եաւթն հարիւր եւ յիսուն այր. որք լինին միահամուռ հազար երեսուն եւ վեց այր. զորոց իւրաքանչիւր անուն վարձահատոյցն Քրիստոս գրեալ պահէ ի դպրութեան կենաց: Իսկ ի զաւրացն Պարսիցն, որք անկան ի պատերազմին յաւուրն յայնմիկ, զոր ստուգիւ համարեալ պատմեցին մեզ, տեղեկացեալք ի զաւրագլխացն Պարսից, երեք հազարք հինգ հարիւր քառասուն եւ չորս այր:

40. Եւ յետ վճարելոյ այսպէս գործոյ պատերազմին, եւ մարդասիրին Աստուծոյ զիւր սիրելիսն առ ինքն կոչելոյ՝ հրովարտակ առնէր Մուշկան Նիւսալաւուրտ առ թագաւորն Արեաց Յազկերտ, եւ զեւս գործոյ պատերազմին գիտել տայր, գրեալ զյաղթութեանն աւետիս եւ յանուանէ զհամար անկելոցն յերկոցունց կողմանցն պատերազմին: Զոր լուեալ արքային Յազկերտի զկոտորումն լաւ արանց ի գնդէն Պարսից եւ զմահ առն Վարդանայ՝ յահաւոր սուգ ընկղմեալ խռովէր, յիշելով զքաջութիւն առնն եւ զլաւութիւնն՝ զոր արարեալ ընդ թշնամիս բազում անգամ ի վերայ աշխարհին Արեաց եցոյց: Պատասխանի առնել հրամայէր հրովարտակին, եւ զՄուշկան Նիւսալաւուրտ հանդերձ գնդաւն ի դուռն կոչէր: Եւ զԱտրորմիզդ ոմն անուն, յաշխարհէն Հայոց, մարզպան հրամայէր թողուլ, որում յանձն առնէր հրովարտակով զմարդիկն Հայոց չընդոստուցանել, այլ սիրով նուաճել, եւ զպաշտաւն քրիստոնէութեանն համարձակապէս ունել ամենեցուն:

Those who had been brought down from strongholds and killed with the sword or trampled by elephants added up to 750 men. Thus 1,036 men died. Christ the requiter keeps all of these names written in the Book of Life. As for the Iranian casualties, the figure 3,544 was related to us as accurate by people who had learned it from the Iranian military commanders.

40. When the battle had come to this conclusion, and humane God had called his dear ones to Him, Mushkan Niwsalawurt sent a *hrovartak* to Yazkert, king of the Aryans, informing him of the outcome of the war, the glad tidings of victory, and an accounting by name of those [prominent] people who had fallen in battle on both sides. When king Yazkert heard about the deaths of good men from the Iranian brigade, and about the death of Vardan, he fell into an awesome mourning, remembering the man's bravery and goodness which he had demonstrated many times defending the Aryan world against enemies. [Yazkert] ordered that as a reply to the *hrovartak* Mushkan Niwsalawurt together with the brigade should be summoned to court. He ordered that a certain man named Atrormizd, from the land of Armenia, be left there as *marzpan*. He urged him by *hrovartak* not to agitate the Armenian people but rather to subdue them with affection, and to permit everyone to practice Christianity freely.

Եւ տեսեալ Մուշկանայ զհրովարտակն թագաւորին Յազկերտի, եւ լուեալ զբանսն ի հրովարտակէն՝ կացուցանէր ի Հայս մարզպան զԱտրորմիզդ Արշական, եւ զիրս ամենայն ըստ գրեցելոցն ի հրովարտակէն թագաւորին՝ նմա յանձն առնէր։ Դառնայր Մուշկանն հանդերձ աւազանաւորն եւ այլ ամենայն գնդիւն յերկիրն Պարսից։ Եւ մընացեալ Ատրորմիզդ մարզպան աշխարհիս Հայոց՝ բազում թուղթս խաղաղութեան առնէր ի տեղիս տեղիս Հայոց աշխարհին, թէ «Եկա՛յք շինեցարո՛ւք աներկիւղութեամբ, եւ մի՛ ինչ զարհուրիք». յորս գրէր եւ կնքէր աւետաւոր բանս, շնորհել ամենեցուն զկարգ քրիստոնէութեան, որպէս եւ կամիցի ըստ իւրաքանչիւր կամաց։ Որք ի համբաւն՝ խնդութեամբ ի Պարսից եւ ի Սիւնեաց ժողովեցան ամենեքեան։

41. Սա եւ ի վերայ ժողովելոցն առ երանելին Հմայեակ յամուրսն Տայոց՝ գունդ կազմէր այրընտիր բազմութեամբ ի Պարսից եւ ի Սիւնեաց. եւ յերկուս բաժանեալ զգունդն՝ կարգէր նոցա զաւրագլուխս զԱրտէն Գաբեղեան եւ զՎարազշապուհ Պալունի։ Քանզի բազմութիւն փախստէիցն Հայոց, նախարարք եւ սեպուհք, ոստանիկք եւ ռամիկք, դիմեալ ի յերկիրն Տայոց՝ ժողովէին առ Հմայեակ եղբայր սրբոյ զաւրավարին Վարդանայ, որ էր յամեալ յաշխարհին Յունաց, խնդրել զաւրս ի թագաւորէն, ըստ յառաջագոյն գրելոցն ի կարգի։ Որք երթեալք յանդիման եղեն թագաւորին Թէոդոսի. որոյ լուեալ զպատճառ նոցա երթիցն՝ սիրով լսէր ի նոցանէ, եւ յանձն առնոյր աւգնել նոցա գնդիւ. եւ մինչդեռ պատրաստէր զիրս խոստմանն՝ հասեալ վախճան սրբոյն՝ վճարէր ի կենցաղոյս։

When Mushkan saw the *hrovartak* of king Yazkert and heard its contents, he established Atrormizd Arsakan as *marzpan* in Armenia, and entrusted him with implementing everything written in the king's *hrovartak*. Mushkan and the nobility and the entire brigade returned to the country of Iran. Atrormizd, the *marzpan* of Armenia, who remained there sent many letters of peace to the different places of the land of Armenia, saying: "Come and build courageously, and fear nothing." He wrote and sealed this good news granting all of them whatever form of Christianity they wanted. At this news, all the people of Iran and Siwnik' assembled joyfully.

41. This was in addition to those who had assembled near the venerable Hmayeak in the strongholds of Tayk', where the latter organized a brigade from the select multitude of Iran and Siwnik'. He divided the brigade into two parts, appointing Arten Gabeghean and Varazshapuh Paluni as their military commanders. For a multitude of the fugitive Armenians—*naxarar*s and *sepuh*s, *ostanik*s and *rhamik*s—had headed for the country of Tayk' and had assembled near Hmayeak, brother of the blessed general Vardan. Hmayeak had been delayed in the land of Byzantium, requesting troops from the emperor, as was mentioned earlier. Those traveling with him went before the emperor Theodosius.[35] [The emperor] heard the reason for their arrival, and then listened to it again from them, affectionately. He agreed to aid them with a brigade. But while this holy man was preparing to fulfill his promise, his end overtook him and he passed from this life.

---

35 Theodosius II, 408-450.

Եւ թագաւորէ փոխանակ նորա Մարկիանոս, որոյ եւ տեղեկացեալ նորա զպէտս խնդրոյն իրացն Հայոց՝ հարցանէր զաւագս դրանն, թէ ո՛րպիսի թուի ձեզ պատասխանի առնել արանցդ եկելոց յաշխարհէն Հայոց առ ձեզ: Պատասխանի տուեալ Անատոլեայ, որ ի ժամուն ասպարապետ էր Անտիոքայ, եւ Փղորենտի ուրումն առն՝ ասորի ազգաւ, որ էր աւագ դրանն թագաւորին, եւ ասեն. «Մեզ ոչ թուի հաճոյ արհամարհել զուխտ եւ զհաստատութիւն, զոր ի բազում ժամանակաց գրեալ եւ կնքեալ է առաջին թագաւորացն, եւ գրգռել պատերազմաւ իրս մի խաղաղացեալս, եւ ի բաց հանել զաշխարհ մի ի ծառայութենէ թագաւորին իւրեանց: Այլ եւ զեւս անյայտ իրացդ պարտ է ածել զմտաւ, զոր ոչ ոք կարէ գիտել, թէ ո՛րպէս, դիւրեա՞ւ եւ կամ սաստիկ պղտորմամբ պատերազմդ եղեալ վճարեսցի»: Եւ զայս այսպէս ասացեալ՝ կասեցուցին զմիտս թագաւորին, եւ վնասեցաւ ակնկալութիւն Հայոց, որում ուշ եղեալ մնային, եւ ոչ պատահեցաւ: Եւ մինչդեռ յապաղեալ էր զրոյց պատասխանւոյն այսպէս՝ հասեալ գործ պատերազմին Հայոց եւ Պարսից կատարէր:

Եւ տանուտեարքն Հայոց եւ նախարարք, որք երթեալն էին յաշխարհն Յունաց, իբրեւ տեսին, թէ ոչ ինչ աւգտեցան յաղագս որոյ աշխատն եղեն՝ դարձան եւ փութային գոնեայ ի յուսոյ փրկութենէն չվրիպել, այլ զի արժանի լիցին ընդ ընկերս իւրեանց ըմպել զմարտիրոսութեան բաժակն: Եւ ոչ ժամանեալ ի գործ ժամու պատերազմին՝ առ վայր մի առ լերամբն որ կոչի Պարխար, մերձ առ սահմանակցութիւնն Խաղտեաց, ամրագոյն տեղի մի գտեալ դադարեցին, թէ ո՛րպէս առաջիկայ իրացն մարթասցեն պատրաստել:

He was succeeded by Marcian [450-457], who, when informed about what was needed for matters in Armenia, asked the seniors at court: "What reply do you think we should give to the men who have come to us from Armenia?" [Two individuals], Anatolis (who was then the *sparapet* of Antioch) and a certain P'ghorent (a man of Syrian nationality, who was chief of the emperor's court) replied, saying: "It is not agreeable to us to scorn the covenant and stability which has for a long time existed among previous kings, a covenant both written and sealed, and to aggravate a peaceful situation with warfare, and to remove a land from the service of its king. Furthermore, we must think about what might happen, something no one knows for sure. Would such a [proposed] war be resolved easily or with extreme confusion?" With these words, they changed the emperor's mind, and the hopes of the Armenians [which the delegation] was concerned with and [the reason that it remained there, were injured and not realized. While the matter of the [Byzantine] response was being delayed thus, the war between the Armenians and the Iranians had begun.

When the Armenian *tanuter*s and *naxarar*s who had gone to the land of Byzantium saw that they had not been able to accomplish anything that they had been working for, they returned and made haste so that perhaps they would not lose out in the hope of salvation, but be found worthy to drink the cup of martyrdom with their comrades. But they did not arrive in time for the battle. For the moment, they found an extremely secure place and stayed there, by the mountain called Parxar, close to the borders of Xaghteac', to prepare as they could for whatever happened next.

Յորոց վերայ տեղեակ առաջնորդաւք եկեալ զցայգն, եւ ընդ ծագել առաւաւտուն պատրաստքն զինուք անկանէին ի վերայ այնց նորին ընկերաց Հմայեկայ Մամիկոնէի, ի գիւղն որ անուանի Որջնիաղ, ի գաւառին Տայոց. քանզի ի ժամուն իջեալ էին ի յամրոցացն լերինն Պարխարայ. արք փախստէիցն ճեպով յիւրաքանչիւր երիվարս հասանէին: Ոմանք մերկանդամք եւ ոմանք զինեալք հարկանէին ի զաւրացն Պարսից. եւ դարձուցեալ ընդ կրունկն՝ անդէն փախստականս առնէին. յորոց զբազումս անդէն ի շինամիջին եւ զայլս ի մէջ այգեստանոյն յերկիր կործանէին: Անդ զկատարելութեան պսակն ընդունէր, զոր երանելի սեպուհն Հմայեակ փափագանաւք եւ բազում ցանկութեամբ խնդրէր՝ ժամանել զկնի սուրբ եղբաւրն իւրոյ եւ վաղվաղակի լսելի լինէր. զի հայեցեալ Աստուծոյ ի փափագ առնն՝ կատարէր զհայցուածսն եւ պսակէր զսուրբն:

Իսկ զօրն ուխտապահացն, որք առ սրբոյն Հմայեակի ժողովեալ էին, իբրեւ տեսանէին զիրսն՝ ի սուգ մեծ մըտեալ ի վայր կործանէին, չունելով ամենեւին յոյս մխիթարութեան. այլ անձամբ անձին այր իւրաքանչիւր զվճիռ վատ մահու եւ չարաչար կորստեանն կատարեալ տեսանէր. զարհուրեալք անդէն ի վեր ի լեառն դառնային ի Պարխար, հայթայթանս իմն առ չարի ի սուգ պատճառանաց մեծի եւ ահաւոր հասելոյ տրտմութեան հաշուէին: Եւ լուեալ Ատրորմզդին մարզպանին Հայոց զայնչափ լաւ արանց զծախս ի գնդէն Պարսից եւ Սիւնեաց, թէպէտ եւ սաստիկ տրտմութեամբ խռովէր, այլ յորժամ լսէր զվախճան հրաժարելոցն սրբոյն Վարդանայ եւ Հմայեկի՝ մխիթարեալ ուրախանայր մեծապէս, ճանաչելով զբարձումն սպառ սպուռ քաջ զաւրավարացն:

At the break of dawn, prepared, armed [Iranians] informed [about the Armenians' whereabouts] through guides, fell upon Hmayeak Mamikonean and his companions in the village named Orjnahagh in the district of Tayk'. At the time they were coming down from the strongholds of Parxar mountain. [Iranians] with the speed of fugitives caught up with each one's horse. Iranian troops struck at some unarmed and some armed. Turning about, [the Iranians] made them flee. Many were killed there in the town, others, in the vineyard. It was there that the blessed *sepuh* Hmayeak received the crown of perfection, which he had greatly longed and sought for. His request to follow after his holy brother was quickly heard. For God heard the man's request and granted it, and crowned him a saint.

Now when the oath-keepers who had gathered by the holy Hmayeak saw what had happened, they were overcome with great mourning, having no hope of consolation. For each man saw before him the verdict of an evil death and ruin, as though carried out. Terrified, they retreated back up the Parxar mountain, considering it an expedient of sorts against the wicked despair that resulted from the great and terrible mourning. When Atrormizd, the *marzpan* of Armenia, heard that so many fine men from the brigade of Iranians and Siwnec'ik' had been lost, although he was upset by great sadness, nonetheless, when he heard about the deaths of blessed Vardan and Hmayeak, he was greatly comforted, knowing that the brave generals had been finally eliminated.

42. Խորհուրդ ի մէջ առեալ, թէ ո՛րպէս հնարեսցին որսալ զարսն փախստականս առանց Արեաց կռուոյ, եւ ըմբռնել ըստ կամաց եւ ի հարկատրութեան կացուցանել զաշխարհս Հայոց. եւ յայս միտս հաստատեալ կային, թէ բայց միայն սուտ երդմամբ եւ սնոտի խոստմամբ հաւանեցուցանել զմիտս որերոյն կարաւսցեն, առանց կռուոյ: Առաքէր առ նոսա մարզպանն Ատրորմիզդն ի բանէն արքային Յազկերտի, եւ երդնոյր նոցա դաւով, թէ ոչ զոք սպանանեմք ի ձէնջ, եւ ոչ զտէրութիւնդ եւ զպատիւ հանեմք յումեքէ: Եւ այսպէս նենգով նուաճեալ զմարդիկն՝ կալաւ զամենեսեան, եւ տայր խաղացուցանել ի դուռն Արեացն՝

զիշխանն մեծ Արծրունեաց զՆերշապուհ,
եւ զիշխանն տանն Ամատունեաց,
եւ զիշխանն տանն Վանանդեայ,
եւ զիշխանն տանն Արշարունեաց զԱրշաւիր,
եւ զիշխանն տանն Անձեւացեաց զՇմաւոն,
եւ զիշխանն տանն Ամատունեաց զՎահանն,
եւ զիշխանն Գնթունեաց,
եւ զիշխանն Աշոցաց
եւ զիշխանն Առաւեղենից զՓափաք,
եւ զիշխանն Տաշրայ զՎրէն,
եւ զիշխանն Արծրունեաց զԱպրսամ,
եւ զայլս ի տանուտերացն եւ յաւագ սեպհացն,

Խաղացուցանէին ի դուռն թագաւորին Յազկերտի: Կամեցեալ չու առնել գնալ ի դուռնն եւ ինքն նենգաւոր իշխանն Սիւնեաց Վասակ, բայց նախ տայր խաղացուցանել յառաջգոյն քան զինքն:

42. [The Iranians] then took counsel to devise a means of hunting the fugitives without using Aryans to fight, to hold them as they wanted, and to put the land of Armenia into tribute-paying status. They decided that they could sway the minds of the folk without warfare only by false oaths and worthless promises. The *marzpan* Atrormizd sent [to the rebels] in the name of king Yazkert and falsely swore that none of them would be killed and that no one's *terut'iwn* or *patiw* would be taken away. Thus did he deceitfully subdue them. He seized them all and sent the following men to the royal court of the Arians:

> the great prince of Arcrunik', Nershapuh,
> the prince of the tun of Amatunik',
> the prince of the *tun* of Vanand,
> the prince of the *tun* of Arsharunik', Arshawir,
> the prince of the *tun* of Anjewac'ik', Shmawon,
> the prince of the *tun* of Amatunik', Vahan,
> the prince of the Gnt'unik',
> the prince of Ashoc'k',
> the prince of the Arhawegheank', P'ap'ak,
> the prince of Tashir, Vren,
> the prince of Arcunik', Aprusam,
> and other *tanuter*s and senior *sepuh*s.

He sent [all these] to the court of King Yazkert. Vasak, the duplicitous prince of Siwnik', also wanted to go to court, but he sent the others before he went.

Իսկ ի սուրբ քահանայիցն Հայոց, զորս կալեալ էր նախագոյն եւ եդեալ ի տեղիս տեղիս յամուրս բերդիցն Սիւնեաց՝

Զսուրբ երէցն Յովսէփ, որ զկաթողիկոսութեանն ունէր զաթոռ ի ժամուն,
եւ զտէր Ղեւոնդ, եւ զքահանայսն Արածայ՝
զտէր Սամուէլ եւ զտէր Աբրահամ.
ընդ որս կալեալ տանէին եւ
զսուրբ եպիսկոպոսն Ռշտունեաց զտէր Սահակ,
եւ զդրան երէցն իշխանին Արծրունեաց Ներշապհոյ՝
զտէր Մուշէ,
եւ զսուրբ երէցն զԱրշէն
եւ զսուրբ սարկաւագն զՔաջաջ:

Բայց զսուրբ եպիսկոպոսն Բասենոյ զտէր Թաթիկ՝ էր յառաջագոյն տուեալ տանել զաւրագլխացն Պարսից ի Խուժաստան, ըստ քսելոյ իշխանին Սիւնեաց, եւ անդ խիստ կապանաւք պահէր: Տայր խաղացուցանել եւ զտղայսն, զոր կալեալ էր իւր ի տոհմէն Մամիկոնէից եւ Կամսարականաց եւ ի յայլ տոհմէ իշխանացն Հայոց. կարծեցեալ առնել մեծապէս սպաս թագաւորին Յազկերտի եւ ամենայն աշխարհին Արեաց, եւ առնուլ զպատիւ թագաւորութեան եւ զպարգեւս: Որ եւ առաւելապէս եղեւ նմա յԱստուծոյ աճումն ձաղանաց յաւուր թշնամանաց իւրոց, յորժամ նշաւակեալ խայտառակեաց զնա Յազկերտ՝ ամենայն աւագանւով դրանն, ըստ աներեւոյթ սադրելոյ նոցա ի վերուստ ազդեցութենէն արդարադատին Աստուծոյ:

The following were among the blessed priests of Armenia who had been seized earlier and placed in different secure fortresses in Siwnik':

The holy priest Yovsep' who then occupied the throne of the Catholicosate,
lord Ghewond,
lord Samuel and lord Abraham,
the priests of Arac
Also among those seized and taken were:
the blessed bishop of Erhshtunik', lord Sahak,
the court priest of Nershapuh, prince of Arcrunik',
lord Mushe,
the holy priest Arshen
and the blessed deacon K'ajaj.

Because of a grudge of the prince of Siwnik', the blessed bishop of Basen, lord T'at'ik had earlier been given to the Iranian military commanders to be taken to Xuzhastan, and he was kept there in harsh fetters. [Vasak] also sent [to court] the boys whom he had seized from *tohm*s of the Mamikoneans, Kamsarakans, and other princes of Armenia. [Vasak] thought to render a very great service to king Yazkert and to the entire Aryan world, and to receive honor of the realm and gifts. But God saw to it that he was yet more disgraced by his enemies on the day when Yazkert with all the court nobility ridiculed and dishonored him thanks to the unseen effect from on High of judicious God acting upon them.

Արդ խաղացուցեալ զամենեսեան զնոսա առաջի իւր յերկիրն Պարսից նենգաւորն Վասակ, յերեքտասաներորդում ամի Յազկերտի արքային Պարսից, եւ ինքն չու արարեալ սաստիկ կազմութեամբ եւ ուժգին ախիւք, մերձ ի հասանելն առ թագաւորն Պարսից, եւ զկարծեցեալ զխաբէական զիւր զմիամտութիւնն ծանուցեալ թագաւորին եւ աւագանւոյն Արեաց՝ եւ առնուլ վարձս ըստ մոլեկան խորհելոյն իւրոյ զթագաւորութիւնն իսկ Հայոց: «Ապա թէ յայնմանէ վրիպեալ ինչ, ասէ, գտանիմ՝ համայն զայլն ամենայն, զպատիւ եւ զգահս, առանց ամենայն երկբայութեան եւ յերկուանալոյ գտանեմ, եւ իմ են»: Եւ զտէր Աստուած ոչ հարցեալ, որ ասէ մարգարէիւն, թէ Թագաւորեցին, եւ ոչ ինեւ, եւ դաշինս կռեցին, եւ ոչ իմով կամաւ: Որում ի ժամ պատահելոյ նենգաւորին, ըստ իւրում կարծեաց, այսպիսի մեծամեծ պատուոյ, յառաջեալ արդարախնդիր բանն Աստուծոյ, եւ զդիմակս նենգաւոր խորհրդոց նորա մերկացեալ ցրուեալ՝ վեր ի վայր տապալեաց զամենայն դառն մտածութիւնս առն, որպէս զվայրաթոյն խորհուրդն Աքիտովփելայ:

Եւ արդ ելեալ սա զմիջոցաւ ճանապարհին, ուր զուրբ քահանայսն Աստուծոյ տանէին կապեալս, նստուցեալս ի վերայ ջորւոց, եւ բազմութիւնք չուելոցն, որ էինն ընդ անաւրինին Վասակայ՝ հասին նահատակացն Քրիստոսի: Եւ նոցա հարցեալ, եթէ «ո՞յր է բազմութիւնս այս»՝ լուան ի մարդկանէ, թէ «Սիւնեաց տեառնն է». եւ նոքա ասեն. «Աւաղիկ մաւտ առ մեզ գայ»:

Thus the duplicitous Vasak sent all [of the hostages] in advance of himself to the country of Iran, in the thirteenth year of king Yazkert of Iran. Then he himself went to the king of Iran with elaborate preparation and much equipage, thinking to reveal his treacherous loyalty to the king and nobility of the Aryans, and, in his crazed perception of things, to receive as payment the very kingdom of Armenia. "Should this not happen," he reasoned, "in any case I will receive *patiw* and standing without any doubt or dispute." But he did not ask the lord God, who said through the prophet: "They reigned, but not through me, and they made an agreement, but not through my will."[36] When the treacherous man's hour approached, he thought he was to receive great honor, but, as the above-cited just word of God suggested, the mask was pulled away from his duplicitous plans and all the man's bitter intentions were completely overturned, just as the poisonous plan of Achitophel had been.[37]

Thus seated on mules, Vasak and the multitude going with the impious one, set off on the journey, following the same road that the blessed priests of God were being taken on. [Vasak's party] approached the champions of Christ. The latter inquired: "Whose multitude is that?" A man replied: "The lord of Siwnik's." And they said: "He is approaching us."

---
36 cf. Isaiah 30:1.
37 2 Samuel 15:31.

Լռեալք ի հարցանելոյ սուրբքն՝ ճանապարհին ուշադրէին. եւ սուրբն Յովսէփ հարցանէր ցայրն Աստուծոյ Ղեւոնդ, թէ «Գիտեմ թէ հասեալ գայ ի մեզ Վասակ՝ լրբի անամաւթութեամբ սրտիւ գալ առ մեզ յողջոյն. եւ քոյ զմտաւ ածեալ՝ ո՛րպէս պարտ է առնել մեզ հրամայեա՛, եւ այնպէս առնեմք մեք»: Եւ սրբոյն Ղեւոնդի պատասխանի տուեալ ասէ. «Զվարդապետութիւն Փրկչին մի՛ խնդրեր ուսանել ի մարդոյ. Յոր քաղաք կամ ի գեաւղ մտանիցէք՝ ողջոյն ասացէք. եւ ուր գտցի որդի ողջունի՝ հանգիցէ ողջոյնն ձեր ի վերայ նորա, ապա թէ ոչ իցէ արժանի՝ առ ձեզ դարձցի ողջոյնն: Եւ այն ինչ կատարեալ նոցա զհարցուածսն առ միմեանս՝ եկեալ հասանէր առ նոսա նենգաւորն Վասակ Սիւնեաց տէր. եւ տեղեկացեալ ի նոցանէ՝ փաղփաղակի իջանէր յերիվարէն եւ ողջունէր զսուրբսն. որոց ոչ ինչ բնաւ կարծեցուցեալ թշնամութիւն ընդ նմա՝ յոյժ խնդալից սիրով տեսանէին զնա: Եւ մանաւանդ սուրբն Ղեւոնդ, որոյ անտրտում եւ զուարթերես միշտ տեսակ իւր, եւ ախորժակ բանիւ լրջմտութեամբ խաւսէր երկարս ընդ Վասակայ Սիւնեաց իշխանին: Որ իբրեւ լսէր զքաղցրաբանութիւնն եւ զշնորհալից բանս երանելւոյն՝ խելացնորեալ ի դիւէն՝ կարծեաց, թէ սոքա ոչ գիտեն իսկ զիմ արարեալ ի սոսա զչարիս. յաղագս որոյ եւ առաւելագոյն մխիթարեալ ի բանից առն Աստուծոյ Ղեւոնդի՝ երթայր ընդ նոսա երկարագոյնս:

The holy ones ceased asking questions and paid attention to the road. The blessed Yovsep' asked Ghewond, that man of God: "I know that Vasak, in his lewd shamelessness, is coming to greet us. Think what we ought to do, command us, and we will do it." The blessed Ghewond replied: "Seek not to learn the doctrine of the Savior from this man. 'Whatever town or village you enter, find out who is worthy in it, and stay with him until you depart. As you enter the house, salute it. And if the house is worthy, let your peace come upon it; but if it is not worthy, let your peace return to you.'[38] As they were ending their questions to one another, Vasak, the duplicitous lord of Siwnik', approached them. Informed about them, [Vasak] quickly dismounted and greeted the holy men. None [of the captives] in any way let it appear that they had enmity toward him, rather, they received him with joyful affection. This was especially true of the blessed Ghewond who always appeared happy and joyful, and who now spoke at length with Vasak the prince of Siwnik', using words of agreeable seriousness. Hearing the venerable man's sweet and gracious words, [Vasak] who was crazed by a *dew*, thought that they did not know about the evil he had done to them. For this reason, comforted even more by the words that man of God, Ghewond, [Vasak] traveled with them for a long time.

---

38 Matthew 10:11-13.

Եւ յետ կատարման խաւսիցն՝ կամեցեալ կոչել զնոսա Սիւնեաց տէրն, զորս եւ յաւուրն յայնմիկ աղաչեաց զսուրբսն՝ ճաշել ընդ նմա յաւթեւանին: Եւ յառաջեալ սակաւ մի նենգաւորին Վասակայ ի նոցանէ՝ ձայն զկնի եղեալ սրբոյն Ղեւոնդի՝ կոչէր զնա պատուոյն անուամբ մեծաձայն. «Սիւնեա՛ց տէր, Սիւնեա՛ց տէր»: Եւ նորա յաւժարապէս պատասխանի արարեալ. «Տեա՛րք, զի՛նչ ասէք»: Եւ սրբոյն ասացեալ. «Զամենայն ինչ մեր ասացեալ ընդ քեզ՝ զպիտոյսն եւ զառաւել աւգտակարսն մոռացաք հարցանել, թէ ո՞ւր երթաս»: Եւ նենգաւորին Վասակայ լուեալ զայս եւ ի մեծ տրտմութիւն ընկղմեալ՝ ասէր զարմացմամբ. «Առ տէրն իմ երթամ, գտանել ի նմանէ ըստ արժանի մեծ վաստակոցն զհատուցումն մեծ»: Եւ սրբոյն Ղեւոնդի պատասխանի տուեալ ասէ. «Կարծեցուցանէ զքեզ դեւդ, որ պատրեալ սադրեաց զքեզ նենգել սուրբ Աւետարանին ուխտի, թէ արդ միայն թագաւորութեամբ աշխարհին Հայոց կարեն Արիք տալ քեզ ըստ արժանի վաստակոց քոց զհատուցումն. այլ եւ ոչ մի ինչ է որ կարեն տալ քեզ փոխարէնս. բայց թէ արդարեւ դու կենդանութեամբ զգլուխդ ի վերայ ուսոցդ ի Հայս տանիս՝ ապա ընդ իս տեառն Աստուծոյ չէ խաւսեցեալ»: Եւ զայս լուեալ նենգաւոր իշխանին Վասակայ՝ վհատեալ խզեցաւ ամենայն սնոտի յոյսն իւր, եւ անդէն ծանեաւ զբեկումն անձին իւրոյ, որ մերձ ընդ մերձ հասանելոց էր ի վերայ նորա: Քանզի ոչ վրիպէր բան սրբոյն, մինչեւ կատարէր ամենայն:

After they were through talking, the lord of Siwnik' wanted the holy men to dine with him at their halting place, and he beseeched them for this. When the treacherous Vasak had advanced a little from where [the captives] were, the blessed Ghewond called out to him loudly using his title of honor: "Lord of Siwnik', Lord of Siwnik'!" [Vasak] eagerly responded: "What say you, Lords?" The holy man replied: "Of all we have said to you, we forgot to ask the most important and useful [information]. Where are you going?" The duplicitous Vasak heard this and sank into great despair. He replied in astonishment: "I am going to my lord, to receive a great reward for my great and worthwhile efforts." The blessed Ghewond answered: "Your *dew* which deceptively supported you in breaking the oath you made on the holy Gospel, now leads you to believe that the Aryans can give you only the kingship of the land of Armenia as a reward for your 'worthwhile efforts'—that, and nothing else. But indeed, should you, during your lifetime, manage to stick your head above the shoulders of the Armenians, then the Lord God has not spoken with me." When the treacherous prince Vasak heard this, all of his vain hopes were dispelled and dashed and he realized the personal destruction which was about to encompass him. For, when everything was over, the holy man's words did not miss the mark.

43. Եւ արդ՝ հասեալ ի դուռնն նենգաւոր իշխանն Սիւնեաց, եւ տեսեալ նախ զաւագանի դրանն արքունի՝ մտանէր եւ առաջի թագաւորին Յազկերտի. ընդունէին զնա թագաւորն եւ ամենայն մեծամեծքն արքունի առ վայր մի մեծարանաւք եւ շքեղութեամբ: Զի թէպէտ եւ գիտէին զվնաս նորա եւ զերդումն, եւ զուխտն զոր ուխտեալ էր նենգութեամբ ընդ սրբոյն Վարդանայ եւ ընդ ամենայն իշխանս աշխարհին Հայոց, յաղագս զնոսա կորուսանելոյ եւ զինքն հաւատարիմ ցուցանելոյ՝ սակայն ոչ ինչ զգացուցեալ տային գիտել նմա. այլ լռութեամբ որպէս զանգէտս պատուէին զնա՝ որպէս զայր հաւատարիմ եւ զբարեգործ, մինչեւ ածեալ հասուցանէին ի դուռն զսուրբ քահանայսն Աստուծոյ եւ զաւագս ի տանուտերացն Հայոց, ի սեպհացն՝ որ ապստամբն էին, ընդ նոսին եւ ի տոհմէն Մամիկոնէից եւ Կամսարականաց եւ յայլ ազգաց զտղայ մանկունսն ապստամբացն, զորս նախագոյն տարեալ նենգաւորին կացուցանէր առաջի հազարապետին Միհրներսեհի եւ այլ աւագանւոյ դրանն:

Եւ անաւրէնն հազարապետն Արեաց հրամայէր նախ զքահանայսն ածել զառաջեաւ. եւ հարցանէր զսուրբ երէցն Արածայ զՍամուէլ, եւ զնորին զհգւոյ որդին, զսուրբ սարկաւագն զԱբրահամ, որոյ զկրակն անցուցեալ էր զԱրտաշատու. «Ո՞րպիսի համարձակութեամբ եւ ո՞յր հրամանաւ իշխեցէք գործել զայդպիսի մահապարտութեան գործ, եւ ոչ ածէք զմտաւ զահ թագաւորաց եւ զերկիւղ իշխանաց, եւ այնպիսի մեծ կրակի իշխեցէք ձգել զձեռս ձեր. զի թէ մարդոյ եղեալ էր այնպիսի յանդգնութիւն՝ համայն արժանի մահու էր գործն, թող թէ յաստուածսն»:

43. The duplicitous prince of Siwnik' reached the court, and after first seeing the court nobility, he went into the presence of king Yazkert. For the moment, the king and all the grandees at court received him with respect and pomp. Although they knew about his harmfulness, the vow and oath which he had treacherously sworn with saint Vardan and with all the princes of the land of Armenia—to destroy the others and to show himself as loyal—[the Iranians] in no way let [Vasak] know this. Rather, remaining silent about this, as though they did not know, [the Iranians] honored him as a loyal and benevolent man. [This situation continued] until they brought to court the blessed priests of God, the senior *tanuter*s of Armenia and the *sepuh*s who had revolted, as well as the boys from the Mamikonean *tohm* and the Kamsarakans and from others *azg*s, the children of the rebels whom the treacherous [Vasak] led first before the *hazarapet* Mihrnerseh and the other court nobility.

The impious *hazarapet* of the Aryans first ordered that the priests be brought before him. He asked the blessed presbyter of Arac, Samuel, and his spiritual son, the blessed deacon Abraham who had extinguished the Artashat fire: "With what boldness and under whose orders did you dare to do such a deed, which is worthy of death, and to put your hands forth to such a great fire, having no fear of kings or princes? For when such a deed is perpetrated against a man, it merits death, to say nothing about perpetrating it against the gods."

Եւ լուեալ զայս սրբոցն երկոցունց, տեառն Սամուէլի եւ Աբրահամայ՝ ետուն պատասխանի միաբանութեամբ, էր ինչ որ ստուգախաւսութեամբ, եւ էր որ եպերանաւք, ցուցանելով զիւրեանց աներկիւղ համարձակութիւնն եւ լռողացն զանզգայաբար հարցմամբն ծիծաղելով: Ասեն. «Երկնչել զերկիւղ զարժանն եւ զարդար ի թագաւորաց եւ իշխանաց՝ նոյն աւրէնքն մեր հրամայեն. բայց զԱստուծոյ երկիւղն փոխանակել ընդ երկիւղի մարդոյ՝ ոչ առնումք յանձն: Իսկ յաղագս կրակիդ որ ասէք ցմեզ, թէ սպանէք՝ մեք զկրակն ոչ գան հարկանելով եւ ոչ չարաչար խոշտանգանս ածելով նմա՝ վնասեցաք ինչ. այլ հայեցեալ ի ժամանակ ամբոխին եւ ի սպասաւորաց վատթարութիւնս, որք առ ոչինչ համարեալ զերկիւղ աստուածոցն իւրեանց, թողին զնա որպէս զոչինչ արհամարհանաւք, եւ ինքեանք գնացին. եւ մեր տեսեալ միա՛յն զկրակն, առանց մարդոյ մոխրեալ, եւ այնպէս կացեալ ի բազում աւուրս առանց ուրուք խնամ տանելոյ՝ առաք զմոխիրն հեղաք ի բաց. վասն զի զայն ի նորին սպասաւորացն տեսանէաք հանապազաւր, կրելով ցանկ զմոխիրն եւ հեղլով յերկիր: Բայց որպէս չարախաւսացն մերոց իմացուցեալ է ձեզ զմէնջ, թէ առեալ զկրակն ի ջուր վարեցին՝ յայդմ բնաւ իսկ չէ արժան արդարադատութեանդ ցասնուլ մեզ եւ առ մահապարտս ունել, այլ գովութեան եւ պատուի առնել արժանի: Զի թէ արդարեւ ըստ ձեր բանիցդ, զոր լուեալ է յաւուցչացն ձերոց՝ խաւսիք, եւ ճշմարիտ է վկայութիւնն այն, [եւ] զի եղբայր է ջուր կրակի՝ մեր ոչ միայն զի անցուցեալ չէ եւ վնասեալ զկրակն, այլ եւ մեծարեալ է զնա եւ բարի արարեալ:

When the two holy men, the lord Samuel and Abraham, heard this, they replied in unity, demonstrating their fearless bravery with accurate speech and contempt, ridiculing the senseless question of the listeners: "Our laws also order us to fear the worthy and just kings and princes. But we refuse to replace the fear of God with fear of a man. And as for the fire which, you say, we killed, in no way did we harm it either by beating it or by wicked torture. Rather, seek the misdeed in the mob and the attendants there at the time, who had no fear of their gods, and who scornfully abandoned it and departed. We saw no man, but only the fire, in ashes. And so, it remained thus for many days without anyone giving it any attention, until we took the ashes and extinguished it. For we had always observed its attendants carrying the strewn ashes and dumping them on the ground. But as for [the information] given to you about us—that we took the fire and extinguished it with water—it in no way befits your fairness to become enraged with us and to put us to death. Rather, [our actions] deserve praise and honor. For indeed according to your doctrine, which we have heard from your teachers, you have said, and it is true, that water is the brother of fire. Not only did we not extinguish or harm the fire, but we were honoring it, and doing it a good turn.

«Արդ՝ թէ արժանի մահու են՝ այնոքիկ են արժանի, որ թողին եւ արհամարհեցին զկրակն եւ գնացին, եւ ոչ մեք, որ առաք եւ յեղբայր նորին տուաք, զի պահեսցէ սիրելապէս եւ բազում շքեղութեամբ, եւ ի ժամու տացէ ի բաց»:

44. Ըստ սմին աւրինակի պատուհասեալ հարցանէին եւ զայլ սուրբ քահանայսն Աստուծոյ,

զսուրբն Յովսէփ, զարդարեւ զկաթողիկոսն Հայոց,
եւ զսուրբ եպիսկոպոսն Ռըշտունեաց զտէր Սահակ,
եւ զամենասուրբ երէցն զտէր Ղեւոնդ,
եւ զայլ սուրբ քահանայսն, որք էին ընդ նոսա ի հարցմանն.

զսուրբն Մուշէ Աղբակացի, որ էր դրան երէց իշխանին Արծրունեաց Ներշապհոյ,

եւ զսուրբն զԱրշէն երէցն, որ էր ի գաւառէն Բագրեւանդայ, ի գեղջէն որ կոչի Եղեգեակ,

եւ զսուրբ սարկաւագն զՔաջաջ, որ էր եւ նա ի գաւառէն Ռշտունեաց, աշակերտ սրբոյ եպիսկոպոսին Սահակայ, թէ

«Ո՞րպիսի աներկիւղ համարձակութեամբ, անձամբ ի վերայ թշուառացեալ անձանց ձերոց զայդչափ բազում մահապարտութիւնն դիզեալ կուտեցէք. աւերեցէք զատրուշանսն. սպանեցէք զայնպիսի ճոխ կրականի, որ յաստուածոց շնորհեալ Արեաց աշխարհիս ի պահպանութիւն վատ եւ վնասակար իրաց, որ ի թշնամեաց ուստեք դիմեալ յարձակէին ի վերայ մեր եւ ամենայն կողմանց՝ այն կրականւոյն անվնաս պահեալ էր զմեզ եւ պահէին:

"If any are worthy of death, it is the ones who scorned and abandoned the fire, and not we who took it and gave it to its brother so that it would be kept affectionately and with much pomp, entrusted to it forever."

44. Similarly [the authorities] threateningly questioned the other holy priests of God:

the blessed Yovsep', the true Catholicos of Armenia,
the blessed bishop of Erheshtunik', lord Sahak,
the most holy presbyter, lord Ghewond,
and the other blessed priests who were with them at the questioning:
the blessed Mushe Aghbakac'i, who was the court presbyter of the prince of Arcrunik', Nershapuh,
the blessed Arshen, the presbyter from the district of Bagrewand from the village called Eghegeak,
and the blessed deacon K'ajaj who was from the district of Rstunik', a student of the holy bishop, Sahak.

They were asked: "With what fearless audacity could you have enveloped your wretched selves with numerous crimes deserving the death penalty? You ruined the *atrushan*s, and murdered such a rich fire which the gods had bestowed upon the Aryan world to protect it from bad and damaging things. Should some enemies attack us from all sides, that fire preserved us.

«Սպանէք զմոգեանն. կորուսէք ձերով կախարդութեամբ զայնպիսի քաջ այր զՎարդան, զի յաւգտակարութիւն էր Արեաց տեառն. եւ զմեծամեծ գործոց նորա յիշումն առ Արեաց աշխարհին, զոր բազում զաւրագլուխք եւ այլ Արիք յիշեն, ընդ որս նորա կռիւ եղեալ էր, այլ եւ զոր իւր իսկ աստուածանման տեառն իւրովք աչաւք տեսեալ էր ի Մարվիռոտ՝ զնորա քաջասրտութիւնն՝ սակաւ մարդիկ են յԱրեաց աշխարհիս, որ կարեն ասել ըստ արժանի գովութեան յայրն եւ ի նորա արարած. եւ դուք ձերով անպիտան եւ վնասակար ուսմամբ թշուառացուցեալ կորուսէք զայնպիսի այր: Եւ յայնպիսի աշխարհի հեղան անթիւ արիւնք բազում Արեաց եւ անարեաց: Եւ արդ՝ ոչ կարէք արդեաւք ձեզէն ձերոյին անձանցդ գտանել հնարս մահու եւ վճարիլ ի բարերար լուսոյն, զոր անարժանութեամբ եւ ոչ իրաւացի տեսանէք այսաւր, քան թէ սաստիկ եւ ըստ արժանի ձերոց գործոցդ պատահեալ բազում տանջանաց վատամահ լինիք»:

Եւ լուեալ զայս ամենայն խօսս սպառնալիցս եւ զբանս պատուհասալիցս զչարաթոյն հազարապետին Արեաց Միհրներսեհի, եւ զամենայն դրան աւագանւոյն՝ յառաջ կացեալ այրն Աստուծոյ Ղեւոնդ ետ պատասխանի եւ ասէ. «Սոքա ամենեքեան, որ կանս ի հարցմանս առաջի իշխանութեանդ ձերոյ, ընդ որս դուք զբանս երկարեալ խաւսիք, ըստ աւրինաց մերոց եւ ըստ աստուածատուր հրամանի կարգադրութեան եկեղեցւոյ՝ որոշութիւն ունին ըստ քահանայութեան պատուոյ»: Եւ ծանուցանելով զմի մի ի սրբոց՝ ցուցանէր նոցա զիւրաքանչիւր ոք, թէ ո՛ ոք է, եւ կամ զի՛նչ է անուն ուրուք նոցա, եւ թէ ո՛րպիսի աստիճանաւ ըստ քրիստոնէական կարգի պատուեալ է:

"You killed the mages. With your witchcraft you destroyed the brave Vardan who was useful to the lord of the Aryans. His very great deeds are recalled in the Aryan world. Many military commanders and other Aryans with whom he fought remember his stoutheartedness. Indeed our godlike lord saw this bravery with his own eyes in Marvirhot. There are few men in the Aryan world who can adequately praise the man and his deeds. And you, having been made wretched by your useless and harmful teaching, have destroyed such a man. And in such a land, an inestimable amount of blood of many Aryans and non-Aryans was shed. Now, you cannot yourselves think up a death, and a way of quitting the light (which you see today, but are unworthy of) more severe, or befitting your deeds [than I will inflict upon you] when you will experience many torments and die wickedly."

After hearing all of these words threatening punishment from the poisonous *hazarapet* of the Aryans, Mihrnerseh, and all the court nobility, Ghewond, the man of God, came forward and responded: "All [of the clerics] who stand before your authority in interrogation, about whom you spoke at length, are distinguished [from each other] in the priestly order in accordance with our faith and with the God-given command of the Church's arrangement." Then he acquainted them with each of the holy men, one by one, explaining who each one was and giving the names, and mentioning what degree in the Christian order each one had attained.

VOLUME I

Քանզի թէպէտ եւ ըստ համբաւոյ լուեալ էր նոցա զանուանս սրբոցն եւ զգործ զիւրաքանչիւր ուրուք, զոր գործեալ էր յաշխարհին Հայոց՝ սակայն եւ անծանաւթ էին անուանք սրբոցն, եւ ըստ քրիստոնէութեան աւծմանն անտեղեակ էին իւրաքանչիւր պատուոյ: Եւ զսրբոյն Յովսեփայ ասէր. «Զաս զոր տեսանէքս, թէպէտ եւ մանկագոյն քան զիս տեսանէք տիովք, այլ պատուով կարգեալ է արժանաւորապէս, եւ գլուխ է ամենայն Հայոց քահանայութեանց»: Եւ զսուրբն Սահակ ցուցեալ ասէր. «Սա զկարգ աւծման ըստ ճշմարիտ եւ արդարեւ քրիստոսատուր ձեռնադրութեան մերոյ աւրինաց՝ զկատարեալն ունի. իսկ այլքս եւ ես միապէս եմք ըստ կարգի քահանայութեանն: Իսկ թէ եւ ոք նուազ հաղորդելով այսմ ժամու, մանաւանդ դիպելով եւս խնդրոյ կատարելութեան եւ զտցի արժանի, եւ մեծ եւս է այնպիսին յաննախանձ արքայութեանն Աստուծոյ. եւ ոչ է իմ բանս՝ այլ որ արարիչն է մեր եւ վարդապետ՝ նա ասաց, թէ Որ ախորժելով սպասաւորէ ամենեցուն՝ մեծ կոչեսցի յարքայութեանն Աստուծոյ: Որք եւ զպատասխանիս ձերոց ընդ մեզ այդչափ բանից եւ սպառնալեաց հրամայեցիք առնել մեզ ինչ. քանզի ոչ իբրեւ զանգէտս գործեցաք անխորհուրդ զայնպիսի մեծ եւ ահաւոր գործ, եւ զղջացեալ եմք, եւ կամ այժմ կարծիցիմք յոմանց՝ երկիւղիւ եւ ոչ ուրախութեամբ կալ առաջի ահաւորութեանդ ձերոյ. այլ ի վերայ գործելեացն ուրախ եմք եւ ցնծամք. այլ մեք պատահեալ եմք ազգի ազգի վշտաց, եւ մահու եւս փափաքելով սպասեմք՝ զի արժանի լիցուք:

For although [the Iranians] had heard the names and deeds of each [of the captives], and what they had done in the land of Armenia, nonetheless, they were unfamiliar with the names of the holy men and were uninformed about the honor held by each one in the Christian consecration. Regarding the blessed Yovsep', [Ghewond] said: "That man whom you see, although younger then myself, is nonetheless worthily ranked as the head of the entire Armenian priesthood." Pointing out the blessed Sahak, [Ghewond] said: "This man holds the perfect order of consecration according to the correct and true Christ-given ordination of our faith. Others, and myself also, are of the priestly order. Should someone be less known at this time, especially those who have sought martyrdom and been found worthy, such an individual is greater yet in the abundant kingdom of God. These are not my words, but those of Him Who is our Creator and *vardapet*, Who said: 'He who holds all [of these commandments] shall be called great in the kingdom of heaven[39].' Those whom you have commanded to respond to us with such words and threats do not frighten us. For we did not, as some now think, carry out such a great and awesome act as ignorant people, without a plan; nor do we regret it. Nor do we stand in your awesome presence in fear rather than joy. Rather, we are happy and delighted with what we have done. We are surrounded by diverse sorrows and even await death eagerly, so that we be worthy.

---
39 Matthew 5:19.

«Իսկ յաղագս ատրուշանացն աւերելոյ որ ասէքդ, եւ կամ կրակին սպանանելոյ՝ ասէ ի մեր Գրի, թէ «Աստուածք, որ զերկինս եւ զերկիր ոչ արարին՝ կորիցեն ի ներքոյ երկրի: Վասն զի կրակ ի բազում նիւթոց լինի. եւ է զի յորոց նիւթոց լինի՝ ի նոցունց եւ շիջանի, եւ է յորմէ լինի՝ ի նոցունց աճեալ բորբոքի: Արդ՝ ծնանի հուր յերկաթոյ, եւ ի քարէ, եւ ի ջրոյ, եւ ի փայտէ. այլ է եւ ուլն սպիտակ, որ ի նմանէ լինի հուր. լինի ի կաւարծաթոյ հուր, յորժամ ընդդէմ արեգական ոք շողացուցեալ դիցէ: Եւ ծնեալն յերկաթոյ հուրն, թէ կուտեսցես ի վերայ նորա երկաթ՝ կորնչի. եւ եղեալն ի քարէ, եթէ ծածկեսցես զնա քարամբք՝ անցա նէ. նոյնպէս որ ի ջրոյն եւ յայլ նիւթոյ. իսկ ելեալն ի փայտէ հուր՝ ի փայտէ վառեալ զաւրանայ. արդ ոչ հուրն, այլ փայտն արժանի է անուանել աստուած, որ ե՛ւ ծնանի ե՛ւ կենագործէ: Արդ՝ ո՞չ արդեաւք իցէ յետին մոլորութիւնն չար, զթշնամիսն միմեանց՝ եղբարս անուանել եւ զմարդկան հաստուածս՝ աստուած: Որ զիւր զեղբայր եւ զծնող որպէս թշնամիս ծախէ, զիա՞րդ նա զթշնամանիչս իւր եւ կամ զերկրպագուսն գիտէ պատուել եւ կամ թշնամանել. եւ դարձեալ յորմէ ծնանին՝ զնոյն ուտեն եւ անխնայ: Ոչ պակասէ յամենայն նիւթս հուր. ապա ուրեմն ամենայն նիւթք երկրի աստուածք. ապա թէ այդպէս գիտէք, ընդէ՞ր կուրացեալ մտաւք զկէս մասն անուանէք աստուածք, եւ զկէսն յաղտեղի գործ ծախեալ թշնամանէք. որպէս յաղիւսոց եւ ի քարանց զկէսս ապարանս շինէք, եւ եւ զկէսս տունս դաշտանաց աղտեղութեան շինէք. եւ յարծաթոյ զկէսս ըմպելիս կազմէք, եւ զկէսս անաւթս աղտեղութեան կազմէք:

"Now regarding the destruction of *atrushan*s or the killing of fire, that you mentioned, in our Bible it is said that 'The gods which did not create heaven and earth will be lost beneath the earth.'[40] For fire is composed of many materials. There are materials of which it is composed, and those materials will extinguish it. Those elements which compose fire will cause it to blaze up. Now, a fire is born of iron, stone, water, and wood. It is otherwise with the glass bead from which fire comes. Fire can spring from argil mixed with silver, when this material is held up against the sun. If one takes a fire made of iron and puts iron on top of it, it will go out. Similarly, a fire of stone, if covered with stones will go out. The same is true of fires of water or other materials. But a fire made of wood, will grow stronger with more wood. Thus, it is not the fire, but the wood which should be styled a god, since it both gives birth to, and sustains, the fire. Is it not the lowest evil of deviance to style mutual enemies, those things created by man, to call them brothers, and god? Now if [the fire] deals with its brother and parent in a hostile fashion, how would it know to honor its worshipper or to be hostile to an inimical force? Furthermore [the fire] mercilessly eats those [materials] which gave it birth. Fire is not diminished by all sorts of materials. Thus all materials of the earth are gods. If you believe this, why then with blind intellects do you term half of them gods, and loathe the other half for their dirty work? It is the same as constructing palaces of brick and stone, and then using the same materials for making privies and outhouses, [the same as] using silver for making goblets, and also for making chamber pots.

---

40 Jeremiah 10:11.

Հրով՝ աստուածոցն զարջառս եւ զոչխարս խորովէք եւ եփէք, եւ ջրով՝ զդաշտանս եւ զթարախս եւ զաղբս լուանայք, եւ զկէսն առանձինն եւ կամ խառնեալ ընդ գինի՝ ըմպէք, եւ ոչ զարհուրիք եւ սոսկայք: Եւ զի՞ եւս մի ըստ միոջէ հարկաւորիցիմք ասել եւ կամ թուել զանզգայութիւնդ ձեր. զոր արթուն եւ քաջ նահատակն Վարդան եւ նոցունց նմանիքն, որք ոչ կարացեալք այսպիսի խաբէութեան ծառայել՝ բողոքէին ձեզ հանապազաւր, թէ սուտ են պաշտամունքդ ձեր եւ անմտաց վարդապետութիւնք, եւ չլսէիք. զի բռնութիւնք՝ զիրաւունս ոչ տան ճանաչել, որպէս եւ այժմ: Յաղագս որոյ ոչ հանդուրժեալք՝ ետուն զանձինս իւրեանց ի մահ եւ պսակեցան, որոց եւ մեք քաջալերիչք էաք եւ արդարեւ ճշմարիտ վարդապետք նոցա»:

Եւ ասացեալ զայս ամենայն սրբոյ առն Աստուծոյ Ղեւոնդի՝ որպէս ընդ մի բերան գովեցին սուրբ քահանայքըն մեծաձայն բարբառով եւ ուրախ եղեն յոյժ: Եւ լուեալ զմեծաբարբառ գովութիւն սրբոցն, եւ զբերկրումն երեսաց նոցա տեսեալ անաւրէն Միհրներսեհի եւ այլ աւագանւոյն Արեաց, որ նստէին առաջի նորա՝ ի ցասումն բարկութեան եղեալ, ասէ ցնոսա. «Ոչ հրամայեն մեզ աւրէնքն մեր ցասնուլ ումեք, մինչ չեւ ինչ լուեալ ի բերանոյ նորա. արդ՝ զուարթացեալս իմն տեսաք զձեզ ընդ խաւսս աշխարհակործանիդ այդորիկ, զորոյ քաջ տեղեկացեալ լուեալ է մեր զամենայն գործս եւ զկախարդասար վարդապետութիւն դորա, որով կորոյս զպիտանի այրն զքաջն Վարդան եւ զընկերս նորին. ըստ որոյ արժանի պատրաստեալ պահին դմա չարաչար հատուցմունք եւ մահք: Բայց դուք գիտել տուք մեզ, թէ եւ ձեր նո՞յն բանք են, զոր մահապարտդ այդ իշխեաց աներկիւղ համարձակութեամբ յանդգնել եւ խաւսել առաջի մեր»:

You take fire—of the gods—and roast and cook cattle and sheep; and you take water to water the fields, yet also to clean away purulent matter and waste. Some of the water taken alone, some of it mixed with wine, you drink without feeling terror or horror. Why should I be forced to mention or enumerate one by one your senseless acts? The brave champion Vardan and others like him were unable to serve such deception, and always protested to you that your worship was false and your doctrines, foolish. But you did not listen. Tyrannies do not permit rights to be recognized, just as presently. As a result, [the Vardanians] were unable to bear it, gave their lives, and were crowned. And indeed, we encouraged them and were their true *vardapet*s."

When the holy man of God, Ghewond, had said all of this, the blessed priests praised [his words] as if with one tongue, in loud voices. They were extremely happy. When the impious Mihrnerseh and the other Aryan nobles who sat before him heard this loud praise from the holy men and saw the delight on their faces, [Mihrnerseh] said to them in a rage: "Our laws do not command us to be angry at someone without hearing the words from his own mouth. Now we saw that you were somewhat joyous listening to the words of that destroyer of your land [Ghewond]. We are well informed about all the deeds and the sorcerer's doctrine of that man, through which the useful brave Vardan and his comrades were lost. Wicked recompense and death have been prepared [for Ghewond] as is fitting. But now, let us know if you share the same words as that man who deserves death, words which [Ghewond] so audaciously and arrogantly dared to express before us."

VOLUME I

Եւ սուրբն Յուսէփ եւ սուրբն Սահակ ետուն պատասխանի եւ ասեն. «Զամենայն բանսդ եւ զպատասխանիսդ, զոր ըստ արժանի իւրոյ սրբութեանդ արար, Աստուծոյ ազնականութեամբն քաջալերեալ, եւ խաւսեցաւ ընդ ձեզ տէրդ Ղեւոնդ՝ ի յերկար ժամանակաց բազում անգամ զմտաւ ածեալ հասարակաց մեր ամենեցուն, զոր այսաւր դա ըստ իւր աստուածաշնորհ գիտութեանդ գեղեցկապէս յաւրինեալ կարգեաց առաջի ձեր՝ խորհեալ էր մեր եւ խաւսեալ. որք ի դոյն միտս ամենեքեան եւ ի դոյն կամս ամենեքեան կամակիցք եմք, եւ խնդրեմք զի արժանի լիցուք վճարիլ ի դմին: Իսկ դու ախտիւ դառնութեան առ զայրացմանդ թշնամանեցեր զդա: Երանի՜ այնոցիկ, որ մտաց աչաւք սրատեսք իցեն եւ արդարահայեացք. այլ մարմնական ախտիւ մեծամեծք ըմբռնեալ տկարանան, է զի եւ կրսերք. եւ դուք զոք այդպիսի ախտիւ մի՛ զայրագնեալ թշնամանէք, զի դուք էք արժանի եպերանաց բազմաց»:

Եւ զայրագնեալ ի վերայ սրբոցն անաւրէն իշխանն յաղագս թշնամանացն, որպէս թէ ի թագաւորն կողմն դարձուցին սուրբքն զքրքանսն՝ հրաման ետ դահճացն հարկանել խստապէս շղթայիւք զբերանսն երանելեացն, մինչեւ լցեալ բերանք նոցա արեամբ՝ հոսէր արտաքս: Եւ այսպէս վճարեալ արձակեաց զատեանն. իսկ սուրբքն ըստ աւրինակի սուրբ առաքելոցն՝ գնացին խնդութեամբ յերեսաց ատենին, զի արժանի եղեն վասն անուանն Քրիստոսի անարգանաց եւ գանից եւ պատասխանատուութեան:

The blessed Yovsep' and Sahak responded: "Lord Ghewond has, for a long time, thought over and shared with all of us, all the words and responses which he spoke before you. He said them in a manner befitting his holiness, and was encouraged by God's aid. The words which today [Ghewond], in accordance with his God- given knowledge, beautifully outlined for you, he has thought over and spoken to us. All of us share the same thoughts and the same determination, and we hope we shall be worthy to die for them. With the disease of bitterness added to your anger, you made an enemy of him. Blessed are those who, with their mind's eye, are just and perspicacious. But the grandees as well as [their] juniors are seized by physical illness and weaken. You are the ones with just such a disease. Do not wrathfully be hostile, for you are worthy of much ridicule."

The impious prince [Mihrnerseh] grew furious at the saints for turning their scorn at the king. He ordered the executioners to violently strike the mouths of the saints with chains, until their mouths filled and overflowed with blood. So doing, he dismissed the *atean*. As for the saints, after the fashion of the blessed Apostles, they left the *atean* with joyous faces, since for the name of Christ they had been worthy of dishonor, beating, and responsibility.

45. Իսկ զայլս ի կապելոց, որք էին ի տանուտերացն եւ յաւագ սեպհացն, որք էին ի նմին ատենի՝ հրամայէր Միհրներսեհ դահճացն՝ տանել զնոսա եւ խիստ կապանաւք պահել, մինչեւ ինքնին թագաւորն, ասէ, առաջի իւր հարցցէ եւ լուիցէ զոր ինչ խաւսին։ Եւ մտեալ ի վաղիւն անաւրէնն Միհրներսեհ առաջի թագաւորին Յազկերտի՝ տալ նմա գիտել զամենայն հարցուածսն իւր եւ զպատասխանիս քահանայիցն Հայոց։ Եւ սրտմտեալ թագաւորն՝ հրամայեաց ի վաղիւն ատեան մեծ լինել առաջի իւր, եւ ամենայն այր, Արի եւ անարի, եւ զոր ինչ եւ ունէր ոք զպատիւ թագաւորին՝ կազմ առաջի իւր եկեսցեն, եւ զկապեալսն զամենեսեան ածել առաջեաւ։ Բայց զտղայսն եւ զմանկունսն ի տոհմէն Մամիկոնէից եւ Կամսարականացն եւ որք յայլ տոհմէն՝ հրամայէր անաւրինին Միհրներսեհի տալ ի բաց՝ ում եւ կամեսցի։

Եւ լուեալ զայս ամենայն զինուորքն՝ որ ոք ունէր զպատիւ թագաւորին՝ վաղ անդր հասանէին յատեանն։ Իսկ ուխտանենգ իշխանն Սիւնեաց Վասակ, արկեալ զիւրեաւ զամենայն պատիւս, զոր ունէր ի թագաւորէն՝ գայր մտանէր ի խորանսն արքունի մեծաւ շքեղութեամբ. քանզի բաց ի պատուոյ թագաւորացն որ նուազէր նմա՝ այլ ոչ ինչ ի պատուոյ արքունի պիտոյ էր՝ զոր ոչ ունէր. եւ կարծէր այնուհետեւ առնուլ զթագաւորութիւնն մեծ աշխարհին Հայոց։ Եւ զայն ոչ գիտէր թշուառացեալն, եթէ Տէր հեռացեալ էր ի նմանէ, եւ այսն պիղծ խեղդէր զնա. եւ բան սրբոյ առն Աստուծոյ Ղեւոնդի ի նմին ժամու կատարէր ի վերայ թշուառականին։ Եւ լցեալ Արեաւք եւ անարեաւք ամենայն խորանն՝ հրաման տայր թագաւորն զապստամբըսն Հայոց կապանաւք ածել առաջեաւ։

45. As regards the others in fetters—the *tanuter*s and senior *sepuh*s—Mihrnerseh ordered the executioners to take them and to keep them in stringent bondage, until the king himself should say that they should be brought before him for questioning, so that he could hear what they had to say. The next day the impious Mihrnerseh went into the presence of king Yazkert and informed him about all of his questions as well as the responses of the Armenian priests. The king, angered, commanded that on the following day a great *atean* should be held in his presence, and that everyone, Aryan and non-Aryan and whoever held the king's honor should come prepared, while all the captives should be led into his presence. But he ordered the impious Mihrnerseh to take the boys and lads of the Mamikonean *tohm*, the Kamsarakans, and other *tohm*s, and to give them to whomever he pleased.

When all the soldiers who held the king's honor heard this, they hastened to the *atean* the next day. As for the oath-breaking prince of Siwnik', Vasak, he decked himself out with all the honors he had received from the king and came and entered the palace of the court with great pomp. For, short of the dignity of kings, which had eluded him, there was no single beneficial court honor that he did not possess. Furthermore, [Vasak] thought that he would be receiving the kingship of the great land of Armenia. But the wretch did not know that God had quit his side, and this impure creature [the demon] was choking him. In that hour, the word of Ghewond, the blessed man of God, was fulfilled upon the wretch. When the entire palace was filled with Aryans and non-Aryans, the king ordered the rebel Armenians to be brought forth in shackles.

Եւ ածեալ կացուցանէին զնոսա առաջի թագաւորին: Եւ հարցեալ թագաւորին՝ ասէ ցնոսա. «Ո՞րպիսի համարձակութեամբ եւ կամ զի՞նչ զմտաւ ածեալ եւ կամ ո՞ր պատրանաւք եւ կամ զի՞նչ ոյժ ազնականութեան տեսեալ՝ դիմեցէք յայնպիսի ահաւոր գործ, յորում տեսանէիք զկորուստ անձանց ձերոց եւ զաշխարհին, որպէս եղեւ իսկ եւ տեսէք»: Եւ լուեալ զայս ամենայն նախարարացն Հայոց՝ լուռ եղեն առ վայր մի եւ ոչ ինչ ետուն պատասխանի: Եւ երկրորդեալ զբանսն թագաւորին ըստ առաջին հարցմանն՝ խնդրէր ի նոցանէ ստիպով պատասխանի: Եւ նոցա տուեալ պատասխանի՝ ասեն. «Շնորհեսցէ մեզ բարերարութիւնդ ձեր զայր մի, զոր մեք ի մէնջ ցուցանեմք, լսել ի նմանէ զամենայն ի բնէ զմերոց իրաց զաճումն, զխորհելն եւ զառնելն. վասն զի ոչ է պարտ ամենեցուն մեզ անկարգ ամբոխիւ խաւսել առաջի քո»:

Եւ թագաւորին եւ ամենայն աւագանւոյն յաւժարութեամբ յանձն առեալ՝ հրամայեաց: Եւ նոցա յառաջ մատուցեալ զԿամսարականն Արշաւիր՝ ասացին լսել ի նմանէ բովանդակապէս զամենայն. եւ Կամսարականն Արշաւիր, զաւրացեալ ի սուրբ Հոգւոյն, յառաջ մատուցեալ, աներկիւղաբար սկսաւ խաւսել առաջի թագաւորին եւ ամենայն աւագանւոյն եւ ասէ.

«Ի սկիզբան իսկ զիրացդ զայդոցիկ զպատճառս. յորժամ ի ձեր թագաւորացդ ի միտս ծնեալ՝ յայտնեցաւ մեզ բանն, եւ զիրացդ բուռն հարէք, որում մեզ ծառայել հրամայէք, եւ օրէնս իմն հարկաւորէիք ունել մեզ, զոր ոչ մեք եւ ոչ նախնիք նախնեաց մերոց գիտէին եւ կամ ծառայեալ էր. եւ բազում անգամ բողոքեցաք, թէ անհնար է մեզ յանձն առնուլ եւ ծառայել աւրինաց, որոց նախնիքն մեր ոչ ծառայեցին, որ եւ մտաց մերոց ծանր թուի եւ արհամարհանք. եւ այսպիսի ի մէնջ բողոքելոյ՝ ձերոյին իսկ վըկայէ անսուտ հրապարակդ:

[The captives] were brought into the king's presence. The king asked them: "With what audacity, thinking or imagining what, or foreseeing what assistance, did you attempt such an awesome deed? Now you see that it has led to the destruction of yourselves and your land." When all of the Armenian *naxarar*s heard this, they were silent for a moment and gave no answer. The king repeated his previous question and demanded a prompt response from them. They replied: "May your benevolence grant that one of our number whom we shall select [may speak] so that you may hear everything naturally regarding the beginnings, plans and actions of what we undertook. For we should not all speak before you as a disorganized mob."

The king and all the nobility gladly accepted this, and [the king] so ordered. [The captives] brought forth Arshawir Kamsarakan, and said that everything could be fully learned by listening to him. Arshawir Kamsarakan, strengthened by the holy Spirit, came forward and began to speak before the king and all the nobility, fearlessly:

"The initial cause of the problem arose when the thought which had formed in the head of your kings, was revealed to us, and furthered with force, that you had ordered us to hold a faith which neither we, nor our ancestors' ancestors knew nor served. We often protested that it was impossible for us to consent to serve a faith which our ancestors had not served and which seems heavy and contemptible to us. Your very truthful assembly can testify that there was such a protest from us.

VOLUME I

«Եւ իբրեւ ոչ կամեցաք լսել, ըստ բռնաւոր կամացդ ձերոց՝ եւ հարկաւորութեամբ յանձն եառուք առնուլ զպաշտաւնն. զոր շրթամբք առ երկիւղի մեծարեցաք սուտ, կամեցեալ գողանալ վայր մի խաբէութեամբ զերկիւղ ձեր, եւ սրտիւք գարշելի համարեցաք զգործն եւ ատէաք, եդեալ ի մտի զերծանել հնարիւք եւ երթալ յաշխարհն մեր եւ թողուլ զաշխարհն մեր եւ գնալ կնաւ եւ որդւովք, եւ երթալ կորնչել յաւտար երկիր: Զոր նախ քան զամենեսեան ըստ ամենեցուն խորհրդոցն երեւելին ըստ աշխարհին իշխանաց, ծառայն ձեր Վարդան արար, զոր գիտեն եւ վկայեն բանից իմոց արք պարսիկք յաւագ տոհմաց, որ այժմ ողջ են եւ աստ են առ ձեզ: Առեալ լոկ զիւր կին եւ զընտանիս իւր՝ դէմ եդեալ գնաց փախստեայ ի ձերոյ երկիւղէ յերկիրն Յունաց:

«Եւ զգացեալ զայս տեառնդ Սիւնեաց Վասակայ՝ փութով զհետ դեսպանս արար զաւագ տանուտեարսն եւ սեպուհսն եւ զսուրբ քահանայսն, եւ զսուրբ գիրս աւրինաց մերոց կնքեալ իւրովք մատանեաւ, որով եւ երդուան իսկ՝ ետ տանել առ նա. ընդ որս յղեաց եւ զիս: Եւ գրեաց ի նամակին առ նա այսպէս, թէ «Զի՞ ես փախուցեալ, եւ կամ զի՞նչ է երկիւղդ քո, յորմէ դուդ երկնչիս, եւ ինչ ոչ յայտնեցեր. արդ մի՛ փախչիր եւ մի՛ երկնչիր յումեքէ. զի թէ յԱրեաց տեառնէն եւ ի նորին ուժոյ զարհուրեալ ես՝ մի՛ երկնչիր. դարձի՛ր, եւ նամակ առնեմք առ կայսր, եւ զանձինս մեր նմա ի ծառայութիւն տամք. եւ նա հաւատայ, թէ զայսպիսի մեծ աշխարհ նմա մե՛ր կամաւ ի ծառայութիւն տամք՝ խնդութեամբ եւ կամաւ յանձն առնու, եւ զաւր տայ մեզ. եւ նոքա եւ մեք միաբանեալք՝ միշտ աշխատ ունիմք զտէրն Արեաց եւ զԱրիս:

"Though you did not want to listen, through your forceful will, and through force you undertook to [make us] accept the faith. With our lips atremble we exalted that false [religion], wanting to cover with deception for a moment [our] fear of you. In our hearts we regarded the deed as loathsome, and we hated [doing it], but we decided to get ourselves free through stratagems, to go to our land and to quit it with our wives and children, departing to be lost in a foreign country. The first to do this was your servant Vardan, who in everyone's opinion was prominent in the land of the princes. Many Iranians from the senior *tohms* who today are well and here with you know this and can testify to my words. Taking only his wife and family, [Vardan] turned to go as a fugitive to the country of Byzantium, out of fear of you.

"When the lord of Siwnik', Vasak, realized what had happened, he quickly sent as emissaries the senior *tanuter*s and *sepuh*s and the blessed priests, to take [to Vardan] the blessed Book of our faith, sealed with his own ring, the very Book on which he had indeed sworn. Among [the emissaries], [Vasak] also sent me. [Vasak] wrote the following in a letter [to Vardan]: "Why are you fleeing, what and whom do you fear? You did not say. Do not flee and fear no one. Though you are terrified of the lord of the Aryans and his strength, do not fear. Return, and we shall write a letter to the emperor, and give ourselves to him in service. He will agree that such a great land would go into his service by our own will, and he will delightedly agree to give us a force. [The Byzantines] and we, united, will tire out the lord of the Aryans and the Aryan people.

«Ապա թէ կայսր այլազգագոյնս ինչ խորհի եւ չճանաչէ զիւր աւգուտսն ՝ եւ ես մինչ Վրաց մարզպանն էի եւ դուռն Աղուանից յիմում ձեռին էր՝ բազում զաւրագլուխք Հոնաց ընդ իս բարեկամացան ուխտիւ եւ երդմամբ, եւ այսաւր նովին երդմամբ երթեւեկեն առ իս. եւ հարկքս ամենայն աշխարհիս Հայոց առ իս են, եւ գործակալք ամենայն յիմում ձեռին են, եւ այլ եւս բազում կարասի, զոր ի պարսիկ գործակալացն հանի՝ որ աստ ի Հայս էին, ի յիմում գանձի կայ. յորմէ թէ զմի մասն Հոնաց տամ տանել՝ անտի ա՛յնչափ սաստիկ հանեմ Հոնս, որչափ զի հողն Պարսից չքաւիցէ նոցա յաւարի»:

«Եւ գրեալ զայս ամենայն երդմամբ Վասակայ Սիւնեաց տեառն՝ դարձոյց բռնի զՎարդան, որ էր մատուցեալ յաւտար իշխանաց իշխանութիւն, որք ոչ են հնազանդեալ ձերում իշխանութեանդ: Եւ նամակն զոր գրեաց առ Վարդան Սիւնեաց տէրդ՝ ողջ է, եւ կնիք աստ առ մեզ: Տեսանել հրամայեցէք: Եւ յաղագս որդւոցն իւրոց այսպէս ասէր, թէ «Որ ի Հայս Պարսիկ է՝ զամենեսեան կապանաւք յամուր բերդս դնեմ, մինչեւ հարկաւ արքայն զիմ որդիսն ի բաց արձակիցէ»: Յորս կալաւ արս սակաւս ի Պարսկաց, առ վայր մի կապեաց. եւ յորժամ ինքն նենգաւորութեամբ զմերոյ կորստեան խորհուրդ ի միտ արկեալ տարաւ ի գլուխ՝ ապա զնոսա ի բաց արձակեաց: Նամականի աբարեալ առ կայսր եւ առ այլ աւագանի դրանն եւ առ սպարապետն Անտիոքայ. եւ զՎահան Ամատունի եւ զայլս ի նախարարացն յիւրաքանչիւր տոհմէ ի Հոռոմս արձակեաց. եւ զՎարդան եւ զմեզ գնդաւ յԱղուանս ի կռիւ գումարեաց. եւ ինքն յանզգայս մեզ նենգեալ՝ յայս չար մըղեաց. եւ զայնպիսի պիտանի զձեր ծառայ սպան, եւ այնչափ բազմութեան Պարսից եւ Հայոց կոտորածի եւ աշխարհին կորստեան եղեւ պատճառ:

"Should the emperor think otherwise and not recognize his advantage in this, then [be aware of the fact that] when I was the *marzpan* of Iberia [Georgia], and the Gate of the Aghuans was under my control, many of the Huns' military commanders became my friends through covenant and oath, and they [will] come to me today by the same oath. The taxes of the entire land of Armenia are with me, all the officials are in my hands, as well as much equipage taken from the Iranian officials here in Armenia which is in my treasury. Should I send part of this to the Huns, I will so greatly arouse them that the land of Iran will be insufficient for their looting."

"Having written all of this with an oath, Vasak, the lord of Siwnik', caused Vardan to turn back, involuntarily. [Vardan, at the time the emissaries reached him] was near the territory of foreign princes, who are not subject to your authority. The letter which the lord of Siwnik' wrote to Vardan is intact, bears the seal, and is here with us. Order to see it. Regarding his sons, [Vasak] had said: 'I will take all the Iranians in Armenia, place them in shackles and put them in secure fortresses until the king is forced to release my sons.' He did indeed seize a few Iranians and temporarily bound them. And when he treacherously decided to carry out the plan of our destruction which he had been thinking about, then he released them. [Vasak] also wrote to the emperor, other court nobility, and to the *sparapet* of Antioch. Then he sent Vahan Amatuni and other *naxarar*s from each *tohm* to Byzantium. After this, he sent Vardan and us with a brigade to fight in Aghuania. Having stupidly betrayed us, he precipitated this evil. He killed such a useful servant of yours [as Vardan], and was the cause of the deaths of such a multitude of Iranians and Armenians, and the destruction of the land.

Եւ արդ՝ ինքն զարդարեալ աւաղիկ որպէս բարեգործ նստի ի միջի ձերում անհոգութեամբ: Բայց դուք զնամականին զամենայն, զոր գրեալ եւ կնքեալ է առ կայսր եւ առ ամենայն աշխարհին Հոռոմց եւ կամ առ այլս բազումս՝ տեսանել հրամայեցէք զայն եւ որպէս ձեզ Արեաց կամ է՝ հրաման տուեալ կատարեցէք ի վերայ մեր: Զի ուր գրեալք եւ կնքեալք ի միջի են, որպէս ձեր արդարութիւնդ խնդրէ, աւելորդ բանից եւ շատախաւսութեան պէտք անդ ոչ են»:

Եւ լուեալ զայս ամենայն կարգաւ ի Կամսարականէն Արշաւրայ արքային Պարսից եւ ամենայն աւագանւոյն դրանն, տեսեալ եւ զնամականին, զոր գրեալն էր Վասակայ Սիւնեաց տեառն, եւ ի վերայ հասեալ՝ մեծապէս հիացեալ թագաւորն Յազկերտ եւ ամենայն իշխանք դրանն զարմացան:

46. Յայնժամ յառաջ կոչեցեալ թագաւորին զիշխանն Սիւնեաց Վասակ՝ սկսաւ սաստիկ եւ առաւելապէս զայրացեալ սրտիւ խաւսել ընդ նմա եւ ասել. «Է արդարեւ լուեալ մեր զայդ ամենայն նենգաւոր իրս քո եւ զարարուածս. բայց արդ ա՛ղէ ասա՛. զի՞նչ խորհելով եւ կամ ո՞րպիսի ինչ զմտաւ ածեալ զայդպիսի իրս վնասից իշխեցեր ձեռնարկել եւ գործել. քանզի դու էիր իշխան եւ գլուխ աշխարհին Հայոց. նախ քաջալերել բանիւ զմարդիկն, զոր եւ նամակացն գրելոց ի քէն, զոր տուեալ մեր կարդալ՝ ստուգութեամբ տեղեկացաք. երդմնեցուցեալ զվաստակաւոր եւ զայնպիսի պիտանի ծառայն մեր զքաջն Վարդան եւ զընկերակիցս նորա՝ խաբեցեր նամականիւ առ կայսր եւ առ նորին սպարապետն. երդմնեցուցեալ նենգով զայնպիսի քաջ եւ պիտանի զվաստակաւորն մեր զՎարդան եւ զայլ ընկերս:

And now, behold him there, seated in your midst without a care, decorated like a doer of good deeds. Why do you not order him to show all the letters, which he wrote and sealed to the emperor, to the entire land of the Byzantines, and to many others. Whatever the will of you Aryans is, order it carried out upon us. As your justice demands, since the written and sealed [letters] are here, there is no need for superfluous words and loquaciousness."

When the king of Iran and the nobility of the court heard all of this in order from Arshawir Kamsarakan, and saw the letter written by Vasak, the lord of Siwnik', king Yazkert and all the princes of the court were greatly astonished.

46. Then the king summoned the prince of Siwnik', Vasak, to come forward and he began to speak to him in a violent and extremely angry fashion: "Indeed we have heard about all of your duplicitous affairs and actions. But come now, say, what were you imagining, what were you thinking that you dared to undertake and carry out such damaging deeds? For you were the prince and chief of the land of Armenia. First, you encouraged people by words written by you in letters, letters which have been given to us to read, and from which we were accurately informed of this. You made our meritorious and useful servant, the brave Vardan and his comrades swear an oath, and then deceived [us] by letters sent to the emperor and to his *sparapet*. You duplicitously made such brave, useful, and meritorious men as Vardan and his other comrades swear an oath.

Եւ դարձեալ գումարեալ զնա զաւրու յԱղուանս՝ ի վերայ Պարսկաց գումարտակին համարձակեցուցեր երթալ. նենգութեամբ մատնեալ զաշխարհն Արեաց կորուսեր եւ կոտորածի այնչափ իմոց ծառայից Արեաց եւ անարեաց եղեր պատճառ: Զի զայնպիսի ծառայ մի զմեր, որպէս զՎարդան, եւ կայսր եւ կամ Հոնաց արքայ բռնութեամբ յինէն հանել կամէին՝ ամենայն Արեաց ուժովս կռուէի, եւ չտայի հանգչել՝ մինչեւ այսրէն յիս հանէի. եւ արդ՝ դու ընդ քո ձեռն զայնպիսի ազատակար ծառայն սպաներ, եւ զմեծ եւ զպիտանի աշխարհ մի կորուսեր, եւ դու իշխեցեր լրբաբար առ մեզ, իբրեւ անգէտս քո նենգաւոր գործոյդ, գալ եւ զմեզ տեսանել: Բայց զայս գիտեա՛, զի յայսմ հետէ Սիւնեաց տէր չես. եւ զչարիսն ամենայն, զոր խորհեցար եւ կատարեցեր՝ կուտեցի ամենայն ի վերայ չար գլխոյ քո: Եւ զհարկեր զիմոյ աշխարհին Հայոց եւ կամ զՊարսկացն զոր սպաներն, եւ զկարասին այնչափ զոր հաներ՝ հրամայեցաք խնդրել ի տանէ քումմէ եւ յորդւոց քոց՝ մինչեւ վճարեսցի ամենայն»:

Իսկ ողորմելի ուխտադրուժն Վասակ թէպէտ եւ կամէր՝ խօսել ինչ եւ տալ պատասխանի՝ չգիտէր ոք բնաւ ունկն բանից եւ կամ ախորժէր. վասն զի ուխտանենգութիւնն սրբոյ Աւետարանին եւ բանն անիծից երանելոյն առն Աստուծոյ Ղեւոնդի եկեալ հասեալ ի վերայ նորա՝ պատեալ փակեալ պաշարեցին զնա: Որ թէպէտ եւ կայր ինչ վաստակս առնն առ Պարսիկս, եւ ջանայր ցուցանել ի ժամուն՝ եւ այն ոչ ինչ էր աւգուտ, այլ առաւել եւս ի դատախազութիւն եղեալ վնասէին նմա: Եւ կատարէր առ նա բան սաղմոսերգին, թէ Ի դատաստանէ իւրմէ ելցէ դատապարտեալ, եւ աղաւթք նորա ի մեղս դարձցին:

Then you sent him with an army to Aghuania causing him to dare to go against the Iranian forces. You duplicitously betrayed the land of the Aryans, you destroyed and were the cause of the killing of so many of my Aryan and non-Aryan servants. While the emperor or the king of the Huns wanted to forcibly take from me such a servant as our Vardan, with all the strength of the Aryans I fought, and permitted no rest until I had him back. And so you, with your own hand killed such a useful servant, destroyed such a great and advantageous land, and then insolently dared to come and see us, as though we were unaware of your treacherous action. But know this: from now on you are no longer the lord of Siwnik', and all the evils which you planned and carried out will now be visited upon your own wicked head. My taxes from the land of Armenia, the Iranians whom you killed, the large amount of equipment which you took—I have ordered that [the value of them] be demanded from your *tun* and your sons', until all of it is paid back."

Now although the pitiful oath-breaker Vasak wanted to say something and to reply, no one listened to his words or wanted to hear them. For [the consequences of] breaking an oath on the blessed Gospel, and the curse of that blessed man of God, Ghewond, had come upon him, surrounded and trapped him. Although the man enjoyed some merit with the Iranians, and attempted to demonstrate it then, it was no use. Mired even more in accusation, [his words] hurt him. The word of the psalmist was fulfilled regarding him, that "He emerges from his trial accused, and his prayers are turned to sins."[41]

---

41 Psalm 109:7.

Հրաման տայր թագաւորն Յազկերտ անդէն զառաջեաւ կողոպտել ի նմանէ թշնամանաւք զամենայն պատիւն զոր ունէր. եւ ձաղկեալ զնա պայկացն մերկացուցին զնա. մերկացուցեալ ի նմանէ զզարդարանս պատուոյ տէրութեանն՝ հանէին խայտառականաւք արտաքս քան զհրապարակն արքունի: Եւ ի նմին աւուր զթշնամին նորա, զսեպուհն սիւնի, զուրացողն զՎարազվաղան՝ տէր ի վերայ աշխարհին Սիւնեաց կացուցանէին, որոյ որքան ժամանակս կալեալ զիշխանութիւնն Սիւնեաց՝ բազում արարեալ անիրաւութիւնս եւ բազում տունս մոխրանոցս շինեալ յաշխարհին Սիւնեաց, ի գայթակղութիւն տանն իւրոյ, բազմաժամանակեայ տանջեալ ի դիւէ ըստ յառաջագրելոցն՝ դառն մահուամբ սատակեցաւ չարաչար:

Եւ նենգաւորն Վասակ կացեալ ի դրանն ամս ինչ կարի վշտագին եւ նեղութեամբ բազմաւ՝ մաշէր զաւուրս իւր հառաչելով եւ յոգւոց հանելով զամենայն աւր եւ զժամ. մինչեւ թշնամանակերպ ձաղանաւք սփռեալ զթաթս ձեռաց իւրոց՝ ինքնին զիւրոյին ծեծէր զդէմսն, ասելով. «Ահա ընկա՛լ զայս ձաղսս, ասէր, զոր ետ բերել քեզ ուխտանենգութիւն սրբոյ Աւետարանին եւ արիւն նահատակութեան սրբոյն Վարդանայ Մամիկոնէի եւ այլոցն ցանկալի հաղորդելոցն ընդ նմա, որոց ժառանգեալ զյաւիտենից կեանսն՝ ընկալան զանուն բարի յերկրի եւ անանց ազգաց յազգս իւրեանց: Իսկ դու, ասէ, մեղաւո՛ր անձն իմ, կեաս խղճի եւ ցաւովք մտաց զսակաւաթիւ զաւուրս կենցաղոյս, եւ պատրաստեալ պահիս մշտնջենաւոր եւ անանց գեհեննին»: Եւ զայսպիսի բանս հառաչանաց նորա եւ լալոյ մինչեւ յաւր մահուան իւրոյ՝ խաւսէին ընդ մեզ զայս արդարապատումն սպասաւորք նորին իշխանին Վասակայ: Որոյ եւ վախճանն իւր անդէն յերկիրն Պարսից վճարէր, ըստ բանի սրբոյ առն Աստուծոյ Ղեւոնդի:

King Yazkert then commanded that all [of Vasak's] previous honors should be seized from him with insults. The guards beat and stripped him. Stripping him of the ornaments of honor of [his] lordship, they removed him from the court assembly in disgrace. That same day they appointed his enemy, Varazvaghan, the apostate *sepuh* of Siwnik', as lord of the land of Siwnik'. During the entire time that [Varazvaghan] held the authority in Siwnik', he worked many injustices, and constructed numerous fire-temples in the land of Siwnik', to the scandal of his House. As mentioned above, after being tormented for a long time by a *dew*, he died a wicked, bitter death.

The treacherous Vasak stayed at the court some years very grieved and experiencing great difficulties. He spent his days sighing and lamenting every day and every hour, to the point that he started beating his own face with his hand in hostile derision, saying: "Behold, you have fallen into this dishonorable state, which was brought on by your violation of an oath sworn on the holy Gospel, and by the martyrs' blood of the blessed Vardan Mamikonean and of other worthy people who cooperated with him. They have inherited eternal life and left on earth a good and permanent name for themselves for all time. But you, sinner, [are fated] to spend the few remaining days of your life in remorse and pain, and eternal unending Gehenna is ready and waiting for you." We were accurately informed about his sighs and tears which lasted until the day of his death, by prince Vasak's own attendants. That blessed man of God, Ghewond, related that [Vasak] died there in the country of Iran.

47. Իսկ զսուրբ քահանայսն Աստուծոյ,
զտէր Յովսէփ կաթողիկոս,
եւ զտէր Սահակ Ռշտունեաց եպիսկոպոս,
եւ զերանելի երէցն զտէր Ղեւոնդ,
եւ զտէր Մուշէ,
զդրան երէցն Ներշապհոյ Արծրունեաց տեառն,
եւ զտէր Սամուէլ երէցն Արածայ,
եւ զտէր Աբրահամ սարկաւագ,
եւ զտէր Արշէն երէց Եղեգեկի,
եւ զտէր Քաջաջ սարկաւագ.
Զսոսա ութ քահանայս. եւ զքրիստոսասէր կապեալ նախարարսն Հայոց, որոց անուանք են այսոքիկ.

ի տոհմէն Սիւնեաց երկու եղբարք՝ Բաբկէն եւ Բակուր,

ի տոհմէն Արծրունեաց Ներշապուհ եւ Շաւասպ եւ Շնգին եւ Պարգեւ եւ Տաճատ,

ի տոհմէն Մամիկոնէից Համազասպեան եւ Համազասպ եւ Արտաւազդ եւ Մուշեղ,

ի տոհմէն Կամսարականաց Արշաւիր եւ Թաթ եւ Վարձայ,

ի տոհմէն Ամատունեաց Վահան եւ Առանձար եւ Առնակ,

ի տոհմէն Գնունեաց Ատոմ,

ի տոհմէն Դիմաքսենից Թաթուլ եւ Սատոյ, երկու եւս այլովք տոհմակցովք,

ի տոհմէն Անձեւացեաց Շմաւոն եւ Առաւան,

ի տոհմէն առաջին Առաւեղենից Փափակ եւ Վարազդէն եւ Դատ,

ի տոհմէն Արծրունեաց Ապրսամ,

ի տոհմէն Մանդակունեաց Սահակ եւ Փարսման,

ի տոհմէն Տաշրացեաց Վրէն,

ի տոհմէն Ռոփսենից Բաբիկ եւ Յոհան.

47. And the holy priests of God:
lord Yovsep', the Catholicos,
lord Sahak, the bishop of Rhshtunik',
the blessed presbyter lord Ghewond,
lord Mushe, the court presbyter of Nershapuh,
lord of Arcrunik', lord Samuel, presbyter of Arac,
lord Abraham the deacon,
lord Arshen, presbyter of Eghegek,
lord K'ajaj, the deacon.

In addition to these eight priests were the following bound Christ-loving *naxarar*s of Armenia:

from the *tohm* of Siwnik', the two brothers Babken and Bakur,

from the *tohm* of Arcrunik', Nershapuh, Shawasp, Shngin, Pargew and Tachat,

from the *tohm* of Mamikonean, Hamazaspean, Hamazasp, Artawazd and Mushegh,

from the *tohm* of Kamsarakan, Arshawir, T'at', and Varjay,

from the *tohm* of Amatunik', Vahan, Arhanjar and Arhnak,

from the *tohm* of Gnunik', Atom,

from the *tohm* of Dimak'sean, T'at'ul, Satoy plus two other members of the *tohm*,

from the *tohm* of Anjewac'ik', Shmawon and Arhawan,

from the *tohm* of the first Arhaweghean, P'ap'ak, Varazden, and Dat,

from the *tohm* of Arcrunik', Aprusam,

from the *tohm* of Mandakunik', Sahak and P'arsman,

from the *tohm* of the Tashrac'ik', Vren,

and from the *tohm* of Rhop'sean, Babik and Yohan.

եւ զոսա երեսուն եւ մի այր ի նախարարացն Հայոց՝ հրաման տայր թագաւորն Յազկերտ խիստ կապանաւք պահել անդէն ի Վրկանի, մինչեւ յամս վեշտասաներորդ թագաւորութեանն իւրոյ:

48. Եւ յամի վեշտասաներորդի թագաւորութեանն իւրոյ Յազկերտ չու արարեալ ամենայն բազմութեամբ իւրով խաղայր ի պատերազմ ի վերայ Քուշանաց. հրամայէր եւ զկապեալսն Հայոց, զքահանայսն եւ զնախարարսն խաղացուցանել ընդ իւր ի Վրկանէ: Եւ ելեալ յԱպար աշխարհ, եւ եկեալ ի շահաստանն որ անուանեալ կոչի Նիւշապուհ՝ հրամայէր պահել անդ զկապեալսն Հայոց, զքահանայսն եւ զնախարարսն, ի դղեակ շահաստանին Նիւշապուհ: Բայց զերանելի զերկու քահանայսն, զտէր Սամուէլ եւ զԱբրահամ, հրամայէր ընդ իւր խաղացուցանել. զոր չարաչար վշտով եւ բուռն կապանաւք եւ գանիւ տայր նեղել հանապազաւր, ահ եւ երկիւղ արկանել ի վերայ քրիստոնէիցն, որք ընդ նմա ի կարաւանին էին: Եւ հասեալ ի սահմանս թշնամեացն՝ եւ ոչ սակաւ մի մասամբք կատարէին խնդիրք թագաւորին, այլ ամենայնիւ նկուն եղեալ դառնայր ամաւթալից, կորուսեալ ի զաւրաց իւրոց արս ընտիրս եւ ականաւորս, նոյնպէս եւ յայլ ռամիկ այրուձիոյ: Քանզի ոչ դէմ յանդիման ճակատեալ թշնամեացն պատերազմէին ընդ զաւրսն Պարսից, այլ յեղակարծումն անկեալք ի վերայ միոյ միոյ թեւի՝ հանէին ընդ սուր զբազումս, եւ ինքեանք դարձեալ անվնասք աներեւոյթք լինէին: Եւ այսպէս ի բազում աւուրս արարեալ՝ վատնէին սաստիկ հարուածովք զզաւրսն Պարսից:

King Yazkert commanded that these [aforementioned] thirty-one individuals should be held in Vrkan in stringent bondage until the sixteenth year of his reign [A.D. 455].

48. In the 16th year of his reign, king Yazkert took all of his troops and went to war against the Kushans. He also ordered that the bound Armenians, priests and *naxarar*s, be taken along from Hyrcania. Arriving in the land of Apar, he came to the *shahastan* called Niwshapuh. He ordered that the bound Armenians, priests and *naxarars*, be held there in a fortress in the Niwshapuh *shahastan*. But [Yazkert] commanded that the two blessed priests, lord Samuel and Abraham be taken along with him. He had them constantly oppressed with wicked torments, heavy shackles, and beatings to strike awe and terror into the Christians who were with him in the caravan. When they reached the borders of the enemy, [the Iranians] were unable to implement any part of the king's demands; rather, totally defeated, they turned back in shame, and [the king] lost choice and renowned men from his troops, as well as *rhamik* [plebeian] cavalrymen. For the enemy did not battle with the Iranians face to face. Instead, they unexpectedly fell upon one wing after another, putting many men to the sword, while they themselves returned unharmed, and vanished. Doing this for many days, they defeated the Iranian troops with severe blows.

VOLUME I

Եւ թագաւորին Յազկերտի տեսեալ զայնպիսի թե-թեւութիւն ծանականաց իւրոց, յանհնարին տրտմութիւնս ընկղմեալ մաշէր. մտայոյզ եղեալ խնդրէր գիտել, թէ վասն որո՞յ պատճառանաց եղեւ դիպեալ նմա այնպիսի ծանր թեթեւութիւն: Եւ կացեալ ի տարակուսի՝ ձգէր զպատ-ճառսն մերթ յանմիաբանութիւն գնդին իւրոյ եւ մերթ ի մոգուցն ծուլութիւն, թէ «Ուրեմն ոչ կարացին ընծայիւք եւ արժանաւորապէս զոհիւք հաճել զմիտս աստուածոցն. որոց ցասուցեալ՝ ոչ կամեցան աւգնել մեզ, այլ թողեալ ի ձեռանէ՝ զաւրացաւ կողմն թշնամւոյն, եւ մեք վատնեալք դարձաք լի ամաւթով»: Եւ մոգուցն իմացեալ զտրտմու-թիւն թագաւորին, խորհուրդ ի մէջ առեալ, խրատու ա-նաւրէն հազարապետին Միհրներսեհի՝ սկսան խաւսել ընդ թագաւորին եւ ասեն. «Արեա՛ց քաջ, մի՛ յածեսցին միտք քո յայլ խորհուրդս վասն վատ պատահմանց, որ դիպե-ցաւ մեզ ի թշնամեացն. այլ ի ցասմանէ աստուածոցն, որ կարի խիստ զայրացեալ են մեզ յաղագս աստուածա-սպան քահանայիցն Հայոց, որ վաղ արժանի էին մահու, եւ ձեր անփոյթ արարեալ՝ կան կենդանի մինչեւ ցայսաւր: Զի եթէ լոկ մարդասպանք իսկ էին, եւ դուք այդքան յերկար-եալ պահէիք առանց մահու՝ սակայն կարի ծանր էր եւ ար-ժան մեղադրութեան գործն. թող թէ յաստուածս իշխեցին ձգել զձեռս՝ սպանանել, եւ նոքա կեան եւ զարեւ տեսանեն. յիրաւի պատժեալք մեք յաստուածոցն գտանիմք անխնայ»:

When king Yazkert realized his ignominious disgrace, he sank into unbelievable depression. He anxiously demanded to know the causes of his encountering such a heavy defeat. In doubt, sometimes he cast the blame on the disunity of his brigade, sometimes on the laziness of the mages, saying: "They were unable to propitiate the minds of the gods with gifts and worthy sacrifices. Thus enraged, [the gods] did not want to aid us. Rather, abandoning us, they strengthened the enemy's side. And we, defeated, returned full of shame." When the mages learned about the king's anger they consulted among themselves, and on the advice of the impious *hazarapet,* Mihrnerseh, they began speaking with the king, saying: "Brave of the Aryans, may your mind not veer to a different explanation for the bad experiences we have had from the enemy. [The cause] is rather the wrath of the gods who are extremely angry at us because of the god-killing Armenian priests, who long since deserved death, but because of your delay, are still alive today. For if they were merely killers of men, and if you delayed so long, preserving them from death, such an action would be very heavy and blameworthy. But they dared set their hands forth to kill the gods, yet they are still alive and see the light of day. Indeed, [for this reason] we have been mercilessly punished by the gods."

Եւ լուեալ զայս թագաւորն ի մոգուցն, եւ կարծեցեալ ստոյգ զուստ պատճառս նոցա, եւ ի մեծ սրտմտութիւն գրգռեալ ընդ կապեալ քահանայսն, հաշուելով թէ արդարեւ վասն նոցա եղեւ այսչափ կոտորած զաւրացն իւրոց՝ վաղվաղակի հրաման տայր՝ նախ զնոսա, որ ընդ իւր քահանայքն էին, զուիրբ երէցն Սամուէլ եւ զուիրբ սարկաւագն Աբրահամ, յանծերեւոյթ տեղի ինչ տանել, շատ ի կարաւանէն հեռի, եւ անդ գլխատել, յաղագս չգտանելոյ ուրուք ի քրիստոնէից ի պատուելոյ զոսկերս նոցա: Բայց յառաջ քան զսպանանելն զնոսա՝ հրաման տայր՝ զաջ ձեռն կտրել զսրբոյն Սամուէլի եւ դնել ի ձեռին տեառն Աբրահամու, նոյնպէս հրամայեաց՝ եւ զսրբոյն Աբրահամու կտրել զաջ ձեռնն եւ դնել ի ձեռին տեառն Սամուէլի, «Փոխանակ, ասէ, զի իշխեցին ձգել զձեռս իւրեանց ի պատուական կրակն եւ սպանանել», եւ ապա սրով կտրել զգլուխս նոցա: Եւ այսպէս վկայեցան սուրբքն յամսեանն հրոտից, որ աւր եաւթն էր ամսոյն, ի գաւառին որ անուանեալ կոչի Վարդգէս:

49. Յետ այսորիկ դեսպանս հրամայէր առնել թագաւորն Յազկերտ վաղվաղակի եւ յոյժ փութով յաղագս երանելոյ եպիսկոպոսին Բասենոյ Թաթկայ, որ կայր ի կապանս յԱսորեստանի, ի բազում ժամուց տանջեալ չարալլուկ տանջանաւք. եւ հրամայէր սպանանել անդէն եւ անհետ առնել զմարմին սրբոյն, յաղագս չգտանելոյ ուրուք ի քրիստոնէից, ի պատիւ տանելոյ զոսկերս նորա: Եւ հասեալ դեսպանին անդ՝ կատարեալ մոգուցն զհրամանն եւ լցեալ խնդութեամբ. բայց յառաջ քան զվախճան սրբոյն՝ քերեցին նախ տանջանաւք զաւուրս բազումս զմարմինն սրբոյն յոսկերացն, եւ ապա ըստ հրամանի թագաւորին հատեալ սուսերաւ զգլուխն եւ սպանին:

The king listened to this and, believing that their false explanations were true, was moved to great anger regarding the bound priests. Considering that it was indeed their fault that such a slaughter of his troops had occurred, [Yazkert] immediately ordered that first those priests who were with him, the blessed presbyter Samuel and the holy deacon Abraham, should be taken to an unknown place very far from the caravan and beheaded there, so that no Christian would be able to find their bones and revere them. But before killing them, [Yazkert] ordered that blessed Samuel's right hand should be cut off and placed in the hand of lord Abraham, and that blessed Abraham's right hand should be cut off and placed in the hand of lord Samuel. He said [that he was doing this] "since they dared stretch forth their hands against the venerable fire and kill it." Then he ordered them beheaded. Thus were these saints martyred in the district named Vardges, on the seventh day of the month of Hrotic'.[42]

49. After this king Yazkert ordered that an emissary go in great haste to Asorestan where the blessed bishop of Basen, T'at'ik, was being held in bondage, having been wickedly tortured for a long time. He ordered that [T'at'ik] be killed there, and that the saint's body be disposed of so that none of the Christians would find it and take the bones to revere them. When the emissary arrived, the mages there carried out the order and were filled with joy. But before the saint's death, for many days [the mages] flayed the flesh from the holy man's bones with tortures. Then, in accordance with the king's order, they killed him by beheading him with a sword.

---

42 *Hrotic'*, the twelvth month of the ancient Armenian calendar.

50. Նոյնպէս տայր հրաման եւ վասն այլ քահանայիցն սրբոց, զորս թողին կապեալս ի Նիւշապուհ ի դղեկին: Տայր հրաման Վեհդենշապհոյ ամբարապետի առնուլ ընդ իւր երկուս եւս այլ աւգնականս յաւագանւոյն, զՋնիկան մայպետն արքունի, եւ զՄովան անդերձապետ՝ ի ձեռանէ մովպետան մովպետի, երթալ փութով յառաջ քան զինքն, եւ հանել զսուրբ քահանայսն ի բանտէն, ուր էին կապեալք նոքա եւ նախարարքն Հայոց, եւ տանել զնոսա հեռի ի քաղաքէն յանկոխ եւ յանապատ տեղի, եւ անդ չարաչար տանջանաւք, որպէս եւ կամեցի, բարձցէ զնոսա ի կենացս: Բայց յոյժ պատուիրանաւ զգուշացուցանէր թագաւորն Վեհդենշապհոյ՝ ոչ տալ ումեք գիտել, ո՛չ զառնուլ եւ զգնալ զնոսա ի քաղաքէն, եւ ոչ զճանապարհն ընդ որ տանիցին, եւ ոչ զտեղի մահուանն ուր սպանանիցեն զնոսա: «Քանզի լուեալ է, ասէ, մեր ստուգութեամբ, թէ աւելի, ասէ, վասն այսր կարի խնդան ի մահ՝ որք ի մոլար աղանդն են քրիստոնէից. զի այդպէս ասեն, թէ ոսկերք այնոցիկ, որք յաղագս Աստուծոյն իւրեանց մեռանին, եւ որ ոք, ասէ, յիւրում տանն ունիցի ինչ անտի, թէ եւ փոքր խրխոր ինչ ունի՝ եւ վատ ինչ եւ խորամանկ ի նա եւ ի նորա տունս եւ ի սիրելիս ոչ մերձենայ: Այլ եւ զայս եւս, ասէ, ասեն, թէ ի բանս ատենի աջողութիւնս տան եւ իմաստս եւ քաջութիւնս գտանել եւ պահպանութիւն: Եւ մինչեւ ի մահ ջանան անձամբ եւ կարասւով գոնէ ատամն մի կամ եղունկն մի գտանել յայնպիսեացն, եւ ի տունս իւրեանց տանել:

50. [Yazkert] also gave an order regarding the other blessed priests who had been left bound in the fortress at Niwshapuh. He ordered Vehdenshapuh, the *ambarapet*, to take two other nobles as assistants, Jnikan, the court *maypet*, and Movan, the *anderjapet*, who was an assistant to the *Movpetan movpet*[43], to quickly go in advance of himself, to remove the blessed priests from the prison where they were being held bound with the Armenian *naxarar*s. [Yazkert] ordered that they should be taken to an untrodden and deserted place far from the city and cruelly tortured there in whatever manner [Vehdenshapuh] chose until they died. But the king ordered Vehdenshapuh to be extremely careful that no one should find out that they had been taken from the city, or by what road, or the place where they were to be slain. "Since," he said, "we have accurately learned that those who belong to the erroneous sect of Christianity will go to their deaths with great joy for [such a fate]. For, they say that if someone should have in his home even a tiny fragment of the bones of someone who died for their God, nothing bad or malicious can befall him, his house, or his loved ones. They also say that [such relics] give aid in speaking at trials, wisdom, bravery, and protection. To the point of death they strive in person and with their wealth to obtain but a tooth or fingernail from such [martyred Christians] and to take it to their homes.

---

43 *Movpetan movpet:* chief magus.

VOLUME I

«Այլ եւ զայն եւս ի հաւատարիմ մարդկանէ, որք ի մօլար աղանդին նոցա են եղեալ, ապա զմեր լուսաւոր եւ զարդար աւրէնս ունին, տեղեկացեալ եմք, թէ կանայք նոցա, ուստերք եւ դստերք, եւ զզարդս ոսկւոյ եւ արծաթոյ եւ մարգարտոյ տարեալ ուրուք նոցա, թէ կարի փոքր ինչ յոսկերաց այնր մեռելոց տայր նոցա՝ զայն մեծարգոյ եւ պատուական համարին: Եւ զի՞նչ եւս այլ աւելի ասեմ. եւ զհարց եւ զմարց զարդս, զոր յանուն նոցա արարեալ է մեծաւ աշխատութեամբ, ճիտակս եւ կամ զտակս ինչ մարգարտոյ կարի մեծագնոյ՝ կանայք քրիստոնէիցդ չհամարին ինչ հանել յանձանց եւ տալ եւ դնել փխրանս ինչ յոսկերաց այնպիսեացն: Այլ դուք ուշիմ լերուք, եւ յայնմ վայրի եղիցի սպանումն նոցա, ուր յայնպիսեաց կարծեաց եւ պատուոյ՝ սպանեալքն եւ որք սպասեն ոսկերացն՝ վըրիպեալ լիցին»:

Եւ զայս ամենայն բանս լուեալ ի թագաւորէն ամբարապետին Վեհդենշապհոյ յԱպար աշխարհին, եւ մտեալ ի դղեկ շահաստանի Նիւշապհոյ՝ խաւսէր բանս սուտս, եւ տայր աւետիս նենգութեամբ, թէ «Արքայից արքայ հրաման ետ ինձ՝ զհայ երիցունսդ որ աստ ի կապանս են՝ արձակել յաշխարհն իւրեանց, եւ վասն այլ ազատանւոյն որ ի Հայոց են՝ պայման արար, թէ ես յորժամ գամ՝ արձակեմ ի կապանաց»:

"Furthermore we have been informed by trustworthy men who had belonged to their devious sect but now hold our radiant and just faith, that their women, sons and daughters will take their ornaments of gold, silver and pearls and give them in exchange for even a very small portion of the bones of people who have so died, regarding [the bones] as very respect-worthy and venerable. What else shall I say? Ornaments of their fathers and mothers, which were made for them with great labor—[ornaments] having a neck or base of extremely costly pearls Christian women regard it as nothing to remove them from their persons and give them to purchase but a small piece of the bones of such [martyrs]. So you be careful that the site of their killing is somewhere that those who hold such beliefs and are awaiting the bones to revere them, will be unable to locate."

When the *ambarapet*, Vehdenshapuh, heard all these words from the king in the land of Apar, he entered that fortress in the Niwshapuh *shahastan*. He spoke [the following] false words [to the captives], duplicitously giving them "good news": "The king of kings has commanded me to dispatch the Armenian priests held here in bonds to their own land. With regard to the other nobles from Armenia, he stipulated that he would release them from their shackles when he arrives."

Եւ լուեալ զայս բազմութեանն որ էին ի շահաստանին՝ կարծէին զոլ արդար զխաւսեցեալսն ի Վեհդենշապհոյ: Բայց սուրբ քահանայքն իբրեւ լուան՝ իսկոյն գիտացին ազդեցութեամբ սուրբ Հոգւոյն զհասեալ բարի ժամ յուսոյ նահատակութեան իւրեանց. սկսան խաւսել ընդ նախարարսն Հայոց, ընդ որս կապեալն էին, եւ ասեն. «Թէպէտ եւ կամէր արդեաւք Վեհդենշապուհ թաքուցանել զճշմարտութեան բանն՝ ոչ կարաց. քանզի երկոքեան մեր այդ իրք այդպէս կատարելոց են, որպէս եւ լուանն իսկ ի նմանէ ամենեքեան. զի եւ դուք իբրեւ ողորմութեամբն Քրիստոսի արձակելոց էք ի կապանացդ, եւ մեք զաւրութեամբ սուրբ Հոգւոյն կատարեալ զտաղտուկ զաւուրս կենցաղոյս պանդխտանոցիս՝ գնալոց եմք ի բնիկ աշխարհն մեր եւ յընտանիս, ուր դասք առաքելոցն են եւ ււթեւանք սրբոցն, ի բանակ տանուտեառնն եւ արարչին ամենեցուն Քրիստոսի, որ ասացն. Ուր եսն եմ՝ անդ եւ պաշտաւնեայն իմ եղիցի:

51. Եւ սոցա դեռ եւս խաւսելով զայս այսպէս՝ մի ոմն ի դահճացն, որ սիրելապէս ընդունելութիւնս ունէր ընդ կապեալ նախարարս Հայոց, լուեալ ճշգրտապէս յերանելի Խուժկէն՝ եկեալ յայտնէր նոցա զստոյգ խորհուրդն, եւ տայր գիտել զարդարն, թէ ո՛րպէս տուեալ է հրաման թագաւորին յաղագս սպանման քահանայիցն:

When the multitude [of captives] in the *shahastan* heard this, they thought that Vehdenshapuh was speaking the truth. But when the blessed priests heard it, through the influence of the holy Spirit they immediately realized that the good hour of the hope of their martyrdom had arrived. They began speaking with the Armenian *naxarar*s with whom they were bound, saying: "Although Vehdenshapuh wanted to conceal the truth, he was unable to do so. For both of us shall be killed as indeed all of you heard from him. You, with the mercy of Christ, will be freed from bondage; we, with the power of the holy Spirit, having passed the wearisome days of our lives as exiles, will go to our natural land and family, where the ranks of the Apostles are, and the dwellings of the saints, to the army of the *tanuter* and creator of all, Christ, Who said: 'Wherever I am, my servant will be.'"[44]

51. While they were discussing this matter, one of the executioners—as was accurately learned from the blessed Xuzhik—a man affectionately inclined toward the bound Armenian *naxarar*s—came and revealed to them [the Iranians'] actual plan. He informed them of the truth, regarding how the king had given the order concerning the killing of the priests.

---
44 John 12:26.

Զոր ստուգեալ նախարարացն՝ լային դառնապէս. իբրեւ ոչ եթէ ոչ կամելով զնահատակութիւն սրբոցն, որում եւ ինքեանք իսկ փափաքէին լինել արժանի, այլ վասն մնալոյ ի նոցանէ որբք եւ անմխիթարք: Իսկ սրբոցն եւ յառնէն իսկ ճշգրտեալ զիւրեանց հաստատապէս աւետիսն՝ զաւրացեալք զուարճանային ցնծութեամբ, եւ տրւեալ փառս Աստուծոյ՝ իսկոյն երեկոյին պաշտամանն պատրաստէին. քանզի եւ անազանազոյն իսկ էր այնուհետեւ ըստ այլ աւուրց պաշտամանն ժամ: Որ քանզի եւ եկք ամբարակապետին ի շահաստանն ոչ ինչ էին վաղ, վասն որոյ կալ զգիշերն անդէն հարկաւորեցաւ ի շահաստանին: Եւ սրբոցն կատարեալ զկանոն երեկոյին պաշտամանն՝ վայելէին սուղ ինչ եւ դոյզն ռոճկովն որպէս բազմախորտիկս անուշահոտութեամբ. եւ անուշակ ընթրեացն ուրախութեանն յերկարեալ զուրախութիւն ճաշակմանն մխիթարութեան շնորհիւ, զաւրութեամբ Աստուծոյ սուրբ Հոգւոյն, եւ յարուցեալ յընթրեացն, փառաւորելով եւ աւրհնելով զԱստուած՝ կատարէին զաղաւթսն: Հրաման տային սուրբ քահանայապետքն Աստուծոյ կապելոցն նախարարաց՝ աղաւթից եւ տքնութեան պարապելոյ ըստ կարգի իւրաքանչիւր ուրուք զգիշերն զայն, ասելով ցամենեսեան այսպէս.

When the *naxarar*s were certain of this, they wept bitterly, not because they did not want the saints martyred, since they themselves desired to be worthy of the same, but because of those who would be left orphaned and unconsoled. As for the holy men, when they accurately learned that the glad tidings regarding them were definite, they were strengthened and became joyously happy. They glorified God, and immediately prepared for the evening worship, which on that day was later than on other days. The fact that the *ambarakapet* had not come early to the *shahastan* meant that they were obliged to spend the night there. After the holy men completed the canon of the evening service, they enjoyed a poor and small [meal, provided for] by [their] maintenance as though it consisted of many fragrant delicacies. Joy in the delicious meal prolonged the joy of comfort, with the power of the holy Spirit of God. Arising from the meal, they glorified and blessed God, reciting prayers. The holy priests of God commanded the bound *naxarars*, in accordance with each one's rank, to pass that night in prayer and vigils. [The priests] said to all of them:

«Զի եթէ զոք ի ձէնջ այսաւր յուղարկէիք ի Հայս, ո՞չ ապաքէն առ իւրաքանչիւր սիրելիս թուղթս ողջունացոյցս եւ պատգամս ուրախալիցս յղէին խնդութեամբ. նաեւ յաղագս ճանապարհորդելոյ ի ձէնջ ուրուք խնդրէիք յԱստուծոյ` ողջամբ հասանել առ իւրաքանչիւր ընտանիս եւ զեղեալ ձեզ նմա զբանն կատարել: Եւ արդ` աւասիկ յուղարկիմք մեք ի ձէնջ առ Աստուած. խնդրեցէ՛ք ամենեքեան ի Փրկչէն Քրիստոսէ եւ ի սուրբ նորա Հոգւոյն` լինել աներկիւղ քաջալերութեամբ ամենեցուն մեզ արժանի երկնաթռիչ ցանկալի ուղւոյն, տանել ձեզ ողջոյն եւ զյանձնարարութիւն առ բազումողորմն Քրիստոս եւ առ սուրբ գունդն առաքելոց եւ մարգարէից եւ ամենայն սրբոց: Որոց միշտ բարեխաւսութեամբ թախանձեսցի գորովալից գութ բազում ողորմ արարչին Քրիստոսի` լինել ձեզ մխիթարիչ եւ փրկիչ. եւ արձակեսցէ զձեզ յերեւելի կապանացդ յորում էքդ, եւ ամաչեցուցանէ զնախանձորդս ձեր եւ զթըշնամիս: Տացէ՛ ձեզ տեսանել զաշխարհն Հայոց եւ զընտանիս ձեր, եւ անդ ամփոփեալ զոսկերս իւրաքանչիւր ուրուք զձեր` առ ոսկերս հարց ձերոց ժողովեսցէ, եւ յաներեւոյթ կապանաց սատանայի արձակեալ զոգիս ձեր` պահեսցէ անվնաս յաւր տեառն Յիսուսի Քրիստոսի»:

"If any of you today should travel to Armenia would you not, truly, send letters of greeting and messages of joyous delight to each of your dear ones? You should beseech God about the journey so that each person reaches his family safely, and that your compact with Him is fulfilled. But behold, now we are about to leave you to go to God. All of you beseech the Savior Christ and His holy Spirit that we, with intrepid encouragement, be worthy of the desirable heavenward road, and that we salute the most merciful Christ and the blessed brigade of Apostles, the prophets and all the saints, and recommend you to them. With the intercession of the kind and most compassionate creator, Christ, He may be your consoler and savior. May you be released from the heroic shackles which now confine you, and may your detractors and enemies be put to shame. May you see the land of Armenia and your families, and may your bones be placed there with those of your fathers. May your souls be freed from the invisible shackles of Satan, and be kept unharmed until the day of the [coming of] lord Jesus Christ."

Եւ լուեալ զայնպիսի հրաման ի սուրբ քահանայիցն Քրիստոսի ամենայն նախարարացն՝ ետուն պատասխանի եւ ասեն. «Ո՞ւմ արդեաւք յաղթիցէ քուն յարքայութեանն, ուր ոչ գոյ տքնութիւն եւ ոչ ծանրութիւն տաղտըկութեան. եւ կամ ո՞ արդեաւք ախտացեալ տրտմեսցի յանանց բարութեանն, ուստի մերժեալ են ցաւք եւ տրտմութիւնք եւ հեծութիւնք: Եւ մեզ աւրս այս կարապետ եւ առիթ է աւուրն այնմիկ, ուր վարդապետութիւնք սուրբ քահանայիցն Աստուծոյ քարոզեալ լսելի լինէր ի միջի մերում: Եւ տրտմութիւն ընդէ՞ր իսկ բնաւ ծնանիցի ի սիրտս ուրուք, որք արժանի եղաք ցանկ զծնողս մեր եւ զհոգեւոր վարդապետս ի կենդանութեան մերում ի մարմնի իբրեւ զհրեշտակս տեսանել, եւ ի վախճանի իբրեւ զզուարթունս: Բայց որ արտասուեմքս փղձկալով՝ որպէս Փրկչին ամենեցուն Քրիստոսի զԵրուսաղէմ տեսեալ կամ զՂազար, զոր յարոյցն ի մեռելոց, թէ ընդէ՞ր իսկ անմահ եւ անախտ ստեղծուածս յԱրարչէն, գերեալ ի խաբէութենէ թշնամւոյն, դարձեալ ի հող՝ անկաւ ընդ ախտիւ եւ մահուամբ»:

Եւ այսպիսի բանս աւետալիցս լուեալ ի նախարարացն սուրբ քահանայիցն Աստուծոյ՝ մեծաւ ուրախութեամբ սկսան ամենեքեան տարածել զձեռս ի յերկինս, գոհանալ զԱստուծոյ եւ ասել.

When all the *naxarar*s heard such a command from the blessed priests of Christ, they replied: "Who can be conquered by sleep in the Kingdom, where there is no sleeplessness and no burden of weariness. And who will be grieved by disease in the eternal goodness, where pain, sorrow, and sobbing are absent? For us, today is a precursor of that day, and an opportunity to hear in our midst the doctrines of the blessed priests of God sermonized. And why should sadness be in anyone's heart? For we are worthy to see in our own lifetimes, in the flesh, our parents and spiritual *vardapet*s, who are like angels, and who, in their death are joyful. But our eyes are full of tears, like Christ the Savior of all-seeing Jerusalem, or Lazarus who was raised from the dead, [wondering] why the deathless and disease-free creation of the Creator, ensnared by the trickery of the enemy, returns again to earth, fallen to disease and death."

When the holy priests of God heard such words of glad tidings from the *naxarar*s, all of them began to raise their hands to heaven, thanking God with great gladness, saying:

«Գոհանամք զքէն, Աստուած, որ ի շնորհէ քաղցրութեան սուրբ առաքելոցն բազումս ծնար առաքեալս, եւ ի շնորհէ ճգնազգեցիկ մարտիրոսացն անթիւս ծնար նահատակս. որպէս առաքեալն եւ խոստովանողն տէրն Գրիգորիոս, արարողն ուղիղ գործոց եւ ուսուցիչն յստակ եւ անհեղգ վարդապետութեան, նախանձեցուցեալ զամենեսեան ի բարի նախանձս՝ ծնաւ վարդապետս եւ անթիւ նահատակս, յոլով միանձունս, անչափ դասս կուսանաց, զամենայն անձն բնաւ տաճար բնակութեան սուրբ Երրորդութեանդ յաւրինեաց։ Գոհանամք զքէն, Փրկիչ, որ ի հոտէն սրբոյն Գրիգորիոսի զոչխարսն առաւել քան զհովիւս բանաւորս արարեր, եւ զաշակերտս ի ժողովրդենէն առաւել քան զվարդապետս յաւրինեցեր գիտունս։ Ահա եւ մեք այժմ զաւրացեալք քաջալերեցաք ի բանից շնորհալից հոգեւոր ծննդոցս մեր, հարք յորդւոց, վարդապետք յաշակերտաց, քահանայք ի ժողովրդոց։ Եւ արդ՝ յուղարկիմք ի սոցանէ ուրախութեամբ, որոց արկեալ զմեզ յուղի՝ առ քեզ առաքեն, եւ ինքեանք մնալով ի մարմնի՝ ընդ քեզ են եւ առ քեզ, եւ քեւ զաւրանան։ Պահեա՛ զսոսա ամենազաւր աջովդ քո, պարսպեա՛ զնոսա ամրութեամբ սուրբ Հոգւոյդ քո, մխիթարեա՛ զսոսա ուրախութեամբ բանի քո. զխաղաղութիւն քո տո՛ւր սոցա եւ աճեցո՛ ի սոսա զշնորհսն»։

"We thank You, God, that through the grace of the preaching of the blessed Apostles, You begot many Apostles, and through the grace of ascetic martyrs, You begot many martyrs. Such an Apostle was the confessor lord Gregory, a doer of clean deeds and a teacher of a clear and vigilant doctrine which/who made everyone strive for the good, who begot *vardapet*s and innumerable martyrs, many cenobites, uncountable orders of virgins, creating in everyone a temple for the dwelling of the blessed Trinity. We thank you, Savior, for making the sheep of the flock of saint Gregory more rational than the shepherds, and for making students drawn from the people wiser than the *vardapet*s. We are now strengthened and encouraged by the graceful words of our spiritual parents, fathers to sons, *vardapet*s to students, priests to the people. We depart from those who have placed us on the path to You joyfully. [Our spiritual teachers] remaining in the flesh stay with you and are strengthened by you. Preserve them with Your almighty right hand, surround them with the security of Your holy Spirit, comfort them with the gladness of Your word. Give them our peace and let [Your] grace grow in them."

Եւ այսպէս աւրհնեալք զերանելի կապեալսն եւ հզաւր ամենակալին յանձնեալ՝ ասեն. «Նա պահեսցէ զձեզ ողջս, եւ Հոգւովն իւրով սրբով մխիթարեսցէ զձեզ հանապազ։ Եւ դուքմի՛ տրտմիք, այլ ուրախութեամբ ուրախ լերուք յայն որ ասացն, թէ Ոչ թողից զձեզ որբս. գամ, ասէ առ ձեզ. որ եկեալ իսկ է եւ է ի միջի ձերում. որ արձակէ զձեզ ի կապանացդ յորում էքդ, եւ պահեսցէ զձեզ յուսով աւգնականութեան իւրոյ եւ տայ ասել ձեզ համարձակաձայն պարծանաւք, թէ Վասն քո մեռանիմք զաւր հանապազ. համարեցաք որպէս զոչխար ի սպանդ։ Եւ ամենատէրն խորտակէ զսատանայ ի ներքոյ ոտից ձերոց, երեւելիս եւ պայծառս ցուցցէ զձեզ ի մէջ ազգիս ամբարշտի, եւ դարձուսցէ զձեզ ի յերկիր ձեր։ Պահեսցէ զտունս ձեր, սնուսցէ զտղայս ձեր, ժառանգեցուսցէ զաւակի ձերում զվիճակ հարց իւրեանց. նմա փառք եւ այժմ եւ յամենայն յաւիտեանս. ամէն»։

Եւ կատարեալ սրբոյն Ղեւոնդի զբանս վարդապետութեան եւ մխիթարութեանս այսորիկ՝ ըստ հրամանին սրբոյն Յովսէփայ եւ սրբոյն Սահակայ, որոց եւ նոցա աւրհնեալ զերանելի նախարարսն եւ զայլ ժողովեալսն ընդ նոսա՝ յանձնեցին զամենեսեան սրբոյ Երրորդութեանն, եւ կատարեցին զաղաւթս։ Եւ եղեւ ամենայն անձն երանելի կապելոցն նախարարացն որպէս զանձինս այնոցիկ, որք ժողովեալ էին ի վերնատունն եւ բնակէին ընդ սուրբ առաքեալսն, լցեալք սուրբ Հոգւոյն շնորհիւ, քաջալերեալք եւ ապաւինեալք ի յոյսն երկնաւոր։

So blessing the venerable captives and entrusting them to the Almighty, [the priests] said: "He will preserve you in health, and always comfort you with His holy Spirit. Be not saddened, but rejoice in the word that 'I shall not leave you as orphans, but will come to you.'[45] For indeed He has come and is among you. He will release you from the bonds which now confine you, and will keep you with the hope of His aid. He will cause you to boldly say in glory: 'For your sake we are being killed all the day long; we are regarded as sheep to be slaughtered.'[46] The lord of all will crush Satan beneath your feet and display you as prominent and radiant in the midst of impious people, and He will return you to your country. May he preserve your *tun*s, nourish your children, and let your son(s) inherit the share of their fathers. Glory to Him now and forever, amen."

The blessed Ghewond completed these words of doctrine and consolation in accordance with the command of the blessed Yovsep' and Sahak, who also blessed the venerable *naxarar*s and the others gathered with them. They entrusted all of them to the holy Trinity and completed their prayers. Every one of the venerable captive *naxarar*s resembled those men who had assembled in [Christ's] attic, and they dwelled among the blessed Apostles, filled with the grace of the Holy Spirit, encouraged and taking refuge in divine hope.

---
45 John 14:18.
46 Romans 8:36.

52. Եւ մինչդեռ ուրախացեալ ցնծայր ամենայն խոհարան լսողացն, որպէս բազմախորտիկս անուշահոտ ճաշակաւք, հոգեշնորհ վարդապետութեամբ առաքելանման վարդապետացն՝ գային հասանէին յանկարծակի բազմութիւնք դահճացն յամբարապետէն, ջահիւք բազմաւք սաստկապէս լուցելովք. քանզի ըստ անանց եւ անփոփոխ ձայնարձակութեան յաստուածային հրամանատուութենէն թռչնոյ՝ ժամ էր այնուհետեւ հաւուն խաւսելոյ. ունելով ընդ ինքեանս բազմութիւն դարբնաց գործովք արուեստաւորութեան իւրեանց, սալիւք եւ ուռամբք, կռանաւք եւ խարտոցովք, խարտել եւ կտրել եւ ի բաց հանել զերկաթսն ի ձեռաց եւ յոտից եւ ի պարանոցէ սրբոցն. եւ զոր ոչն կարացեն կտրել խարտոցաւքն՝ ուռամբք ջարդեալ զբեւեռս երկաթոյն, դնելով ի վերայ սալիցն, բեկեալ հանցեն ի բաց: Քանզի ստուարք էին եւ ծանունք քան զբընութիւն ամենայն երկաթոյ, որովք զայլ մահապարտսն կապէին, զոր ի նոցա իսկ անուն տուեալ էր առնել մոգուցն, որպէս յանուն արանց վատախրատից եւ աշխարհակորուսաց եւ աստուածասպանաց, եւ մանաւանդ զշղթայս սրբոյ կաթողիկոսին Յովսէփայ. զոր եւս առաւել քան զսաստկութիւն այլոց շղթայիցն ստուարագոյնս ասէին զնորայն եւ անհեդեդս:

Եւ տեսեալ սուրբ քահանայիցն Աստուծոյ զեկեալս ի դահճացն ընդ Վեհդենշապհոյ, եւ զբազմութիւն դարբնացն գիտացեալ՝ տրտմեալք խռովէին առ հասարակ. վասն զի ցանկանային երկնահրաւիրակ կոչմանն նո՛յն զարդու, զոր յաղագս անուանն Աստուծոյ արժանի եղեն կրելոյ զայնչափ ժամանակս կամաւ եւ ցնծութեամբ ի մարմնի իւրեանց, թէ եւ հասեալք նովիմբ ի տեղի նահատակութեանն, ուր եղեալք արժանիք յաւիտենից փառացն, անդ ապա դնելով յետս միանգամայն զշղթայսն եւ զկապանս երկրային ծանրութեանց այսր աշխարհիս կամէին ախորժելով:

52. While all the senses of the listeners were transported with delight, finding the inspired doctrine of the Apostle-like *vardapet*s to be like a meal of many fragrant delicacies, suddenly a multitude of executioners arrived from the *ambarapet*, carrying many fiercely blazing torches. For in accordance with the eternal, unchanging divine instruction to birds, it was the hour of cockcrow. [The executioners] had with them a multitude of blacksmiths with the tools of their trade—anvils, hammers, chisels and files—to file, cut and remove the irons from the saints' hands, feet and necks. What they were unable to cut with files, they smashed at with hammers, placing the iron poles/nails on anvils until they broke. For they were more solid and heavy than all ordinary iron with which they bound those people condemned to death. The mages had had them dealt with in this fashion as though they were malicious, destructive, god-slaying men. This was especially true as regards the chains of the blessed Catholicos Yovsep', for [the mages] had said that his chains were to be more confining, heavier, and more awkward than the others.

When the holy priests of God saw the executioners and the multitude of blacksmiths who had come with Vehdenshapuh, they all became sad and agitated. For they wanted to answer their summonses to heaven wearing the same ornaments which, for the name of God, they had been deserving of wearing on themselves willingly and joyfully for such a long time. They wanted to go to the site of their martyrdom wearing them, and, at the place where they would become worthy of eternal glory, to put aside there once and for all the chains and fetters of the mundane burdens of this world.

Քանզի զոր աւրինակ մոլեկան փառացն ցանկացողք, արք եւ կանայք, որք անյագութեամբն համակեալք ոսկւովք եւ պատուական ակամբք եւ մարգարտովք, կապեն ախորժելով զիւրոյին անձանց զձեռս եւ զոտս եւ զպարանոց. զորս թէ ոք ի թշնամեաց եւ կամ ի բռնաւոր իշխանաց կապէր առ վտանգի եւ նովիմբ տայր կալ եւ չհանել ի բաց՝ առատանային փղձկալով, եւ չունէին ժոյժ եւ առ վայր մի. եւ արդ ինքեանք զինքեանս կապեն, եւ չհամարին ծանր եւ ոչ զգան, այլ եւ զոր յայլսն տեսանեն յայնպիսի նիւթոյ՝ նախանձին, թէ ընդէ՞ր ոչ եւ այն եւս ի մերում զարդուս չէ. բայց իբրեւ այլոց կայ, ես ի՞ւ երեւիմ քան զոք աւելի. եւ թէ կուտէր ոք զամենայն նիւթս աշխարհիս պատուականութեան ի վերայ այնպիսւոյն, մինչեւ հեղձամղձուկ եղեալ խեղդէր՝ շատս չասէր: Բայց եւ ոչ այնպիսիքն երեւէին պաճուճեալք անցաւոր զարդուքն, այնպէս գեղեցիկք եւ շքեղք եւ ամենայն տեսողաց պատուականք, որպէս երեւէին հայրանման որդիք նահատակին Գրիգորի ցանկալի շղթայիւքն՝ երջանիկք եւ հրեշտականմանք, զոր ունէին պարծանաւք եւ խնդութեամբ ի սուրբ ձեռս իւրեանց եւ ի պարանոցի: Յորս մատուցեալ դարբինքն եւ ի բազում ժամս ջանացեալ խարտոցաւք եւ այլ ազգի ազգի հնարիւք՝ եւ ոչ կարացին կտրել զստուարութիւն բեւեռացն. յետոյ ապա եղեալ ի վերայ սալիցն եւ ուռամբք ջարդեալ՝ հազիւ զերծուցեալ հանէին զերկաթսն ի մարմնոյ սրբոցն, չարաչար կոտորելով եւ վիրաւորելով զմարմինս նոցա. որք զահագին ցաւս վշտացն առ ոչինչ համարեալ. այլ եւ ձգտեալ յերկարէր գործն մինչեւ յերրորդ ժամ աւուրն, հանդերձ ընդ նոսա կապելովք նախարարաւքն Հայոց աղաւթիւք եւ փառաւորելով զցաւացածոյցն զՔրիստոս աւրհնէին:

[They resembled] the men and women who fanatically seek glory, and are insatiably covered with gold and precious gems and pearls and enthusiastically attach [these ornaments] to their own hands, feet, and necks. Should an enemy or a tyrannical prince by some misfortune capture [them] and remove [the jewels] [the captives] would increase their laments and be unable to bear it for a minute. Thus do [the wealthy] put on their own [ornaments], not regarding them as heavy, and not feeling them. Rather, when they see others [adorned] with another material, they feel envy, wondering why that too was not among their adornments, and wondering how (once they possess that ornament too) they may appear greater than another. And should someone heap all the world's precious things upon such a person, to the point that he suffocated, he would not say it was too much. Yet such transitory ornaments were not as elegant as the chains of the children of the father-like martyr Gregory, blessed and angelic people who bore these beautiful, luxurious, and venerable chains with pride and joy on their blessed hands and necks. For many hours the blacksmiths chiseled [the chains] and used diverse other implements, yet were unable to cut the thickness of the nails. Subsequently [the blacksmiths] placed [the chains] on anvils and broke them with hammers. But they barely freed the saints' bodies of the iron, wickedly cutting and wounding their bodies. Yet [the priests] regarded these frightful pains as nothing. On the contrary, the work dragged on, until the second hour of day, while [the priests], and those bound Armenian *naxarar*s with them spent the time praying and glorifying Christ, the easer of pains.

53. Յայնժամ հրաման տայր Վեհդենշապուհ եւ որք ընդ նմա աւգնականքն էին՝ կոչել ի ծածուկ ի գիշերի զականաւոր արս շահաստանին, նոյնպէս եւ զերեւելիս ոմանս ի մոգուցն. եւ պատուիրէին նոցա հրամանաւ արքունի. «Դի՛ք, ասէ, զկեանս ի մտի զիւրաքանչիւր անձին ի տան, եւ յիշեցէ՛ք զերկիւղ թագաւորաց, որք նման աստուածոց իշխեն սպանանել եւ կեցուցանել, պատուել եւ անարգել. եւ մի՛ զոք յաւրէս յայսմանէ մինչեւ ցբովանդակել ամենայն կարաւանին արքունի եւ ի Վրկան հասանել, զհայ այր, ուստի եւ իցէ, կամ ի մանկտւոյ կապելոց նախարարացն Հայոց, որ ի շահաստանիս են, եւ կամ ի մանկանց կապելոցս երիցանցս, զորս մեք այսաւր ի բաց տանիմք, եւ կամ բնաւ հայ զոք, որ յանկարծ թէ եւ այլուստ ուստեք եկեալ իցէ այսր բնակել՝ թողուլ արտաքս քան զդուռն շահաստանիս. եւ գտանիցիք առանց ամենայն թողութեան ազգաւ հարեալք եւ դառն մահու մեռանիցիք ի թագաւորէն, եւ մեր անձինք անպարտ լիցին յայնպիսի չարեաց, որ ի վերայ ձեր հասանիցեն. այլ զգուշացարո՛ւք երկիւղիւ եւ հոգալով հասուցանել բարի շնորհակալութիւն ի վերայ անձանց եւ մեր եւ ձեր հասարակաց»: Քանզի ըստ հրամանի թագաւորին երկնչէին, թէ մի՛ գուցէ ոք ի մանկանց նախարարացն կապելոց, զաղտ այլակերպեալ, հետազաւտիցէ զայն ճանապարհ գնացից նոցա: Զոր Փրկիչն Քրիստոս ընդ նոսին իսկ առաքեալ էր զցուցակ եւ զլայտնիչ աշխարհի՝ զանձուն մեծի, եւ նոքա, նման Հրէիցն, Պիղատոսի զաւրուն հրամայէին պահել զգերեզմանն, զոր Բանն Աստուած հրեշտակաւք բացեալ յայտնէր զինքն հաւատացելոց յանուն նորա. որ եւ ասացն եւ կատարեալ երեւեցուցանէ անսուտ զասացեալս իւր հանապազ, թէ Որ հաւատայ յիս՝ զգործն զոր ես գործեմ՝ եւ նա գործեսցէ, եւ առաւել եւս գործեսցէ:

53. Then Vehdenshapuh and those assistants with him ordered that the noteworthy men of the *shahastan* be summoned secretly at night. Similarly some of the prominent mages [were summoned]. They were then charged with the royal order: "Keep in mind [the question of] your own life and [the existence] of your House. Keep in mind the dread of kings, who, resembling the gods, dare to kill, spare, honor or dishonor. From this day until the entire royal caravan has passed and reached Hyrcania, let no one permit a single Armenian who is in this *shahastan* to go outside the gate of the *shahastan*. [This includes] an Armenian man (wherever he comes from), or a lad of the captive Armenian *naxarar*s, or a lad of the bound presbyters (whom we are taking out today), or any Armenian at all (who has come from elsewhere and settled here). Should it be found [that you have disobeyed this order], your *azg* will be stricken and the king will put you to a bitter death, while we shall be guiltless for such wickedness visited upon you. So take care out of fear, and see to it that pleasant thanks is our common lot." According to the king's command, they were afraid that one of the lads of the captive *naxarar*s would secretly disguise himself and discover the road of their journey. It was as though the great treasure, the Savior Christ, the guide and revealer of the world had been sent among them, and they, like the Jews, ordered Pilate's troops to guard the cemetery. The Word of God with the angels, opened [the tomb] and revealed itself to those who believed in His name. What He said was shown to be eternally true: "He who believes in me will also do the works that I do; and greater works than these will he do."[47]

---

47 John 14:12.

Եւ կատարեալ դահճացն զգործն ըստ հրամանին Վեհդենշապհոյ՝ խաղացուցանել այնուհետեւ ի շահաստանէն զսուրբսն փութային: Եւ տեսեալ զայն նախարարացն Հայոց, որք անդէն ի դղեկի շահաստանին մնալոց էին ի կապանս՝ քաջալերեալք եւ ապաւինեալք ի յոյսն երկնաւոր, աներկիւղ համարձակութեամբ առաջի ամենայն բազմութեանն հրապարակին Պարսկաց, աւտարացն եւ որք անդ էին ի շահաստանին, անկեալք յոտս սուրբ քահանայիցն Աստուծոյ՝ խնդալից եւ ուրախասիրտք համբուրէին յերկար ողջունիւ զոտս նոցա, աղաչելով եւ ասելով, թէ «յիշեսջի՛ք զմեզ անմոռաց յուրախութեանն ձերում եւ յարքայութեանն»: Նոյնպէս եւ սուրբ քահանայքն Աստուծոյ բերկրեալք սրտիւք եւ զուարթալից երեսաւք ընկալեալ զամենեսեան ի գիրկս իւրեանց՝ ասէին. «Աստուած զաւրութեանց աւրհնեսցէ զձեզ, եւ տացէ ձեզ տեւողութիւն համբերութեան ի փառս անուանն իւրոյ, եւ զաւրացուսցէ զձեզ առաջի ազգացս հեթանոսականաց. եւ արձակեալ զմարմինս ձեր յերեւելի կապանացդ յորում էքդ՝ առաջնորդեսցէ ձեզ յաշխարհն ծննդեան ձերոյ, եւ ի գիրս հարցն ձերոց հանգուսցէ զոսկերս ձեր, եւ յաներեւոյթ կապանացն սատանայի արձակեալ զոգիս ձեր՝ ածցէ զձեզ ի գաւառն, ուր զմեզ յուղարկեցէք, եւ բնակեցուսցէ զմեզ ձեաւք հանդերձ յաւիտենից յարկսն, ուր Քրիստոս է ընդ աջմէ Աստուծոյ Հաւր»:

When the executioners had fulfilled Vehdenshapuh's order, they hastened to take the saints from the *shahastan*. When the Armenian *naxarar*s who had remained bound in the fortress of the *shahastan* saw this, encouraged by and taking refuge in divine hope, with fearless bravery—in the presence of the entire multitude of the Iranian assembly, of foreigners and of [others] who were in the *shahastan*—they fell at the feet of the blessed priests of God and joyfully and delightedly kissed them for a long time, beseeching [the priests] to "remember us forever, in your happiness and in the Kingdom." Similarly, the blessed priests of God with joyful hearts and happy faces took all of them in their embrace, saying: "May God bless you with power, give you lasting patience for the glory of His name, and strengthen you before the pagan peoples. May He free your bodies from the visible shackles which bind you, guide you to the land of your birth, put your bones to rest in the tombs of your fathers, free your souls from the invisible shackles of Satan, bring you to the district where we are traveling to and settle us with you in the eternal shelter where Christ sits on the right of God the Father."

Եւ տեսեալ անօրինացն զայնպիսի ուրախալից հրաժեշտ ի միմեանց սուրբ քահանայիցն եւ նախարարացն Հայոց՝ այպանէին ընդ միտս իւրեանց ծաղրելով. հաշուէին զնոսա լինել անգէտս հրամանի թագաւորին, եւ ասէին գաղտցմիմեանս. «Զի թէ գիտէին երիցանիս զմահն, զոր պատրաստեալ է նոցա՝ ունէին արդեաւք բազում սատարս լալոյ զինքեանս, այլ այդպէս ծիծաղել եւ ուրախանալ ոչ լինէին կարող»: Եւ զայն ոչ գիտէին ամբարիշտքն, եթէ նոցա այն էր ցնծութիւն եւ նոյն լուր ուրախութեան, եւ ընդ այն զուարճանային անյագ խնդութեամբ, հրաժարեալքն եւ մնացեալքն: Եւ ողջունեալք զմիմեանս սուրբ քահանայիցն եւ նախարարացն Հայոց՝ յուղարկեալք գնային, կոչեցեալք ի պսակումն: Եւ երթեալք սուրբ քահանայքն Աստուծոյ՝ կազմէին ճեպով եւ այլ մանկունք ի սպասաւորացն երանելեացն, որք եկեալ էին ընդ նոսա ինքնակամ յաւժարութեամբ յաշխարհէն Հայոց, արբանեկել նոցա եւ սպասաւորել ի կապանսն, որք եւ վիճակի բարւոյ մասինն լինել արժանիք տենչային: Եւ մանաւանդ առաւել Խորէն երէց, որ էր ի գաւառէն Այրարատու, ի գեղջէն որում անուն էր Որկովի, եւ երանելին Աբրահամ երէց, որ էր ի գաւառէն Տայոց, ի գեղջէն որում անուն էր Զենակս: Զոր տարեալ Վեհդենշապհոյ եւ որք ընդ նմայն էին, եւ հարցեալ թէ «դուք յո՞ կազմիք». եւ լուեալ ի նոցանէ, թէ «ուր զհոգեւոր տեարսդ մեր եւ զվարդապետս տանիք՝ ընդ դոսա պատրաստ եմք երթալ, ի կեանս կամ ի մահ»:

When the infidels noticed that the blessed priests and the Armenian *naxarar*s were so joyfully biding each other farewell, they derided them internally, thinking them unaware of the king's order, and secretly said to each other: "If the priests knew the death which has been readied for them, they would have much cause for weeping, and would be unable to laugh and be so happy." But the impious ones did not know that it was precisely [their pending martyrdom] which was the cause of their delight, and that those who were departing and those who were remaining were rejoicing insatiably because of it. Having saluted each other, the blessed priests and the Armenian *naxarar*s parted, [the priests] going to receive their crowns. When the holy priests of God were departing, other children of the attendants of the venerable [priests and *naxarar*s] who had come along with them voluntarily from the land of Armenia to wait on and serve those in bondage, also hurriedly organized themselves, since they too longed to be worthy of a share in their good fate. This was especially true of the presbyter Xoren (who was from the village named Orkovi in the district of Ayrarat), and the venerable presbyter Abraham (who was from the village called Zenaks in the district of Tayk'). These men and those with them were taken to Vehdenshapuh, who asked: "Where are you preparing to go?" They replied: "We are ready to go wherever you take our spiritual lords and *vardapet*s in life or death."

Եւ սրտմտեալ Վեհդենշապհոյ՝ հրաման տայր բռնաբար ունել զնոսա եւ պահել անդէն ի շահաստանին. պատուէր տայր ըստ առաջին հրամանին զգուշանալ նոցա բազում պահպանութեամբ մինչեւ ցժամանակ մտանելոյ ամենայն զաւրացն արքունի յոստանն. «եւ ապա, ասեն, իշխեսցէ ծառայ ոք կապելոց նախարարացն Հայոց ելանել ի շահաստանէն ի պէտս արքանեկութեանն, ո՛ւր եւ առաքեսցեն տեարքն իւրեանց»: Զոր իբրեւ տեսեալ երանելեաց քահանայիցն Խորենայ եւ Աբրահամու զբռնաբար դահճացն արգելուլն զնոսա անդէն ի շահաստանին՝ մեծապէս խռովեալք տրտմէին, հաշուելով անարժան զանձինս այնպիսի երկնաւոր պսակի, զոր եւ առնլոց են սուրբ վարդապետք նոցա, որդիք նահատակին Գրիգորի:

54. Չուէր այնուհետեւ ամբարապետն Վեհդենշապուհ հանդերձ քահանայիւքն ի Նիւշապհոյ, ի վեցերորդ ժամու աւուրն, ընդ ճանապարհն որ ելանէ ի Վրկանն: Եւ լուեալ զայս առն միոյ վաճառականի, որ էր ազգաւ Խուժիկ, որոյ ըստ աւրինի վաճառականութեան շատ անգամ ճանապարհորդեալ էր ի Հայս, որ եւ զլեզու հայերէն խաւսից քաջ տեղեկաբար գիտէր. եւ էր ինքն այր ի մանկութենէ իւրմէ կեցեալ առաքինի վարուք, եղեալ որդի քրիստոնասէր եւ հաւատացեալ ծնողաց, որ եւ զերանելի քահանայսն Աստուծոյ եւ զնախարարսն Հայոց որ ի կապանսն էին՝ յոյժ ընտանութեամբ գիտէր. առ որս եւ բազում ծախս յընչից եւ սպասաւորութիւն արարեալ էր, մինչ ի Վրկանին էին, ուշադրելով զամենայն աւր եւ ակն ունելով մասին նշխարաց սրբոցն ի կատարումն նոցա լինել արժանի:

Becoming enraged, Vehdenshapuh commanded that they should be forcibly seized and held in the *shahastan*. He also ordered, in accordance with the earlier command, that they should be extremely watchful until the time that all the royal troops had entered the *ostan* [royal land]. "After that, any of the servants of the captive Armenian *naxarars* may leave the *shahastan* and go to serve the needs [of their lords] wherever their lords are sent." When the blessed priests Xoren and Abraham realized that the executioners were forcibly restraining them in the *shahastan*, they began to despair greatly, considering themselves to be unworthy of the heavenly crown which their *vardapet*s, the sons of the champion [saint] Gregory, were about to receive.

54. At the sixth hour of the day, Vehdenshapuh and the priests left Niwshapuh, setting out on the road leading to Hyrcania. This was learned by a merchant who was a Xuzhik by nationality, and who, in the custom of trade, had traveled to Armenia many times and who was extremely well versed in the Armenian language. [Xuzhik is P'arpec'i's term for a native of Khuzistan.] This man from childhood had been a model of virtue, and was the son of Christ-loving believing parents. He was on very intimate terms with the venerable priests of God and the Armenian *naxarar*s who were in bondage. He had rendered them many services and paid many of [their] expenses while they were still in Hyrcania, every day carefully watching so that he might be worthy [of possessing] a fragment of the remains of the saints.

Սորա լուեալ զհրաման թագաւորին՝ ճեպով եւ անյապաղ, ոչինչ զգացուցեալ ումեք, թողոյր եւ զգրաստ իւր եւ զկարասի ի մանկունս իւր եւ յընկերս, եւ իւր առեալ ի գրաստուց իւրոց գրաստս տոկունս եւ ուժեղս, եւ նմանեալ առն կարաւանի՝ գնայր ընդ ճանապարհ որ երթայր յԱպար աշխարհն, եւ ուղեկցեալ ճանապարհորդէր ընդ ամբարակապետին ընդ Վեհղենշապհոյ, ցուցանելով նըմա, զճանապարհայնն եւ յաւթեւանս ուր հանգչէին՝ բազում արթնութեամբ շուտութիւնս. եւ հաճոյ եղեալ Վեհղենշապհոյ ամենայն գործ հպատակութեան Խուժկին՝ սիրէր զնա յոյժ եւ խնամարկելով ողջունէր. վասն զի Աստուած էր, որ յաջողէր զիրն:

Եւ եղեալ համարձակապէս յընդունելութեան մեծի իշխանին Խուժիկն՝ հարցանէր առ ի սթափելոյ ամբարապետն զԽուժիկն յաղագս գեղջն նորա եւ ծնողացն, թէ ո՛րպիսիք էին եւ ուստի՛: Եւ Խուժիկն պատճառադրելով խաւսէր ընդ նմա այլաբանութիւնս, սուտ պատճառս եւ դիպողս ըստ առաջարկելոյ իրացն գործոցն: «Որդի եղեալ եմ ես, ասէ, ծնողաց աւրինաւորաց, որք ի նախնեաց իւրեանց կրակի եւ արեգական հաւատարմապէս եղեալ են ծառայք, որոց զիս ի նոսա յանձնեալ է ի մանկութենէ իմմէ, եւ նոցա պահպանութեամբն կացեալ եմ ի միջի մինչեւ ցայսաւր եւ կամ, ճանաչելով յայտնապէս յանձին իմում զաստուածոցն աւգնականութիւն»:

Having heard of the king's order, without delay he immediately entrusted his pack animals and baggage to his children and comrades, and, without telling anyone, took the most resistant and powerful of his pack animals. Resembling a man on a caravan, he took the road going to the land of Apar, accompanying the *ambarakapet* Vehdenshapuh, and pointing out to him the road and the lodging places where they might rest. He did this with prompt alertness, and Vehdenshapuh, pleased with all the services of the Xuzhik, liked him a great deal and was solicitous about his well-being. For it was God Who was furthering this matter.

Thus, having boldly found favor with the great prince, the Xuzhik was asked to entertain the *ambarakpet* by telling him about his village and parents, what kind of people they were, and where they were from. The Xuzhik studiously altered the facts about his past, saying: "I am the son of believing parents who, as their ancestors, were loyal servants of the fire and sun, and through them, from my childhood, I was committed to the same. With their protection I have lived to the present day and exist clearly recognizing the assistance of the gods."

Յիշելով երանելւոյ Խուժկին զպատճառադրութիւնսն վարդապետին հեթանոսաց Պաւղոսի, որ երբեմն հաւատովն փարիսեցի լինէր, եւ դարձեալ այլուր հռոմայեցի. որ ոչ էր յայսցանէ ի ժամուն եւ ոչ մի, այլ հաւատովք՝ Աւետարանին քարոզ էր եւ վարդապետ, եւ քաղաքաւ՝ ի Կիլիկեցւոց գաւառէն էր, տարսոնացի, մանաւանդ թէ սուրբ եւ հոգեղէն վերին զաւրացն էր դասակից. բայց զմիտս լողացն առ վայր մի սայթաքեցուցանէր այսր անդր, զի զճշմարտութիւն աճեցուցեալ հաստատեսցէ: Այսպէս եւ երանելի Խուժիկն պատրողական բանիւք զմիտսն Վեհիդենշապհոյ խնդացուցանէր ի ժամուն, որպէս զի զիւր ընթացիցն տենչանս տարեալ ի գլուխ՝ կատարեսցէ ըստ կամի:

Իսկ ամբարապետն Վեհիդենշապուհ որպէս թէ յաստուածոց համարէր զպատահումն նմա Խուժկին, տեսանելով զայրն յամենայնի աջողակ, եւ առաւել վարկանէր հաւատարիմ եւ ըմբռն գործոց իրացն՝ յոր երթայր. վասն որոյ եւ չտայր թոյլ առն եւ ոչ ժամ մի հեռանալ յիւրմէ, այլ ի տուէ եւ ի գիշերի մաւտ ունէր առ իր բազում յարգանաւք եւ սիրով. եւ հաւատայր նմա զխորհուրդ թագաւորին եւ զպէտս գործոյն՝ յոր երթայր. վասն զի ըստ յառաջագոյն ասացելոցն, Աստուած էր որ տնտեսէր զիրսն ըստ իւրոց կամացն, ի քակտումն եւ յամաւթ դասու անաւրինացն, եւ յաւգուտ եւ ի փառս եկեղեցւոյ իւրոյ սրբոյ: Եւ կատարէր բանն սուրբ Հոգւոյն որ ասէր, թէ Խորհեցան, եւ ոչ ինեւ, եւ դաշինս կռեցին, եւ ոչ իմով բանիւ. եւ սաղմոսերգն ասէ. Խորհեցան խորհուրդ՝ զոր ոչ կարացին հաստատել:

The venerable Xuzhik recalled the pretexts of Paul, the *vardapet* to the pagans, who, at times was a Pharisee and elsewhere a Roman (though according to the Gospel, the *vardapet* preached in, and was from, the city of Tarsus in the district of Cilicia, being of the same rank as the spiritual hosts above). [Paul] deluded the minds of his listeners temporarily so that he could establish truth and make it grow. In the same way the venerable Xuzhik did this, delighting Vehdenshapuh for the moment with false statements, so that what he longed to accomplish might indeed be done as he wished.

As for the *ambarapet*, Vehdenshapuh, he felt his meeting with the Xuzhik was [a favor] of the gods. Seeing that the man was adept in everything, [Vehdenshapuh] esteemed him yet more as loyal and suitable for the task he had embarked upon. Consequently, he did not permit the man to quit his side for a moment, day or night, but kept him with him in great honor and affection. [Vehdenshapuh] confided to him the king's plan and the needs of the work he was going to do. For as has been said above, God was seeing to matters according to His will, for the destruction and embarrassment of the ranks of the impious and to the benefit and glory of His blessed Church. The word of the holy Spirit was fulfilled which said: "They made a plan, but not mine," and the psalmist who said: "They made a plan but were unable to realize it."[48]

---

48 Isaiah 30:1; Psalm 21:11.

Ապա պատճառէր երանելի Խուժիկն պէտս ինչ զիւր տեսանել այլուր, եւ խնդրէր աղաչելով հրաժեշտ ի Վեհդենշապհոյ. որով յամենայն աւգտակար իրաց եւ կարծեաց հեռացուցեալ զմիտս ամբարակապետին՝ առաւել հաւատարմագոյն ցուցանէր նմա զինքն, գիտելով յազդեցութենէ սուրբ Հոգւոյն, եթէ ոչ տայ թոյլ Աստուած արձակել զնա նմա: Իսկ Վեհդենշապուհ եւ բնաւ իսկ ոչ առնոյր յանձն՝ լսել բանից խուժկին, այլ ասէր ցնա գաղտ, եթէ «Դու որ աւրինաւք սնեալ ես եւ կեաս ի փառս կրակաց, ո՞չ կաս առ իս յաւժարութեամբ եւ տեսանես զկորուստ անաւրէն կրակասպան մահապարտացն, եւ ուրախանաս»: Եւ երանելւոյ Խուժկին լուեալ զայնպիսի բանս յամբարապետէն՝ մեծաւ երկրպագութեամբ շնորհ ունէր սիրոյն Վեհդենշապհոյ. այլ ի սրտի իւրում փառս տալով աւրհնէր զամենազաւրն եւ զյարդարիչն ամենայնի զԱստուած, որ տայրն խաւսել ամբարակապետին եւ աղաչել զգուշակ նշխարացն սրբոցն՝ երթալ ընդ նոսա ի տեղի նահատակացն Աստուծոյ. այն որ լինելոց էր ցրիչ եւ խայտառակիչ թագաւորին հրամանի, եւ ցուցակ եւ բաշխիչ մեծի եւ երկնաւոր գանձու սրբոցն:

Իսկ երանելւոյ Խուժկին համբարձեալ առ տէր Աստուած զաղօթս սրտի իւրոյ՝ խնդրէր ի բարձրելոյն շնորհել նմա ուշ եւ լայնութիւն սրտի, որով արժանի լիցի դրել հաւաստեաւ ի տախտակս մտաց իւրոց, որպէս յարձանագրի, զամենայն հարցմունս բռնաւորացն եւ զպատասխանիսն եւ զաղօթսն, զոր իւրաքանչիւր ոք ի սրբոցն ի ժամ կատարմանն մատուցանէր Աստուծոյ. որպէս զի պատմել ճշմարտապէս կարասցէ ի կարգի առ ի յիշումն ամենայն հաւատացելոց լսողաց յազգս յաւիտենից:

Then the venerable Xuzhik pretended to excuse himself saying that his needs would take him elsewhere, and he entreated Vehdenshapuh to bid him farewell. Thereby hoping to put off the *ambarakapet*'s plan, he revealed himself as yet more trustworthy, realizing through the influence of the holy Spirit that God would not allow [Vehdenshapuh] to let him go. Indeed, Vehdenshapuh refused even to listen to Xuzhik but rather said to him: "Would not someone as yourself, nourished in the faith and alive due to the glory of the fires, enthusiastically remain with me to watch the destruction of infidel men condemned to death for killing the fire. And would you not rejoice?" When the venerable Xuzhik heard all of these words from the *ambarapet*, with great adoration he thanked Vehdenshapuh for the favor. But in his heart, he glorified and blessed the most powerful giver of justice, God, Who caused the *ambarakapet* to speak. [Xuzhik] begged [God] for a fragment of the saints' relics, and that he could go to the place where God's martyrs were to die, along with them. Such would be the disperser and disgracer of the king's order, and a symbol and share of the great heavenly treasure of the saints.

The venerable Xuzhik lifted the prayers of his heart to the lord God, beseeching Him on high to grant him the sense and breadth of the heart to be deserving to accurately inscribe in his mind all the questions asked by the tyrants as well as the replies and prayers of each one of the saints at the time of their death and passage to God, so that later he might accurately narrate [these events] in order, to be remembered by all believers until eternity.

Եւ ընկալեալ ի յախորժալուր ի տուչէն զգիտ մաղթանաւք խնդրոյն իւրոյ՝ պատմել անդադար ցնծալից սրտիւ ամենայն ուղղափառ ժողովրդոց յամենայն տեղիս, ի զարմացումն եւ ի փառս անուանն Քրիստոսի:

55. Իսկ Վեհիդենշապհոյ ի սկզբանն ոչ համարէր արժանի պատմել Խուժկին զսուրբ քահանայիցն, զոր ինչ գործելոց էր ընդ նոսա, այլ ասէր, թէ «ի Վրկան տանիմք եւ անտի արձակեմք»: Եւ երթային այն աւր ի գեաւղ մի, որում անուն էր Ռեւան, հեռի ի Նիւշապհոյ որպէս հրասախաւք վեցիւք եւ թէ աւելի եւս, ըստ չափոյ համարուց Պարսկացն, եւ դադարէին անդ մինչեւ ցառաւաւտուն պահն: Եւ յառաւաւտեան պահուն յարուցեալ փութով զաղտ, ոչինչ զգացուցեալ ումեք ի գեղջէն, այլ եւ ոչ ամենեցունց զորս ընդ ինքեանս, բայց միայն երանելի Խուժկան եւ անաւրէն դահճաւքն, որովք սպանանելոց էին զսուրբսն ըստ հրամանի թագաւորին՝ գնային ի գեղջէն լռելեայն: Եւ առեալ զսուրբսն դահճացն՝ գնացին զբովանդակ մնացեալ մասն ի գիշերոյն ընդ անկոխ անապատն, հեռի ի գեղջէն որպէս պարսիկ հրասախաւ միով եւ թէ աւելագոյն. եւ ընդ ծագել առաւաւտուն հասանէին ի տեղի մի քարուտ, յառապարաձոր աւազուտ, ի տեղի՝ յոր ոչ հասանէր արաւտական եւ ոչ բնաւ անցանէր ընդ նա ուղեւոր, վասն ոչ գտանելոյ երբէք ի նմա ճանապարհ:

The Provider happily granted his prayers to narrate with a perpetually joyful heart to all the orthodox peoples everywhere [what took place], to the amazement [of all] and the glorification of Christ's name.

55. Now at first Vehdenshapuh did not consider it proper to reveal to the Xuzhik what he planned to do with the blessed priests, saying instead: "I am taking them to Hyrcania, where I shall set them free." That day they traveled until they came to a village named Rhewan some six *hrasax* or more distant from Niwshapuh (or more, according Iranian standards), where they stopped until the morning watch. At that time they hurriedly arose, and without letting anyone from the village or even all of the people in their party know, (with the exception of the venerable Xuzhik and the impious executioners by whom the saints were to be killed at the king's order), [those participating] secretly and silently left the village. The executioners took the saints and traveled the entire remaining portion of the night through an untouched desert far from the village, a distance of perhaps one Iranian *hrasax*, or more. At dawn they reached a rocky, sandy valley to which no herdsman came, and through which no traveler ever passed, since there was no road to it.

Եւ արկեալ աթոռս երեցունց իշխանացն՝ նստէին ամբարապետն Վեհիղենշապուհ եւ Ջնիկան մայպետն արքունի եւ Մովան անդերձապետն: Իսկ երանելոյ Խուժկին համբարձեալ առ Արարիչն ամենայնի զուշն:

Եւ կացուցեալ զսուրբ նահատակսն յատենի՝ ասէ ցնոսա Վեհիղենշապուհ. «Բազում եւ անհամար չարիս գործեալ է ձեր, եւ բազում Արեացն կոտորածի պարտաւոր էք. զի թէ լոկ միայն երկուց եւ կամ երից անձանց մահու պատճառ էիք՝ սակայն մեծ էր, եւ չէիք արժանի կելոյ, թող թէ այնպիսւոյ աշխարհի մեծի, որպէս Հայքն են, եւ այնչափ բազում արեանց որ անդ հեղան. եւ ամենայնի այնմ դուք էք պարտաւորք, եւ ձեր առնելով եւ խրատու գործեցաւ ամենայն գործն այն: Եւ ի վերայ այդչափ ձերոյ յանցանաց եւ մահապարտութեան՝ արքայից արքայ առ ձեզ կարի բարերարութիւն արար, զի մեզ հրաման ետ եւ ասէ. «Թէ հաւանին արեգական եւ կրակի երկիր պագանել, եւ զմեր աւրէնս յանձն առնուն պաշտել՝ նոցա զմահապարտութիւնն թողում, զազատորեարսն զոր կապեալ է՝ արձակեմ ի Հայս, եւ զիւրաքանչիւր ուրուք զտանուտէրութիւն տամ եւ զգահ եւ զպատիւ»: Արդ՝ դուք յիշեցէ՛ք ե՛ւ զձեր անձինսդ զմտաւ ածել եւ զայնչափ կապելոց զոգիս որք ի բանտին էին, եւ զի զհրամանն արքայից արքայի կամաւ եւ ախորժելով յանձն առէք. եւ որպէս եղէք պատճառք բազում արեանց՝ լերո՛ւք այժմ պատճառք բազմաց կենդանութեան: Ապա թէ ոչ առնուք յանձն, եւ տակաւին ի նմին ապշութեան յամառեալ կեայք՝ դուք մեռանիք, եւ զնոսա հրամայէ սպանանել. եւ ամենայն արիւնքն որ յառաջն հեղան եւ որ այժմ հեղլոց են՝ ի ձեր յոգւոց խնդրին յաստուածոց»: Եւ զայս ամենայն բանս խաւսեցաւ Վեհիղենշապուհ հանդերձ ընկերաւքն իւրովք ընդ սուրբսն:

Chairs were placed for the three princes, and they sat: the *ambarapet*, Vehdenshapuh; Jnikan, the court *maypet*; and Movan, the *anderjapet*. The venerable Xuzhik raised his thoughts to the Creator of all.

Having brought the blessed champions to the *atean*, Vehdenshapuh said to them: "You have worked numerous, countless evils, and are responsible for the deaths of many Aryans. If you were the cause of death for merely two or three people, that would be great enough and you would not deserve to live. [But you were guilty of the deaths] of such people of a great land as Armenia is, and furthermore a huge number of Aryans died there. You are responsible for all of this, and all of it was done by you and with your counsel. Despite your grave crimes and condemnation to death, the king of kings has done you a great kindness, for he ordered us, saying: 'Should they consent to worship the sun and fire, and accept our faith, I will excuse the death-penalty, I will send the bound nobles back to Armenia, and give to each *tanuterut'iwn*, *gah* and *patiw*.'[49] Remember and keep in mind the large number of captives in prison, and willingly and enthusiastically accept the king of king's command; so that, just as you were the cause [of death] for many Aryans, you may be the cause of life for many. But should you not accept it, and persist in the same foolishness, then you shall die, and [the king] will order them killed, and the gods will demand from your souls all the blood which you have shed and will shed." Vehdenshapuh and his comrades said all of these things to the saints.

---

49 *Gah and patiw:* rank and honor.

Հրաման տային երանելւոյն Սահակայ եպիսկոպոսին՝ թարգմանել սրբոյն Յովսեփայ եւ սրբոյն Ղեւոնդի եւ այլոց ընկերակցացն. քանզի սուրբ եպիսկոպոսն միայն գիտէր պարսկերէն, եւ այլ ոք ի սրբոցն ոչ գիտէր: Որոյ անդրէն պատասխանի արա րեալ սրբոյ եպիսկոպոսին Սահակայ՝ ասէ ցԴենշապուհ եւ ցայլսն որ նստէին ընդ նմա. «Մի՛ տայք ինչ, ասէ, ասել ցդոսա բանս, որ ոչ են արժանի սոցա լսողութեան. վասն զի խաւսք, որ ինձ ատելի թուին եւ արժանի ծաղու, զի՞ եւս ասեմ ցնոսա, զոր գիտեմ թէ իբրեւ լսեն՝ եւ զձեզ եւ զյղեալսն ի միասին անգոսնեն: Արարէ՛ք զինչ եւ կամիք, եւ մի՛ յերկարեալ խաւսիք ընդ մեզ բանս սնոտիս եւ պատգամս ընդունայնս»:

Եւ սրտմտեալ Դենշապհոյ եւ այլոցն՝ ասեն ցսուրբսն. «Դու հարկաւորութեամբ ասա՛ ցդոսա. թող գիտասցուք եւ զդոսա խաւսս եւ զկամս»: Եւ սրբոյ եպիսկոպոսին կարճառաւտիւ զբանսն եւ զպատգամս թագաւորին ասացեալ ցսուրբ ընկերակիցսն իւր, եւ սրբոցն լուեալ՝ մեծաձայն ծաղու անգոսնեցին զբանիւքն. զոր եւ իմացեալ անաւրէն իշխանացն՝ առաւելապէս զայրացան: Սակայն պատասխանի տուեալ սրբոյ կաթողիկոսին Յովսէփայ՝ ասէ, թէ «Եղեւ հարցումնդ այդ ատենաւ ի դրան առաջի հազարապետին Արեաց Միհրներսեհի, եւ լուեալ ի մէնջ զբանս մեր եւ զկամս, զոր եւ թագաւորին գիտել ետ: Նոյն են մեր ամենեցուն կամք եւ բանք, եւ ոչ փոփոխեմք զբանս մեր, որպէս երբեմն խաւսացեալք իբրեւ զանխորհուրդս՝ եւ այժմ զղջացեալ ապաշաւեմք իբրեւ զվնասակարս:

They ordered the venerable bishop Sahak to translate this for the blessed Yovsep', the blessed Ghewond and their other comrades, for none of the other saints except the blessed Sahak knew Persian. But the holy bishop Sahak immediately responded to Denshapuh and to the others seated with him: "Do not ask me to say something to them which does not befit their hearing, for how can I say something to them which I myself find hateful and ridiculous. For I know that as soon as they hear it, they will all deride both you and the sender. Do as you please, but do not procrastinate by speaking futile words and [relaying] vain messages to us."

Denshapuh and the others became enraged and said to the saints: "You will inform them. Let us know their words and wishes." The holy bishop briefly informed his blessed comrades of the words and the king's message, and as soon as the saints heard them, they began to loudly jeer. When the impious princes saw this, they became yet more angered. However, the blessed Catholicos Yovsep' replied: "That question was put to us in the *atean* at court, before the *hazarapet* of the Aryans, Mihrnerseh. He heard our response and wishes and informed the king. We all have the same responses and wishes as then and have not altered them, as though we thoughtlessly and foolishly said them and now, having become well, seek asylum as guilty people.

Այս եւեթ խորհուրդ եւ խնդիր աւր քան զաւր աճէ ի սիրտս մեր,թէ ընդէ՞ր ոչ այսաւր քան զերեկն եւ զեռանդնցուցանի գործ յանձինս մեր լաւութեան եւ արարուած բարւոյ, ի հաւատս յորում եմք՝ խորհել ի սոյն եւ կեալ սովաւ եւ ի միասին վախճանել: Այլ յաղագս երկրպագութեան արեգականդ որ ասէք, թէ հրաման ետ թագաւորն, զոր թէ յանձն առեալ հաւանիք՝ ասէ, կեայք դուք եւ ազատորեարն որ ի կապանս են, եւ եթէ յամառեալ չկամիք առնուլ յանձն՝ եւ դուք մեռանիք եւ զնոսա հրամայեմք սպանանել. մեզ մի՛ լիցի ուրանալ զճշմարտութիւն եւ ծառայել սուտ անուանելոց աստուածոց, որ ոչ են աստուածք. եւ մերով ուրացութեամբ ումեք ի հաւատացեալ կապելոցն մի՛ լիցի արձակումն եւ ի յաւիտենից անլոյծ կապանսն անկանել. զոր եւ նոքա այժմ առաւել եւս քան զմեզ խնդրեն յԱստուծոյ, զմեր վասն Աստուծոյ զվախճանն, քան թէ զկեալն մեր ուրացութեամբ: Այլ թէ հնար էր ձեզ այժմ գիտել մարգարէութեամբ, թէ ո՛րպէս վասն պատգամիդ այդորիկ, զոր բերէք առ մեզ հրամանաւ թագաւորին, թուիք մեզ անմիտք եւ կորուսեալք, եւ դուք եւ որ զձեզն յղեաց՝ ողորմելի զանձինս ձեր եւ զթագաւորին քան զամենայն թշուառացելոց ի մարդկանէ հաշուէիք: Բայց զոր ինչ կամիք՝ արարէք վաղ, եւ կամ երբ կամիք»:

As this sole plan and matter has grown in our hearts day by day, why today should we be less fervent about the good deed we accomplished than yesterday? We have resolved to live or die together with the same faith we now have. As for the king's order you mentioned, that 'should you agree to worship the sun, you and the noble folk in bondage, shall live, but if you stubbornly refuse, you will die and we shall order them killed'—God forbid that we should apostatize the truth and serve falsely-named gods, which are not gods at all. Let it not happen that through our apostasy anyone of the believing captives be released and fall into eternally unbreakable bonds. They are now, more than us, beseeching God for our death for God, than for our lives with apostasy. Too bad it is not possible for you to know through prophecy the extent to which you seem to us mindless and lost because of that message you have brought us by the king's order, and that we consider you and the one who sent you, the king, more pitiful than all the wretches of mankind. But do as you please, right away, or whenever you choose."

Եւ ասացեալ զայս սրբոյ կաթողիկոսին Յովսեփայ՝ սրտմտեալ զայրացաւ Վեհդենշապուհ եւ որք ընդ նմա հաւատարիմքն էին, եւ հրաման ետ սրբոյն Սահակայ ասել ցնա. «Զի թէպէտ եւ թուին մեզ ծանր թշնամանքդ, որով թշնամանեալ ասացեր զմեզ անմիտս եւ կորուսեալս, սակայն առ համարձակապէսն յանդգնութեամբն, զոր իշխեցեր յաստուածանման թագաւորն ասել բանս անարժանս՝ իբրեւ զոչինչ թուին ի մեզ կողմն թշնամանքդ մեր անձանց եւ թեթեւութիւն: Բայց դու գիտեա՛, զի քեզէն զկորուստ անձինդ խնդրեցեր եւ առեր, եւ կեալ քեզ այսուհետեւ անհընար է. սակայն պարտ է մեզ եւ զիւրաքանչիւր զայլոց գիտել զկամս եւ զընտրողութիւն, վասն զի աւրէնք մեր այսպէս ասեն»:

56. Եւ հրամայեաց սրբոյն Սահակայ ասել ցնոսա, թէ «Մի՛ անսայք անմիտ բանից դորա, եւ զանձինս ձեր յայդպիսի խաւլ խրատուէ ի բա՛ց կալայք եւ մարդկաբար զկեանս ընտրեցէք քան զմահ: Եւ դա որ ինքն այժմ իշխեաց խաւսել զայդպիսի բանս մահապարտութեան՝ վասն զի մեծամեղ է եւ չէ արժանի կելոյ՝ իւր իսկ վատ գործքն չտան դմա կեալ: Իսկ դուք թէպէտ եւ էք տակաւին ինչ վնասակարք, եւ զկամս թագաւորին եւեթ առնէք եւ աւրեգականն երկիր պագանէք՝ հրամայեաց զվնասան թողուլ ձեզ եւ զձեզ պատուով եւ ողջանդամ ի տունս ձեր արձակել»:

When the blessed Catholicos Yovsep' had said this, Vehdenshapuh and the loyal men with him became enraged, and [Vehdenshapuh] ordered the blessed Sahak to say to Yovsep': "Although we regard your enmity toward us as grave, which made you call us mindless and lost, we consider these personal insults as nothing compared to the worthless things you boldly dared to say about the god-like king. But know that the destruction which you sought for yourselves you now have obtained, and that it is impossible for you to live. However, we must know the wishes and choice of each of the others, for our laws so dictate."

56. [Vehdenshapuh] ordered the blessed Sahak to tell them: "Do not listen to his foolish words, stand back from such senseless advice, and like a human, choose life over death. He who now dared to say such words deserving death is very sinful, unworthy of life. His bad deeds do not permit him to live. But as for you, although you are still somewhat guilty, if you would only submit to the king's wishes and worship the sun, he has ordered that your guilt is to be forgiven and you should be sent to your homes well and with honor."

Հրամայէին եւ Վեհդենշապուհ եւ այլ հաւատարիմքն որ ընդ նմային էին՝ սրբոյն Սահակայ, ասել ցերանելի այրն Աստուծոյ Ղեւոնդ, թէ «Մեր լուեալ է վասն քո, թէ աւրինաց քրիստոնէից իբրեւ զքեզ ոք տեղեակ չէ, եւ ի քո խրատուէ աւելի եւս կորեաւ աշխարհն Հայոց. արդ՝ այդպիսի մեծ եւ իմաստուն մտաց պարտ է ճանաչել զարքայից արքայի զբարերարութիւնն, զի զայնչափ զվնասն թողու ձեզ եւ ձեզ ճշմարիտ աստուած ծանուցանէ: Արդ՝ որպէս եղեր խրատատու, եւ բազումք մեռան ի քո առնելոյ՝ լե՛ր այժմ խրատատու կենաց, եւ թող կեան եւ դոքա եւ այլ բազում անթիւ անձինք. ասա՛ ցդոսա, զի պագցեն արեգականն երկիր եւ կեցցեն. եւ դու այնպիսի պատիւս գտանես ի թագաւորէն, որովք անուանի լինիս ի քում աշխարհին եւ յամենայն ազգս»: Եւ սուրբ եպիսկոպոսն Սահակ երկայնմտութեամբ եւ ծաղրելով թարգմանէր առ վայր մի սրբոցն զամենայն բանս ամբարակապետին եւ զնորուն անաւրէն գործակցացն, որպէս զի ծանուցէ անաւրինացն պատասխանեաւք սրբոցն՝ զիւրաքանչիւր անձին զերանելեացն զկամս եւ զփափագ եւ զանշարժ հաստատութիւն նոցա ի հաւատն:

Եւ սրբոյ առն Աստուծոյ Ղեւոնդի սկսեալ խաւսել առանձինն ընդ սրբոյն Սահակայ՝ ասէ, թէ «Մեզ դոցա պատասխանի այնքան պարտ է առնել՝ որչափ արար պատասխանի Փրկիչն Պիղատոսի յատենին: Բայց զի ծանուցուք աներկիւղ զցանկութեանս մերոյ զխնդիրն՝ ասա՛ ցդոսա.

Then Vehdenshapuh and the loyal men with him further commanded the blessed Sahak to say to the venerable man of God, Ghewond: "We have heard that no one is as knowledgeable in the Christian faith as you, and that as a result of your counsel the land of Armenia was ruined yet more. Now such a great and wise intellect must recognize the benevolence of the king of kings to [offer to] forgive the great amount of guilt which you have, and to acquaint you with the true god. Now, just as you were a counselor, and many died from your actions, be now a counselor of life, and permit them and countless other individuals to live. Tell them to worship the sun and live, and you shall find so much honor from the king that you will be renowned in your land and among all peoples." The holy bishop Sahak patiently suffering and ridiculing, immediately translated all of these words of the *ambarakapet* and his impious associates for the saints so that the impious ones would know through the saints' responses the will, desire and unshakable firmness of each one's faith.

The holy man of God, Ghewond, began to speak with saint Sahak alone, saying: "We must respond to their question just as the Savior responded to Pilate at court [*atean*]. Now so that you fearlessly inform them about the question of our demand, tell them:

«Դուք ասացէք աւադիկ՝ զոր ինչ լուեալ է ձեր վասն իմ, թէ աւրինացն մերոց տեղեակ եմ, եւ բազմութեան ժողովրդոց եղեալ եմ ուսուցիչ. ցուցանէ ձեզ տիրոց իմոց մերձաւորութիւն ի կատարումն: Եւ արդ՝ զընտրողութիւն լաւ գիտութեան իմոյ, որում դուք իսկ վկայէք, զի ուսեալ եմ յԱստուծոյ եւ ոչ ի մարդոյ, այսաւր յաղագս երկիւղի մահկանացու եւ ապշեալ մարդոյ մոռացեալ փոխանակիցե՞մ եւ կորնչի՞մ—քաւ լիցի—եւ լուեալ յանդիմանիցիմ բանիւն, թէ Որ ուսուցեր զբազումս՝ զանձն քո ոչ ուսուցեր: Եւ վասն պատուի եւ փառաց զոր խոստանայքդ տալ՝ մեզ մի՛ լիցի առնուլ զպատիւ ի հողեղէն եւ ի մահկանացու մարդոյ, զոր ցեց եւ ուտիճ ապականէ եւ գողական հատանէ եւ տանի. որ զգեցեալ եմք զփառս եւ զպատիւս յերկնաւոր եւ յանմահ աջոյն Բարձրելոյ, զոր ոչ երկինք եւ ոչ երկիր եւ կամ որ ի նոսա պատուականութիւնք են՝ արժել ոչ կարեն: Մի ինչ պակաս է ի մեր յերանելի փառաւորութենէս,—բաժակ մահուդ, որում իբրեւ զպաւքեալ ծարաւիս փութամք ըմպել: Արբուցէ՛ք վաղվաղակի, եւ թող ուրախացեալք զերծանիմք յերերալից ախտարակաց կենցաղոյս. եւ մի՛ եւս այլ յերկարեալ ձգտէք զանմիտ եւ զվնասակար բանս բանդագուշեալ թագաւորին ձերոյ»:

Եւ սրբոյ առն Աստուծոյ Ղեւոնդի կատարեալ զիւր պատասխանիսն՝ աղաչեցին զսուրբ եպիսկոպոսն զՍահակ երանելի երէցն Մուշէ եւ երանելի երէցն Արշէն եւ երանելի սարկաւագն Քաջաջ՝ ասել ցանաւրէն իշխանն եւ նոցա բանիւ, թէ

'As for what you have heard about me, that I am knowledgeable about our faith [it is true], I have been the teacher of many people, [and] this should show you that I am at the age of discretion. As for your statement that I have good learning, as you yourselves testify, I have learned [all] from God and not from man. Today, out of mental fear and crazed humanity, should I change this and be lost? God forbid! I counter with the words: 'What you preach you do not yourself apply.'[50] As for the honor and glory which you promise to give, God forbid that we should accept honor from mortal, earthen man, who is polluted by the worm and the grub, and whom the thief digs up and carries away. We cannot compare this to the glory and heavenly honor [granted] by the eternal right hand of the One on High, for neither Heaven nor earth nor what is precious therein, can compare. There is but one thing lacking from our blessed glorification, and that is the cup of death, which we hurry to drink as thirsty men. Let us drink quickly, and let us joyfully escape from this transitory diseased life. And do not attempt to prolong the senseless and damaging words of your king who is predestined to prison."

When the blessed man of God, Ghewond, had finished his reply, the holy presbyters Mushe and Arshen and the holy deacon K'ajaj beseeched the blessed bishop Sahak to say to the impious prince:

---

50 Romans 2:21.

«Զոր ինչ ասացին սուրբ վարդապետքն մեր եւ հոգեւոր հարքս տէր Յովսէփ եւ տէր Ղեւոնդ՝ դոյն են մեր կամք եւ խնդիրք. կատարեցէ՛ք վաղվաղակի յոր եկեալդ էք, եւ մի՛ յապաղէք. եւ խնդրեմք յԱստուծոյ պարգեւել մեզ եւ արժանի առնել զմեզ յաւիտենական պատույն եւ երկնից արքայութեանն»:

Եւ լուեալ զայս Վեհդենշապուհ եւ անօրէն գործակցացն եւ ի սրտմտութիւն բարկութեան գրգռեալք՝ կամեցան եւ այլ պատրողական բանս եւ խօսս ընդունայնս խօսել ընդ սուրբ նահատակն, կարծեցեալք թերեւս կարասցեն ճեղքել զոք ի գնդէ անքակ միաբանութեանն. որում անհնար էր լինել. սկսան ստիպել եւ այլ զսուրբ եպիսկոպոսն Սահակ, զի թարգմանեսցէ նոցա եւ այլ զոր ինչ կամիցին խաւսել ընդ սուրբսն: Եւ սրբոյ եպիսկոպոսին Սահակայ պատասխանի տուեալ ասէ ցՎեհդենշապուհ եւ ցայլ գործակիցս նոցա, թէ «Ես որ մինչեւ ցայժմս կամակատար ծանուցայ ձեզ եւ զասացեալն ի ձէնջ թարգմանեցի սրբոցս՝ իբրեւ ոչ եթէ ձեզ եւ կամ պակշոտեալ բանից թագաւորին ձերոյ կամեցայ արբանեկել. քանզի զի՞նչ արդեաւք հարկ ի վերայ կայ մարդոյ, որոյ միտք իւր առ իւր են եւ զգայ խելաց իւրոց, զայնպիսի զձեր զբանդագուշանաց բանս՝ իւր իսկ լսել, թող թէ եւ յականջս այսպիսի իմաստուն եւ խորհրդական մարդոց լսելի առնել. բայց այսքան միայն՝ զի առաւել եւս ծանիցի ձեր յիմարութեանդ նշաւականք, եւ ի մեզ զաւրացեալ հաստատեսցի ճշմարիտ եւ աստուածուսոյց քարոզութեանն մերոյ անշարժութիւնն»:

"What our holy *vardapet*s and spiritual fathers lord Yovsep' and lord Ghewond have said, is also our will and concern. Do quickly what you came here to do, and delay not. We ask that God grant us and find us deserving of eternal honor and the Heavenly Kingdom."

When Vehdenshapuh and his impious collaborators heard this they were transported with rage, and wanted to say other false and futile words with the blessed champions, thinking that they could yet dislodge one person from this brigade of unshakable union. But this was impossible. They commenced forcing the holy bishop Sahak to translate what they wanted to say to the holy men. But the blessed bishop Sahak said to Vehdenshapuh and to their other accomplices: "To now, although I have agreed to familiarize you with what was said and to translate what you have said to the saints, I did not want to associate myself with either you or the obscene words of your king. For what use is there for rational men who still have their senses to hear your words, the words of a jailbird, if indeed the ears or senses of such men could put up with it? On the contrary, [such talk] merely serves to acquaint you with the foolishness of your position, and [serves to] strengthen us in the unshakable truth of our confession, which was learned from God".

57. Եւ սրտմտեալ անաւրէն երեցունց իշխանացն, ոչ եւս առ ի յերկարսն հանդուրժել կարացեալ սրբոցն, որպէս շնորհ առնելով թագաւորին ընդ այնչափ թշնամանելոյ զնա՝ յարուցեալ ինքնին Վեհդենշապուհ առաջի գործակցաց իւրոց՝ հարկանէր սուսերաւ զուս սրբոյ եպիսկոպոսին Սահակայ, եւ հուպ ի գաւտին մերձեցուցանէր զվէրսն. եւ սրբոյ եպիսկոպոսին ի սաստիկ հարմանէն դրդուեալ՝ ոչ գլորեալ անկանէր յերկիր, այլ ի քարի մի յեցեալ հաստատէր. եւ որպէս իբերանոյ ամենայն սրբոցն սկսաւ ասել այսպէս. «Գոհանամք զքէն, Քրիստոս, որ բազում անգամ կենդանարար գառնդ անմահական զենմամբ մատակարարեալ անծախութեամբ բաշխեցար ի ձեռաց մերոց. իսկ արդ եւ զմեզ իսկ մարդասիրապէս արարեալ զենումն՝ ընկա՛լ զամենեսեանս արժանաւորապէս զպատարագեալսս՝ ի հոտ անուշից»: Եւ ասացեալ սրբոյ եպիսկոպոսին այսպէս, թէպէտ եւ յորդեալ հոսէին վտակք արեանն ի վիրէ սրբոյն՝ սակայն կայր զաւրացեալ ուժով շնորհաւք հզաւրին, որպէս զի բնաւ չիցէ վիրաւորեալ:

Եւ ապա հրամայէին զսուրբ կաթողիկոսն զՅովսէփ գլխատել սրով. եւ մերկացուցեալ դահճացն զսուրբն՝ ասաց երիցս. Դա՛րձ անձն իմ ի հող եւ ի հանգիստ քո, զի Տէր բարի արար քեզ. եւ այսպէս ընկալաւ սրով զվախճան կատարելութեանն:

57. The three impious princes became yet more angered and were unable to tolerate hearing any more of what the saints had to say, as though they were doing the king an honor in the face of such hostility. Vehdenshapuh himself arose before his accomplices and personally struck the holy bishop Sahak with his sword, striking him on the shoulder and carrying the wound close to the waist. Struck by this blow, the holy bishop did not fall over to the ground, but rather stood up against a rock. And he began to say, as though from the mouths of all the saints: "We thank you Christ, for sharing with us many times your life-giving lamb which cannot be consumed, offered in eternal sacrifice. And now that we are being sacrificed, accept all of your officiants humanely as worthy of entering your fragrant flock." The blessed bishop strengthened by the grace of the Almighty, spoke these words as though he were not at all wounded, although streams of blood gushed from the saint's wound.

They then commanded that the blessed Catholicos Yovsep' be beheaded with a sword. When the executioners stripped the saint, he said: "Return, body of mine, to the earth, and to your rest, for the Lord has favored you." He was thus killed with the sword.

Իսկ յաղագս սրբոյն Ղեւոնդի հրաման ետուն դահճացն անաւրէն իշխանքն՝ մերկացուցանել զսուրբն եւ քարշել ուժգին ընդ քարաժեռ կոպճուտ տեղիս լանջակողմանցն: Եւ այնպէս քարշեցին յերկար ժամս, մինչեւ զամենայն մարմինս սրբոյն, եւ զլանջացն եւ զթիկանցն, քանցեալ քերեցին ի մորթոյն, մինչեւ ոսկերացն մերկանալ ի մորթոյն. վասն զի զերանելի այրն Աստուծոյ զՂեւոնդ առաւելագոյն ասէին ամենայն Պարսիկք խրատատու եւ պատճառ լինել ամենայն իրացն Վարդանայ եւ գործոցն՝ որ ի ժամանակին յայնմ գործեցան յաշխարհիս Հայոց: Եւ մինչդեռ կէսքն ի դահճացն քարշէին զերանելին Ղեւոնդ՝ այլքն կտրեցին սրով զգլուխ սրբոյ երիցան Մուշէի եւ զսրբոյ երիցուն Արշենայ եւ զսրբոյ սարկաւագին Քաջաջայ. որոց ի ժամ վախճանին կատարմանն ասացեալ, Տէր Յիսուս, ընկա՛լ զոգիս մեր:

Եւ ապա աշխատեալ դահիճքն որ քարշէին զսուրբն Ղեւոնդ՝ ածին ի նոյն տեղիս սուղ ինչ ոգւով, ուր եւ այլ սուրբքն կատարեցան, եւ անդ հատին զգլուխ սրբոյն սուսերաւ. որ ի ժամ իւրոյ կատարմանն զուարթագին ձայնիւ ասաց. «Գոհանամ զքէն, Քրիստոս, որ բազում գթութեամբ քո աւգնեալ պահեցեր զիս ի մանկութենէ իմմէ եւ հասուցեր ի ժամս յայս, արժանի արարեր մասին սրբոց քոց. ի ձեռս քո, Փրկիչ, յանձն առնեմ զհոգի իմ»: Եւ սուրբ եպիսկոպոսն Սահակ կայր եւս սակաւ ոգւով. զորոյ յետ վախճանելոյն ամենեցուն կտրեցին զգլուխն սուսերաւ. որոյ մատուցեալ նուաղ ձայնիւ աղաւթս եւ ասացեալ զամէնն՝ աւանդեաց զոգին:

Then the impious princes commanded the executioners to strip the blessed Ghewond and to drag him on his shoulders over sharp rocky places. So they dragged him for long hours until the saint's entire body, his sides and shoulders were stripped bare of skin, and until the bones were stripped of flesh. This was because all the Iranians said that the venerable man of God, Ghewond, was the chief advisor and cause of all of Vardan's actions and deeds which had been done in the land of Armenia. While some of the executioners were dragging the venerable Ghewond, others were cutting off the heads of the blessed priests Mushe, Arshen, and the holy deacon K'ajaj. At the time of their deaths they said: "Lord Jesus, accept our souls."

Then the executioners who were dragging the blessed Ghewond pulled him with little breath remaining where the other saints had been killed, and there they beheaded the blessed one with a sword. At the time of his death, [Ghewond] said with a joyful sound; "I thank You Christ, Who, with much kindness aided and kept me from the time of my childhood to reach this hour. You have made me worthy of the destiny of Your saints. Savior, I entrust my soul to Your care." There was still some life left in the blessed bishop Sahak. After killing all the others, [the executioners] cut off his head with a sword. In a failing voice he offered prayers, said "Amen," and gave up the ghost.

Եւ այսպէս ի վեշտասաներորդում ամի թագաւորութեան Յազկերտի, որ օր քսան եւ եօթն էր ամսոյն հրոտից՝ պսակեցան սուրբքն վեցեքեան.

սուրբ կաթողիկոսն Յովսէփ ի Վայոց ձորոյ,
սուրբ եպիսկոպոսն Սահակ յՌշտունեաց,
սուրբ երէցն Արշէն ի Բագրեւանդայ,
սուրբ այրն Աստուծոյ Ղեւոնդ երէց ի Վանանդայ,
սուրբ երէցն Մուշէ յԱղբակոյ,
սուրբ սարկաւագն Քաջաջ յՌշտունեաց,

Եւ որպէս ստուգի եւ ջերմ խնդրով Կամսարականին Արշաւրայ հարցեալ ցերանելի Խուժիկն, եւ լուեալ ի նմանէ պատմեաց մեզ զխաւսս իւրաքանչիւր եւ զվախճան սրբոցն՝ գրեցաք հաւաստեաւ:

Եւ գնացեալ ի բաց ի տեղւոջէն Վեհդենշապհոյ եւ այլ իշխանացն որ ընդ նմա էին, ընտրեալ արս ինն թուով՝ թողին ի տեղւոջն կազմ զինու. ընդ որս նախ առաջին ըստ Աստուծոյ ազդեցութեանն զերանելի Խուժիկն ընտրէր Վեհդենշապուհ եւ թողոյր աղաչելով, որպէս զկարի սեպհականագոյն եւ պիտոյ իւրում հրամանին: Որոց հրաման տուեալ ասէին ցպահապանսն, թէ «Մինչեւ ցաւուրս տասն եւ կամ եւս աւելի պահեցէ՛ք զգուշութեամբ զդիակունսդ, որպէս զի գիշատեալք ի թռչնոց՝ ընկեսցի այսր անդր ոսկրոտին, ի գլուխ լերանց եւ կամ ի խորաձոր տեղիս քարանձաւաց, մինչեւ եկեալ անցցէ ի բաց կարաւանն արքունի. զուցէ, ասէ, եկեալ ոք ի քրիստոնէիցն, իրազգած յումեքէ եղեալ՝ գտանիցէ զոսկերս դոցա եւ առեալ սփռիցէ յամենայն քրիստոնեայս, եւ մեք գտանիմք մահապարտք առաջի թագաւորին»:

Thus did the six saints die on the twenty-seventh day of the month of Hrotic', in the sixteenth year of the reign of king Yazkert, in the land of Apar, close to the village of the mages named Rhewan. They were:

the blessed Catholicos Yovsep' from Vayoc' Jor,
the blessed bishop Sahak from Rheshtunik',
the blessed presbyter Arshen from Bagrewand,
the blessed man of God, Ghewond the presbyter, from Vanand,
the blessed presbyter Mushe from Aghbak,
and the holy deacon K'ajaj from Rheshtunik'.

Arshawir Kamsarakan asked the venerable Xuzhik for accurate information about these events, pressing him warmly, and we have truthfully written what he heard from him about the speeches of each of the deceased saints.

Then Vehdenshapuh and the other princes who were with him quit that place. Having selected nine men, they left them there armed with weapons. First and foremost, among them (thanks to God's influence) was the venerable Xuzhik, whom Vehdenshapuh had selected and left there, beseeching him, and saying that he was fundamental and necessary [for carrying out] his order. [The Iranian princes] gave the guards this order: "Carefully guard the corpses for ten or more days, so that they will be devoured by the birds. Then toss the bones here and there, on the top of a mountain or into the caves of a deep valley." Do this before the royal caravan has passed. For perhaps, [Vehdenshapuh] said, one of the Christians, having been informed by someone, will come and find their bones, and take and distribute them to all the Christians. Then we shall be condemned to death in the king's presence."

VOLUME I

Եւ մնացեալ անդ պահապանացն ըստ հրամանին Դենշապհոյ եւ Մովան անդերձապետի եւ Զնիկանայ մայպետի, եւ կացեալք զայն աւուրս՝ խորհէր ի միտս իւր երանելի Խուժիկն, եթէ զի՛նչպիսի հնարիւք ցուցանիցէ Աստուած ճանապարհ առնն, որով արժանի լիցի գողանալոյ զնշխարս սրբոցն յայլոց պահապանացն: Եւ մինչդեռ երանելի այրն յայնպիսի խոհականութեան վըտանգի կայր՝ յանկարծակի ի նմին աւուր յերեկորեայ գիշերոյն լինէր շարժումն մեծ ի տեղւոջն. բոմբիւնք սաստիկք եւ ձայնք ահագինք յանդնդոց հնչէին. կուտեալք բազմութիւնք ամպոց զերկիրն ծածկէին. ձայնք որոտմանց եւ փայլատակունք զլերինս դողացուցանէին: Եւ սիւն լուսոյ ըստ աւրինակի ծիածանի իջեալ յերկնից՝ շուրջ պարուրեալ զնահատակաց զմարմինս ծրափակէր: Եւ կործանեալ յերկիր պահապանքն՝ կիսամեռք լինէին, չգիտելով այր զընկեր բնաւ արդեաւք թէ ո՞ւր իցէ. որք եւ գլորեալք յերկիր՝ ոչ կարէին կալ հաստատուն. քանզի դողումն մեծի շարժմանն ի վեր ոստուցեալ զնոսա ընկենոյր յերկրէ. եւ այսպէս կքեալ ոտիւք եւ կարկեալ խաւսիւք՝ լինէին խորտակեալք ամենեքեան: Իսկ զերանելի Խուժիկն աջ հզաւրին պահէր անհոգս. ուրախալից մըտաւք փառաւորէր զԱստուած, իմացեալ այնուհետեւ, թէ արդ հաստատ կատարին բազմաժամանակեայ յամենայն կամաց իւրոց խնդիրք:

In accordance with the command of Denshapuh and the *anderjapet*, Movan and the *maypet*, Jnikan, the guards remained there. During this time the venerable Xuzhik was pondering by what stratagems God would show the man a way to be worthy of stealing the remains of the saints from the other guards. While the venerable man was in this turmoil of thought, suddenly that same day, in the evening, a great earthquake occurred at that place. Great explosions and frightful noises were heard from the abyss. A multitude of clouds massed and covered the land. Sounds of thunder and lightning made the mountains tremble. A column of light, resembling a rainbow, descended from the sky and enveloped the bodies of the martyrs. The guards fell to the ground, half-dead, no one knowing where his comrade was. Those who had tumbled to the ground were unable to stand erect, for the shaking of the great quake hurled them up from the ground. Thus, with their legs bent and their speech impeded, all of them were confounded. But the right hand of the Almighty preserved the venerable Xuzhik free from care. Joyfully he glorified God, realizing that now all the requests he had made for such a long time would certainly be fulfilled.

Եւ կատարեալ միապէս երկիւղիւ զգիշերն ողջոյն եւ զտիւն բովանդակ եւ զերկրորդ եւս գիշերն մինչեւ ի ժամ արեգականն ծագման՝ եւ ապա լռէին ձայնք անդնդոցն հնչմանց, եւ որոտմունք ամպոցն փարատեալ ցածնուին, եւ դադարէր երկիրն ի շարժելոյ, եւ ցայտմունք փայլատակմանցն ամփոփէին յերեւելոյ. եւ լինէր այս լոկ շուրջ զտեղեաւն իբրեւ ասպարիսաւք երկուք: Իսկ պահապանքըն յահագին ապշութենէ թմրութեանն սակաւիկ մի ոգի առեալ՝ աչս ածէին փախչելոյ ի տեղւոջէն. այլ ի յոյժ բեկմանէ սրտիցն երկիւղէ՝ ոչ կարէին կանգնել ի յերկրէն. լոկ հայէին եւեթ ընդ միմեանց դէմ, եւ խաւսել ինչ ոչ կարէին:

Բայց զինն ժամու աւուրն երրորդի յարուցեալ երանելի Խուժիկն, որպէս թէ կամաւ կաղս ի կաղս, հայելով զկանի իւր՝ փախչէր ի տեղւոջէն, զի զնոսա զաւրացուցէ ի կանգնել եւ զկնի իւր հեռացուցանել ի վայրացն: Որոց տեսեալ զերանելի Խուժիկն, զի երթայր խեկբեկս յընթացի՝ ուշաբերեալք առ վտանգի զկնի նորա սրանային ի տեղւոյն, չիշխեցեալք բնաւ դառնալ եւ հայել ի տեղիսն առ երկիւղի. եւ պնդեալք զհետ Վեհդենշապհոյ եւ գործակցացն նորա փութային:

Բայց երանելի Խուժիկն ընդ այլ ճանապարհ որոշէր ի նոցանէն: Եւ հասեալ պահապանացն առ իշխանսն յաւուրնվեցերորդի՝ պատմէին զամենայն անցս աղէտիցն, որ անցին ընդ նոսա զտիւն մի եւ զգիշերս երկուս. զորոց զգոյն երեսացն տեսեալ Դենշապհոյ եւ ընկերացն նորա, եւ զանցս ահագին իրացն մի բստ միոջէ լուեալ՝ զարհուրէին, եւ ապշեալք ի բազում ժամս հիանային: Խորհուրդ ի մէջ առեալ՝ ոչ ինչ կարէին իմանալ հնարս, բայց զպահապանսն եւեթ լռեցուցանել ջանային, չյայտնել ումեք ամենեւին եւ ոչ բնաւ յիշել առ ումեք զմահ քահանայիցն եւ կամ զայնպիսի նշանաց երեւմունս:

After the entire night, the whole next day as well as the second night until the hour of sunrise had passed in fear, the sounds of roaring from the abyss quieted, the thundering clouds were reduced, the earth stopped shaking and the flashes of lightning ceased. This [earthquake] had taken place in an area only two *asparez* [stadia] around the place. Now when the guards had somewhat recovered from the awful alarm of numbness, they had a mind to flee from the place. But because their hearts were smitten with terror, they were unable to stand on the ground. They could only look at each other's faces, unable to speak.

At the ninth hour of the second day, the venerable Xuzhik arose, as he wanted, and looking behind him, hobbling along, he fled from the place so that the others would be strengthened to stand up and depart after him. Those who saw the venerable Xuzhik limping away were brought to their senses by the danger, and hurried after him. Out of fear they did not dare to turn and look back at the place. They hastened after Vehdenshapuh and his associates.

But the venerable Xuzhik separated from them and went off by another road. When the guards reached the princes, on the sixth day, they related all the disastrous events which had happened to them during the one day and two nights. When Denshapuh and those with him saw the color of their faces and heard about the frightful events, one by one, they were horrified and stupefied for many hours. Taking counsel among themselves, they could not come up with any stratagems, but could only attempt to keep the guards quiet so that they would tell no one at all, or inform anyone about the death of the priests or about such phenomenal signs.

Բայց ինքեանք միայն խոճճելով առանձինն զարմացմամբ որպէս յանզգայութիւն ընկղմէին, ասելով Դէնշապուհ եւ Ջնիկայ ցմիմեանս, եթէ «Ոչ են իրք քրիստոնէից թեթեւ իմն եւ դուզնաքեայ. այլ հաստատ մեծ է զաւրութիւն աւրինաց նոցա եւ հաւատոց. եւ մեք յանգիտութեան վնասեալ կորնչիմք եւ չզգամք»:

Իսկ երանելի Խուժիկն գիտացեալ, թէ ցածոյց Աստուած զամենայն կասկած յամենայն կողմանց, այլ եւ զպատասխանիսն իշխանացն լուաւ, զոր ինչ պահապանացն աւարին, եւ թէ ոչ ոք առնէ փոյթ ոսկերացն սրբոց՝ առեալ ընդ իւր տասն եւս այլ ընկեր, զորոց կարի քաջ գիտէր զհաւատս քրիստոնէութեանն՝ առնուին ընդ ինքեանս եւ գրաստս, եւ ըստ իւրաքանչիւր անձին սրբոցն սապատս չորեքկուսիս, եւ գնացին լռելեայն ի գիշերի յիրսն: Եւ մերձեալք ի վայրն՝ վրիպէին ի տեղւոյն, ուր մարմինք սրբոցն կային, քանզի ոյժ աղջամղջին էր գիշերն. եւ աշխատեալք առ վայր մի՝ տրտմէին, անարժանս կարծեցեալ զանձինս գիւտի երկնաւոր գանձուն: Եւ մինչդեռ նոքա խռովեալք յածէին ընդ տեղիսն՝ եւ ահա յանկարծակի ի նմանութիւն լուսաւոր արծուոյ սլացեալ հասանէր յերկնից եւ իջեալ նստէր ի վերայ մարմնոյ սրբոյ առն Աստուծոյ Ղեւոնդի. եւ լուսաւորեալ տեղիքն առաւել եւս քան ի տուէ՝ երեւէին յայտնապէս մարմինք իւրաքանչիւրոց սրբոցն: Եւ նոցա ուրախալից սրտիւք զըւարճացեալք երկիր պագանէին տեառն Աստուծոյ. եւ ձեռն ի գործ արկեալ՝ ժողովեցին զիւրաքանչիւր ոք յականէ ի մի մի սապատ, որպէս նշմարեալ երեւիւր իբրեւ գրով երանելի Խուժկին. յորոց բուրեալ հոտ անոյշ ի մարմնոց սրբոցն՝ լցեալ զուարթացուցանէր զամենեցուն զգայութիւն խելացն:

But as for [the princes] they were absorbed in incredulous thought as though plunged into senselessness. Denshapuh and Jnikan said to each other: "The deeds of the Christians are neither small nor insignificant. Rather, it is certain that the power of their faith and belief is great, while we, damaged by ignorance, will be lost and do not realize it."

But the venerable Xuzhik realized that God had reduced suspicions all around. Furthermore, he heard the princes' responses to the guards and realized that no one was concerned about the saints' bones. Thus he took with him ten other companions whose Christian faith he knew well, they took along pack animals and a square trunk for each of the saints, and they silently went at night to accomplish the matter. Having approached the site, they missed the place where the saints' bodies were, because the night was very dark. After working in one place they became dismayed, thinking themselves undeserving of finding the heavenly treasure. As they were moving about the area, perturbed, lo, suddenly something resembling a radiant eagle flew down from the sky and perched on the body of the blessed man of God, Ghewond. The place was more illuminated than in daytime, and the body of each saint was clearly revealed. With joyous hearts, they worshipped the lord God, and then, setting to work, they placed each saint's body in a trunk, [each body] being clearly revealed to the venerable Xuzhik as though in writing. Such a sweet fragrance wafted from the saints' bodies that it delighted everyone's senses.

Եւ բարձեալ վաղվաղակի գրաստուց՝ փոխէին յայլ տեղի յանապատին, հեռի ի տեղւոյն իբրեւ երիւք պարսիկ հրասախաւք. եւ դադարեալ աւուրս եւթն, վասն քաջ ցածնլոյ իրաց երկիւղին՝ ապա մաքրեցին զոսկերս սրբոցն յանուշահոտ մարմնոցն. զոր եւ պատեալ արժանաւորապէս կտաւաւք՝ թաղէին պատուով անդէն յանապատին զգուշութեամբ. եւ զոսկերսն առեալ բերէին ի շահաստանն եւ աւուրս բազումս ունէին առ ինքեանս ի ծածուկ: Ապա լռելեայն սկսանէին տալ եւ ոմանց յառաքինի քրիստոնէից որք ի կարաւանին էին. որք ընդունէին՝ հաշուելով գիւտ փրկութեան ոգւոց եւ մարմնոց: Եւ ստիպով յիւրաքանչիւր աշխարհ տային հասուցանել վաղվաղակի, յաւգուտ երկնաւոր կենդանութեան ընտանեաց միանգամայն եւ գաւառին: Բայց զառաջին պտուղ աստուածաշնորհ մեծի գանձուն՝ բերեալ նախ երանելւոյ Խուժկին մատուցանէր կապելոց նախարարացն Հայոց. որք իբրեւ արժանի եղեալք ընդունէին զայնպիսի փրկութեան իւրեանց զգիւտն՝ անդէն եւ անդ ճանաչէին, թէ այցելութեամբ այց առնէ նոցա Աստուած, եւ երբ եւ է արձակին ի կապանացն, բարեխաւսութեամբ ոսկերաց սրբոցն, ըստ բանի սրբոյ առն Աստուծոյ Ղեւոնդի, զոր ի խրատելն իւրում ի գիշերին աւետաւորեաց զդիպելոց նոցա ի շընորհէն Աստուծոյ, տեսանել զաշխարհ իւրեանց. որք կատարելոցն էին աստցեալք սրբոյն ի ժամու իւրում:

After quickly placing the trunks on the pack animals, they moved them to another place in the desert, about three Iranian *hrasax*s distant. Seven days later, after the fear of the matter subsided, they separated the saints' bones from the fragrant bodies. Wrapping the bodies in linen cloth in a fitting manner, they buried them in the desert carefully. They brought the bones to the *shahastan* where they kept them secretly for many days among themselves. Then they quietly began to distribute them to some of the virtuous Christians in the caravan, who received them considering [the bones] to be a find of salvation for their souls and bodies. They were urgently pressed to return each [body] to its own land, to benefit the spiritual life of the families and the district. But the venerable Xuzhik first brought the first fruit of that God-given great treasure and presented it to the captive Armenian *naxarar*s. As soon as they were worthy of this, they received this find of their salvation, and thereupon realized that God had visited them, and that at some time they would be released from their bonds to see their own land, through the intercession of the saints' bones, in accordance with the words of the blessed man of God, Ghewond, who had counseled them of the grace they would receive from God on that night. And the words of the saint had been fulfilled in their time.

Սկսեալ այնուհետեւ մի ըստ միոջէ պատմել կապելոց նախարարացն Հայոց երանելի այրն Աստուծոյ Խուժիկն, զոր անուանել յայսմ հետէ Խուժիկ՝ ծանրանամ, եւ զանուն սքանչելւոյն ոչ ոք հոգացեալ պատմեաց մեզ, այլ ամենագէտն գրեալ պահէ յօր մեծ այցելութեանն եւ պարգեւէ առատապէս զվարձս վաստակոց նորա ընդ հաճոյս անուան իւրոյ: Ասէր եւ ոչ լռէր զխնամս մեծամեծս եւ զաւգնութիւն հզաւրին զոր արարեալ էր նմա. եւ թէ ո՛րպէս ի Վարդգէս յայտնեալ Քրիստոսի զխորհուրդ թագաւորին ծանոյց նմա, եւ նոյն ուղեկցեալ առաջնորդեաց նմա յուսով:

«Մեծարոյ, ասէր, եւ հաւատարիմ առաջի Դենշապհոյ համբարակապետի երեւեցոյց զիս, մինչ զի աղաչելով զիս եւ բռնի տանելով անաւրինին ի ձեռն հզաւրին Աստուծոյ ի տեղի տենչալի նահատակութեան սրբոցն, որում կամաց հնարաւոր է ամենայն. որ եղէ արժանի տեսանել զամենայն, զոր ոչ կարծէի տեսանել, եւ լսել մի ըստ միոջէ, որում ոչ արժանի լսելոյ համարէի զանձն իմ. զհարցումն բռնաւորացն եւ զպատասխանիսն միոյ միոյ սրբոցն, զաղաւթս եւ զկատարումն զիւրաքանչիւր անձին տեսի կարգաւ եւ լուայ. ահա արդ եւ մեծի մասին, ձերոյ անձանձրոյթ խնդրելով՝ զիս անարժանս արժանի արար շնորհ սուրբ Երրորդութեանն, մինչեւ երկնաւոր գանձու նշխարացն սրբոցն գտայ լինել ձեզ բերող: Փախոյց ամաւթով զպահապանսն տագնապեալս, զարհուրեցոյց զանհաւատ զվերակացուացն զսիրտս, ցրուեաց զանմիտ թագաւորին զխորհուրդս եւ բարձրացոյց զանուն եկեղեցւոյ իւրոյ սրբոյ»:

Thereafter that blessed man of God, the Xuzhik (whom I shall hereafter style "Xuzhik," as I am wearying of it) related [events] one by one to the captive *naxarar*s of Armenia. No one had bothered to relate this miraculous man's name to us, but the Omniscent has recorded it and is keeping it for the day of the great visit, and will generously reward him in accordance with his labors, with the joy of his name. [Xuzhik] spoke ceaselessly of the very great care and aid which the Almighty had bestowed upon him. He related how in Vardges, Christ had revealed the king's plan to him and had accompanied and encouraged him with hope:

"He exalted me and made me trusted by the *hambarakapet* [quartermaster] Denshapuh, to the point that he beseeched me and forcibly took me (because of Almighty God) to the coveted site of the saints' martyrdom. Everything is possible for him. He made me worthy of seeing everything I did not think I would see, and of hearing [the saints' speeches] one by one, [speeches] which I did not think myself deserving to hear. [I heard] the question of the tyrants and the answers of the saints, one by one, their prayers, and I saw the death of each of them, and heard them. And now, behold, he has made me worthy of finding and bringing to you this great part of the remains of the heavenly treasury of the saints, a favor of the blessed Trinity. He caused the guards to flee in alarm with shame, he terrified the hearts of the unbelieving overseers, split asunder the king's mindless plan and raised aloft the name of His blessed Church."

Զայսպիսի բանս պարծանաց եւ խնդութեան պատմէր անձանձրոյթ երանելի վաճառականն՝ ամենայն հաւատացելոցն ի Քրիստոս. որ էր երբեմն վաճառական երկրաւոր ցանձուն՝ եւ եղեւ յանկարծ վաճառական բարի գործովք պատուական մեծի երկնաւոր գանձուն մարտիրոսական նշխարաց:

Նոյն խօսք եւ մխիթարութիւն էր յաւէտ կապելոց նախարարացն Հայոց յելս եւ ի մուտս իւրեանց, ի նստել ի տան եւ յառնել, ի տօնս եւ յամսագլուխս. Զոր եւ մատնեալ անյագ ցնծութեամբ՝ զուարճացուցանէին նորոգելով զամենայն մեղկեալ միտս լսողացն եւ հաստատէին ի հաւատս արդարութեան: Եւ մանաւանդ տէրն Արշարունեաց Կամսարականն Արշաւիր, որ յամենայն ժամու ի տուէ եւ ի գիշերի՝ վարդապետութիւն սրբոցն, եւ մանաւանդ խաւսք եւ հոգեւոր խրատ սրբոյն Ղեւոնդի, եւ պատասխանիք իւրաքանչիւր ուրուք ըստ հարցմանն սպանողացն, եւ աղաւթք միոյ միոյ ի ժամ կատարմանն եղեալք՝ այն էր նորա հոգւոյն կերակուր եւ որոճումն քաղցր, զոր ասէր եւ ընդ գուբողայս սաղմոսին միաբանեալ՝ պատմէր անձանձրոյթ հանապազ: Զոր եւ մեր յոլովագոյն լուեալ ի հրաշալի Կամսարականէն՝ գրեցաք յաւժարապէս հոգալով. զոր թէպէտ ըստ տկարամտութեան մերոյ ոչ եղեաք բաւական յիշել զբովանդակն ի կարգի, այլ եւ ոչ բնաւ գտեալ անյուշք՝ յապաղեալ մոռացաք ինչ ծուլանալով:

With such words of glory and joy the venerable merchant tirelessly related these things to all the believers in Christ. He was once a merchant [possessing] an earthly treasure, but suddenly became a merchant who, through his good deeds, became honored with the great heavenly treasure of the remains of the martyrs.

These same words were a comfort to the captive Armenian *naxarar*s in their comings and goings, as they sat at home, when they arose, at celebrations and at the beginnings of the months. Relating them with insatiable delight, they cheered them up, renewing all the faltering thoughts of the listeners and confirming them in the faith of justice. This was especially true for Arshawir Kamsarakan, the lord of Arsharunik'. For him, every day, morning and night, the doctrine of the saints and especially the words and spiritual advice of the blessed Ghewond, the replies of each of the saints to the question of their slayers, the prayers of each at the time of his death—all of this served as [Arshawir's] spiritual food and sweet meditation and he tirelessly repeated them together with psalms. We heard this many times from the marvelous Kamsarakan, and wrote it down with enthusiastic concern. For although we were not able to recall everything in order (because of our feeble-mindedness) nonetheless we were not careless to lazily delay and forget things.

58. Եւ մտեալ թագաւորին Յազկերտի ըստ կարգելոյ ժամանակին յուտանն ի Վրկան եւ միահամուռ ամենայն աւագանւոյն եւ զաւրացն որ ընդ նմա էին՝ համարձակու-թիւն այնուհետեւ տային բնակիչք շահաստանին որք ի Նիւշապուհն էին, ըստ հրամանին Դենշապհոյ, նախարա-րացն Հայոց որք ի դղեկին ի կապանսն էին՝ արձակել զմանկունս իւրեանց եւ կամ զայլ ոք որ ընդ նոսա լինէին՝ ի պէտս արքանեկութեան ուր եւ կամիցին: Զոր իբրեւ լը-ւան երանելի երիցունքն Խորէն եւ Աբրահամ՝ վաղվաղակի փութով ի Վրկան հասանէին, եւ անկեալք հրապարակաւ առաջի ամբարապետին Դենշապհոյ՝ բողոք բարձեալ ա-ղէին, եթէ «Դու յորժամ զհոգեւոր տեարսն մեր եւ զվար-դապետս ի Նիւշապհոյ առեր գնացեր, ընդ որս եւ մեք կազմեցաք ուղեկից լինել, եւ դու բռնաբար հրամայեցեր խիստ պահպանութեամբ արգելուլ զմեզ անդէն մինչեւ ցայժմ. արդ եթէ տարեալ ուրեք յերկիր աւտար եւ յան-դարձ անցուցէք զնոսա՝ առնելով բարերարութիւն պատ-մեցէ՛ք զմեզ, երթալ եւ մեզ լինել անդարձ ընդ նոսա. այլ կեալ անդէն եւ վախճանիլ պատրաստ եմք, տեսանելով եւեթ զնոսա, ցանկամք արժանի լինել. եւ եթէ սպա-նէք զնոսա՝ կամեցարո՛ւք եւ ի վերայ մեր տալ զնոյն հը-րաման, զոր պատուական եւ մեծարգոյ համարէաք զմահն այնպիսի քան զամենայն զփառս եւ զմեծութիւնս աշխար-հիս»:

58. King Yazkert entered Hyrcania with the entire mass of the nobility and the troops who were with him. They then permitted residents of the *shahastan* who were in Niwshapuh in accordance with Denshapuh's order, to free the children of the captive Armenian *naxarar*s (who were in the fortress) and others who were with them to serve their needs and to let them go wherever they chose. When the venerable priests Xoren and Abraham heard this, they immediately went to Hyrcania and publicly fell before the *ambarapet*, Denshapuh, saying in protest: "You took our spiritual lords and *vardapet*s from Niwshapuh and departed. We wanted to accompany them, but you forcibly ordered us kept here under stringent guard until now. Should it be that you sent them permanently to a foreign country, do us a good turn and say so, so that we, too, can go there with them and not return. We are prepared to go and die there only to see them, and we hope we will be worthy. But if you killed them, be so kind as to issue the same order about us, for we regard such a death as honorable and exalted above all the glories and greatness of the world."

Եւ Վեհդենշապուհ լուեալ զայնպիսի բանս ի նոցանէն, եւ ընդ համարձակութիւն աներկիւղածութեան արանցն զարմացեալ ինքն եւ ամենայն բազմութիւն հրապարակին՝ պատասխանի տուեալ ասաց ցերանելիսն, թէ «Զճանապարհ վարդապետացն ձերոց ոչ ոք ցուցանէ. բայց վասն ձեր հարցանեմք ցարքայից արքայ. նա իշխէ զոր ինչ հրաման տայ ի վերայ ձեր»: Եւ մտեալ ի ներքս Դենշապուհ՝ պատմէր թագաւորին Յազկերտի զամենայն բանս եւ զխնդիրս երանելի երիցանցն: Եւ թագաւորին հրաման տուեալ ասէ. «Թէ ի նոցա վերայ վնաս ինչ ոք յայտ չառնէ, եւ դատախազ որ չէ զհետ՝ երկիր պագցեն արեգական եւ պատուել զկրակն յանձն առցեն, եւ ընկալեալ զպարգեւս մեծամեծս ի մէնջ՝ արձակեսցին յաշխարհն իւրեանց. ապա թէ չհաւանեսցին յանձն առնուլ զմեր հրաման՝ պատուհաս կրեսցեն խեղութեամբ, եւ երթեալ յԱսորեստան մշակութիւն արասցեն ընդ արքունի մշակսն, եւ ի հարկի կայցեն մինչեւ ցվախճան իւրեանց»: Եւ եկեալ Դենշապուհ ասաց ցերանելի երէցն Խորէն եւ ցերանելի երէցն Աբրահամ զհրաման թագաւորին: Եւ լուեալ զայս պատուական քահանայիցն՝ ետուն պատասխանի որպէս ընդ մի բերան եւ ասեն. «Մեք ոչ միայն խեղանաց եւեթ պատրաստ եմք վասն անուանն Քրիստոսի, այլ եւ քերանաց եւ մահու: Այլ վասն արեգական երկրպագութեանդ որ ասէք՝ մեք ընդ ձեր մոլորութեանդ ապշութիւն տրտմեալք խռովիմք, եւ խնդրեմք յԱստուծոյ զգալ ձեզ ի թմրութենէ անգիտութեանդ այդորիկ, թող թէ մեզ նմանել ձեզ. եւ մի՛ լիցի՝ թողեալ զարարիչն՝ արարածոց երկիր պագանել»:

Vehdenshapuh heard these words from them and he and all the multitude of the assembly were amazed at the intrepid boldness of the men. [He] responded to the venerable men: "No one can show the route of your *vardapet*s. But I shall ask the king of kings about you. He will determine what order I should be given about you." Going inside, Denshapuh related to king Yazkert all the words and requests of the venerable priests. The king gave this order: "If no one reveals damage they have done, and there is no accuser, then let them worship the sun and agree to honor the fire. Then they will receive very great honors from us and be sent back to their land. But if they do not accept our order, then they will be crippled and go to Asorestan to do *mshakut'iwn* along with the royal *mshak*s, and remain in service until the end of their lives." Denshapuh related the king's command to the venerable presbyters Xoren and Abraham who, upon hearing it, responded as though in unison, saying: "We are prepared not only for crippling, but for flaying and death, for the name of Christ. And as for what you said about worshipping the sun, we are saddened and disturbed by your crazed madness, and beseech God that he rouses you from the stupor of ignorance, so there is no question of our resembling you [by converting]. God forbid that we should abandon the Creator and worship the created."

VOLUME I

Եւ լուեալ զայսպիսի պատասխանիս աներկիւղ՝ իշխանացն ի բերանոյ երանելի երիցանցն՝ կատարեցին զհրամայեալսն ի թագաւորէն: Եւ կտրեալ զերկոցունց զականջսն՝ ետուն տանել յԱսորեստան, ի գաւառն որ անուանեալ կոչի Շափուլ, կալ անդ նոցա ի հարկի եւ առնել մշակութիւն արքունի: Եւ լուեալ զայս հաւատացելոցն աշխարհին որք յԱսորեստանին էին, զերթս երանելեացն անդր՝ ընդ առաջ ելին նոցա խնդութեամբ եւ պատուեցին զնոսա որպէս զնշխարս նահատակելոցն սրբոց. որք եւ արժանի իսկ էին այնպիսի մեծարանաց. նա եւ զկարասի իւրաքանչիւր ուրուք զինչ եւ ունէր՝ բերեալ դնէին առ ոտս երանելեացն, առնուլ եւ մատակարարել ի պէտս հոգեւոր մասին ի փրկութիւն անձանց իւրեանց եւ ընտանեաց: Եւ երանելի երիցանցն ընկալեալ յընծայից հաւատացելոցն ըստ արժանի մասն ինչ՝ նոցին իսկ տային տանել յԱպար աշխարհ կապելոց նախարարացն Հայոց. որք խնդութեամբ եւ բազում յաւժարութեամբ իւրաքանչիւր ոք աղաչէր զերանելիսն՝ առնել արժանի այնպիսի հոգեւոր ճանապարհի: Էր զի երանելի երէցն Աբրահամ, առեալ զտուրս հարաւային կողմանցն Ասորեստանեացն, տարեալ մատակարարէր կապելոց նահատակացն Հայոց ըստ իւրաքանչիւր պիտոյից. եւ արարեալ զայս այսպէս բազում անգամ կարգաւ՝ քրիստոնէից աշխարհին, եւ ապա իսկ ինքն երանելի երէցն Աբրահամ բազում ամս, մինչեւ յարձակումն կապելոց նախարարացն Հայոց աշխարհին, անվեհեր լինէր նոցա թոշակատար ի հաւատացելոց աշխարհին տուողաց: Եւ կեցեալ ամս երանելւոյ երիցուն Խորենայ անդէն յԱսորեստանի վախճանիւր:

When the princes heard such a fearless reply from the venerable priests, they implemented the king's orders. Having cut off the priests' ears, they had the priests taken to Asorestan to the district called Shap'ul, to remain there in service and to perform royal *mshakut'iwn*. When the believers in the land of Asorestan heard of the coming of these venerable men, they went before them with joy and honored them as though they were remains of the martyred saints. Indeed, they were really deserving of such exaltation. Furthermore, each person brought what equipage and goods he had and laid them at the feet of the venerable ones to take and be used for the spiritual needs of the salvation of each and his family. The venerable priests accepted a fitting portion of the believers' gifts and sent them to the captive Armenian *naxarars* in the land of Apar. Each individual, with delight and great enthusiasm, beseeched the venerable ones to make him worthy of such a spiritual journey. The venerable priest Abraham, taking the gifts from the southern parts of Asorestan, took and offered them to the captive Armenian champions, in accordance with the needs of each. The Christians of the land did this many times in succession, while the venerable priest Abraham was for many years the courageous bearer of provisions taken from the giving believers of the land to the captive *naxarars* until their release to the land of Armenia. After the venerable priest Xoren had lived some years, he died there in Asorestan.

Իսկ երանելի երէցն Աբրահամ, երաշխաւորութեամբ հաւատացելոց աշխարհին, որք զտունս իւրեանց եւ զաբարս փոխանակ ընդ հարկի նորա գրեցին յարքունիս ցվախճան նորա, եւ կատարեցին զկարգեալսն անվեհեր յաղագս նորա, արձակեալ զերանելի այրն՝ եկն ի Հայս: Որոյ տեսն իսկ իւր առանց ամենայն երկբայութեան զկերպարանս հրեշտակի ցուցեալ ծանուցանէր ամենայն տեսողաց զայրն: Եւ ձեռնադրեալ յաստիճան եպիսկոպոսութեան աշխարհին Բզնունեաց՝ բազում ուղղութեանց աշխարհին մարդկան լինէր ուսուցիչ, եւ վախճանէր ի նըմին կարգի ի բարւոք ծերութեան: Որում արժանի եղիցուք եւ մեք ի Քրիստոս Յիսուս ի տէր մեր, եւ նմա փառք յաւիտեանս. ամէն:

Now with the guarantee of the believers of the land (who had written to the court pledging their homes and goods in exchange for [Abraham's] service until the time of his death and courageously fulfilling what had been stipulated for him) the venerable man was released and went to Armenia. Without any doubt the man's visage was like that of an angel to the beholders. He was ordained to the order of the episcopacy of the land of Bznunik', taught many reforms to the people of the land, and died in good old age, holding the same office. May we also be worthy of our lord Jesus Christ to Whom glory forever. Amen.

Index

Agathangelos, 3; 7-11.

Aghuan(ia), 19; 143-145; 149; 153; 161-167; 171; 177; 183; 187; 193; 223-225; 231; 237; 241; 303; 307.

Agriculture, 27.

Ayrarat, 25-31; 35-37; 129; 223-225; 229; 241; 343.

Azats, 5; 33; 65-67; 127; 169-171; 187; 195-199; 205; 217; 223-225.

Bahram (Vahram) IV, 57-59.

Behram (Vahram) V, 61; 75-83.

Biblical references

  1 Samuel

    2:9, 233.

  Psalms

    11:6, 114.

    21:11, 349.

    102:9, 195.

    109:7, 307.

    116:13, 257.

    116:15, 253.

  2 Samuel

    15:31, 275.

  Ecclesiastes

    18:23, 199.

  Jeremiah

    9:23-24, 233.

    10:11, 291.

  Isaiah

    30:1, 275; 349.

    30:15, 199.

  John

    10:16, 197.

    12:26, 123; 323.

    13:35, 111.

    14:12, 339.

    14:18, 333.

  Mark

    8:36-37, 207.

  Matthew

    5:19, 289.

    10:11-13, 277.

    10:23, 173.

    10:33, 163.

  Luke

    12:9, 163.

  2 Thessalonians

    2:8, 123.

    4:17, 107.

  1 Corinthians

    6, 71.

    31, 233.

INDEX

Biblical references (cont.)
Romans
2:21, 365.
8:36, 333.

Byzantine, 11-15; 37; 49; 59; 147; 201; 225; 267; 301; 305.

Byzantium, 13; 25; 37; 227; 265-267; 301-303.

Catholicos, 45-51; 55; 65-67; 73-83; 87-89; 151; 251; 255; 273; 285; 311; 335; 357; 361; 369; 373.

Denshapuh (see Vehdenshapuh).

Greek, 41; 49-53.

Iberia, 19; 143-145; 149; 161-167; 171; 177; 181-183; 187; 193; 211; 303.

Iran(ian), 3; 25-27; 37-41; 57-63; 75-77; 81-85; 125; 129-131; 139; 147; 165; 169; 177; 187; 193; 211; 223; 231-239; 245-251; 257-271; 275; 281; 289; 301-309; 313; 323; 341; 353; 371-373; 381.

Jerusalem, 11; 253; 329.

Koryun, 43; 125; 253.

Mamikonean, 5; 15-19; 153; 163; 169; 173-175; 179-181; 187; 191-193; 199; 203-209; 213; 225-235; 239-241; 245; 255-257; 269; 273; 297; 309-311.

Marzban, 5; 15-19; 83; 163; 203; 207; 215; 263-265; 269-271; 303.

Mesrop Mashtots, 41-51; 55; 129; 251-253.

Mihrnerseh, 131-133; 141; 147; 159; 189; 223-225; 229-231; 281; 287; 293-297; 357.

Nakharar, 5; 25; 33-35; 39; 51; 55; 61-65; 75-81; 87; 159; 171; 175-183; 193; 207; 213; 217; 227; 241; 259-261; 265-267; 303; 311-313; 319; 323-325; 329; 333; 337-345; 381-387; 391.

Pavstos Buzand, 3; 11; 85.

Sasan(ian), 3; 7.

St. Gregory (the Illuminator), 3-9; 53; 67-69; 87-91; 105; 115-117; 127; 141; 173; 179; 195; 221; 253-255; 331; 337; 345.

Syriac, 41; 45; 49-51.

INDEX

Tanuter, 51; 55; 75; 83; 87; 125; 151; 155; 161-165; 183; 187; 195; 203-205; 215-217; 223-229; 239; 267; 271; 281; 297; 301; 323; 355.

Theodosius II, 265.

Vahan Mamikonean, 5; 15-19.

Vardan Mamikonean, 153; 163; 169-183; 187; 191-193; 199-217; 225-247; 255-265; 269; 287; 293; 303-309.

Vardapet, 5; 69; 89-91; 133-135; 157; 189; 213; 223; 251-253; 289; 293; 329-331; 335; 343-345; 349; 367; 387-389.

Vasak of Syunik, 131; 153; 163; 193; 203-207; 211-217; 223-231; 239-243; 271-281; 297; 301-309.

Vehdenshapuh, 319-323; 339-355; 361-363; 367-369; 373; 389.

Yazdegerd II, 129-131; 141; 147-149; 155; 159-161; 165-169; 189; 193; 211; 263-265; 271-275; 281; 297; 305; 309; 313-319; 373; 387-389.

Zoroastrian, 59; 139; 145; 161.

www.sophenearmenianlibrary.com

SOPHENE

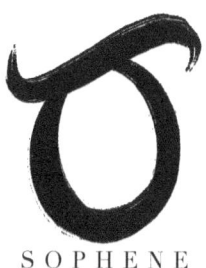

www.ingramcontent.com/pod-product-compliance
Lightning Source LLC
Chambersburg PA
CBHW021427080526
44588CB00009B/452
* 9 7 8 1 9 2 5 9 3 7 7 4 9 *